权威·前沿·原创

皮书系列为
"十二五""十三五"国家重点图书出版规划项目

广州市社会科学院/编

广州汽车产业发展报告
（2016）

ANNUAL REPORT ON GUANGZHOU AUTOMOBILE INDUSTRY
(2016)

主　编/杨再高　冯兴亚
副主编/白国强　巫细波

社会科学文献出版社
SOCIAL SCIENCES ACADEMIC PRESS (CHINA)

图书在版编目(CIP)数据

广州汽车产业发展报告.2016 / 杨再高,冯兴亚主编.--北京：社会科学文献出版社,2016.7
（广州蓝皮书）
ISBN 978-7-5097-9466-1

Ⅰ.①广… Ⅱ.①杨… ②冯… Ⅲ.①汽车工业-工业发展-研究报告-广州市-2016 Ⅳ.①F426.471

中国版本图书馆CIP数据核字（2016）第169210号

广州蓝皮书
广州汽车产业发展报告（2016）

主　　编 / 杨再高　冯兴亚
副 主 编 / 白国强　巫细波

出 版 人 / 谢寿光
项目统筹 / 丁　凡
责任编辑 / 陈晴钰

出　　版 / 社会科学文献出版社·皮书出版分社（010）59367127
　　　　　　地址：北京市北三环中路甲29号院华龙大厦　邮编：100029
　　　　　　网址：www.ssap.com.cn
发　　行 / 市场营销中心（010）59367081　59367018
印　　装 / 北京季蜂印刷有限公司

规　　格 / 开　本：787mm×1092mm　1/16
　　　　　　印　张：19.25　字　数：293千字
版　　次 / 2016年7月第1版　2016年7月第1次印刷
书　　号 / ISBN 978-7-5097-9466-1
定　　价 / 79.00元

皮书序列号 / B-2006-055

本书如有印装质量问题，请与读者服务中心（010-59367028）联系

▲ 版权所有 翻印必究

广州汽车产业蓝皮书编辑委员会

主　编　杨再高　冯兴亚

副主编　白国强　巫细波

编　委（以姓氏笔画为序）

　　　　杜家元　杨代友　吴大庆　余　伟　张　强
　　　　李丹戎　胡彩屏　郭艳华　郭德炎　黄　坚
　　　　张赛飞　陈来卿　欧开培　欧江波　欧阳惠芳
　　　　黄石鼎　黄冠乔　曾俊良　谭　虹

编　务　姚　阳　覃　剑　葛志专　陈亚鸥　程风雨
　　　　蒋　丽

主要编撰者简介

杨再高 男,1966年生,贵州石阡人。现任广州市社会科学院副院长、博士、研究员。广东省政府决策咨询顾问委员会专家委员,广州市政府决策咨询专家,广州市优秀中青年社会科学工作者。主要从事区域经济学、区域与城市发展战略规划、开发区发展与规划、产业发展规划研究、项目投资可行性研究。合作出版著作8部,在《经济地理》《南方经济》《农业经济问题》《广东经济》《城市发展研究》等刊物上发表论文100多篇;主持和参与完成课题100多项。先后获国家发改委和广州市优秀成果奖等奖项8项。

冯兴亚 男,1969年生,工商管理硕士。曾任广州汽车集团股份有限公司副总经理,广汽丰田汽车有限公司销售部副部长、销售本部副本部长、副总经理、执行副总经理、董事,郑州日产汽车有限公司副总经理、党委委员,郑州海燕搪瓷股份有限公司副董事长兼总经理、党委委员,郑州日产汽车配套处处长,郑州轻型汽车制造厂车间主任、厂办副主任。现任广州汽车工业集团有限公司党委委员,广州汽车集团股份有限公司董事、党委委员、常务副总经理、执行委员会副主任。2008年3月被广州市委、市政府评为"广汽集团十年发展突出贡献先进个人",2009年3月在"第四届华鼎奖汽车年度人物"评选中获得"2008中国汽车年度风云人物大奖"殊荣,2009年被中国人力资源和社会保障部、中国机械工业联合会评为全国机械工业劳动模范先进工作者,2013年6月被人民网主办的"新中国汽车工业诞辰60周年盛典"评选为"中国汽车工业60年卓越贡献人物"。

白国强 男，1969年生，广东河源人，中共党员，博士学位，经济学教授，现任广州市社会科学院区域经济研究所所长；兼任广东经济学会理事，省人口学会常务理事，泛珠三角研究会副秘书长；广东省委宣传部思想理论优秀人才"十百千工程"第二层次培养对象。曾任广东省委党校（行政学院）经济学部（系）副主任，教授，经济学导师组副组长，硕士导师。研究方向为区域经济发展与战略、城乡规划、产业经济。1995～2011年7月在省委党校工作。其间：1996年在广东省政府研究中心见习锻炼；2003年被选送至美国佛蒙特大学、纽约州立大学做访问学者；2009年11月～2010年12月任德庆县副县长（挂职）。2011年8月起在广州市社科院区域经济研究所工作。承担课题30多项，在《南方经济》《城市问题》《经济前沿》《湖北社会科学》等发表论文50多篇，参编专著教材9本。其中包括承担国家社科规划重点课题2项（广东区域经济梯度发展与地区差距研究、粤港产业结构战略性调整研究），中央党校课题2项，省级课题9项，其他项目20多项。曾获中央党校教学资源片奖、国家行政学院科研评奖一等奖等多项奖励。

巫细波 男，1983年生，广东五华人，硕士学位，经济学副研究员。研究方向为区域经济学、汽车产业、空间计量与GIS应用。2010年至今在广州市社会科学院工作。主持和参与完成相关应用决策课题40多项；独立完成《广州汽车产业自主创新与升级研究》《广州智慧城市战略实践与展望》等著作2本、参与编写《广州汽车产业发展报告》（2009～2015年）等著作7本。在《地理科学》《城市发展研究》《科技管理研究》《汽车工业研究》《商业经济研究》《广州汽车产业发展报告》等刊物公开发表论文20多篇。

摘　要

为及时了解广州和国内外汽车产业发展的现状及趋势，科学指引和促进广州汽车产业转型大发展，在广州市领导和有关部门的支持下，广州市社会科学院区域经济研究所和广州汽车产业研究中心联合编写了《广州汽车产业发展报告（2016）》。

本书重点展现了广州汽车产业在2015年的发展情况，跟踪新常态下广州以及国内汽车产业发展的动态及热点问题，展望2016年及今后广州汽车产业发展的背景和前景，研究探讨广州汽车产业发展的对策。全书的内容主要包括总报告、形势篇、专题篇、企业篇和附录。

第一篇，总报告：简要回顾了2015年广州汽车产业发展概况，指出了汽车产业发展存在的不足，阐述了广州汽车产业发展的动态及热点，展望了2016年及未来一段时期广州汽车产业发展的形势及前景，预计2016年广州汽车产量可超250万辆，汽车工业产值可超过4000亿元，并提出了广州汽车产业进一步做强做大的对策措施，为广州打造国际汽车制造基地提供决策参考。

第二篇，形势篇：主要分析和展望了2016年国内外汽车产业发展形势和概况，主要包括全球汽车产业发展态势、我国汽车产业生产效率研究、国内上市汽车公司研发现状与形势分析、我国新能源汽车发展趋势及对策研究、广州汽车平行进口发展形势分析与对策建议。

第三篇，专题篇：广州汽车产业专题研究，包括新常态下广州汽车产业发展若干思路探讨、基于自主创新战略打造自主品牌竞争实力研究、广州市智能汽车产业发展情况及对策建议、广州汽车4S店空间布局特征研究、广州新能源汽车产业发展的瓶颈及建议、国际化大都市视角下广州新能源汽车

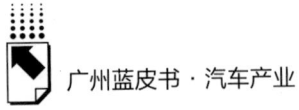

发展研究等。

第四篇，企业篇：主要分析了花都汽车城、广州汽车工业集团、广汽比亚迪等汽车企业2015年经济运行状况及对未来的发展展望。

第五篇，附录：主要收录国内及广州汽车产业发展的相关政策动态，广州汽车产业大事记等。

总体上，作为为数不多的中国区域汽车产业发展蓝皮书，本书定位为专家观点、民间立场，主要以专家、学者们提供的各类关于广州汽车产业发展的研究报告为主，各区有关部门、汽车企业等提供的一些汽车产业专题调研成果和中国汽车产业界部分专家的重要成果也构成本书的重要内容。从书中我们不仅能够搜索到广州汽车发展的真实轨迹和不俗成就，而且能看到市内外专家、学者对广州及中国汽车产业发展的真知灼见，同时还能看到国家及广州汽车企业出台的有关汽车产业发展的最新规划、政策、信息，以及国内一些省市汽车产业发展的动态。

Abstract

Annual Report on Guangzhou Automobile Industry (2016), which is co-edited by Regional Economic Center in Guangzhou Academy of Social Sciences and Guangzhou Automobile Industry Research Center, received great supports from municipal government, leaders and concerning departments. The goal of this book is to research on the automobile industry development and trends in Guangzhou, China and even the whole world, which will the beneficial to the development of Guangzhou's auto industry.

The focus of this book is to show the achievements of Guangzhou's automobile industry development in 2015, and also to track Guangzhou and domestic development and hot issues of auto industry, and forecast the background and foreground of Guangzhou automobile industry in 2016 and the future. The research of the countermeasures of scientific development for Guangzhou automobile industry is also one of the focus of this book. The content of this book includes chapters such as general report, situation development, special reports, enterprises development, and appendix.

Part 1 is the General Report. It mainly analyzes the development of Guangzhou automobile industry in 2015, points out the shortages of the automobile industry, elaborates the trends and hot issues of Guangzhou automobile industry and forecasts on the development situation and tendency of the automobile industry in 2016 and also the future. This chapter makes a forecast that vehicle production is expected to reach 2.5 million, and the output value of the auto industry will exceed 400 billion Yuan. It also puts forward countermeasures for the development of Guangzhou automobile industry, which will facilitate to build Guangzhou into an international automobile manufacturing base.

Part 2 is Situation Development Reports. It mainly analyzes the development situation of the global automotive industry, research on productivity of Chinese auto industry, analysis for R&D status and situation of listed domestic auto companies, development trends and countermeasures of Chinese new energy vehicle, analysis and Countermeasure of Guangzhou's Parallel Import of Cars and so on.

Part 3 is Special Reports. This part focuses on discussion for development thoughts of Guangzhou Automobile Industry under the new normal, research on building competition of self-owned brand based on independent innovation strategy, the development situation and suggestions of Guangzhou's intelligent automobile, research on spatial arrangement characteristic of 4S Shop in Guangzhou, development bottleneck and recommendations for Guangzhou's New energy automotive industry, research on the development of new energy vehicles in Guangzhou from the perspective of international metropolis and so on.

Part 4 is Enterprises Development Reports. It mainly analyzes the economic performance in 2015 and the trends and strategies of development in 2016 of Huadu auto city, Guangzhou Automobile Group and Guangzhou Automobile Co. Ltd and so on.

In summary, it is the only blue book in which the automobile industry in China has been covered and focused on. Meanwhile, it is an elegant collection of experts' views and civilian standpoints, including not only research reports on the industry originated by related experts and scholars, but also investigations and research fruits provided by various departments of Guangzhou, enterprises and so on. We are sure that from the book, readers will track the development of the automobile industry in Guangzhou and achievements herein, and acquire penetrating judgments from various experts and scholars in or out of Guangzhou. Furthermore, readers will gain the newest plans, policies, information about the industry and current events of development in Guangzhou and even the other cities and provinces in China.

序言　在新常态下推进广州汽车产业持续健康发展

杨再高[*]

受全球经济整体复苏乏力的影响，2015年国际汽车产销增速明显放缓，国内汽车产销增幅下降，但国内汽车产销再创新高，增速明显高于全球平均增速。为应对国内外汽车产销增长放缓及激烈竞争的形势，广州整车生产企业加快了产品更新、新车型导入及自主品牌乘用车发展，全年广州汽车产销再创新高并突破200万辆规模，增速明显高于全国水平。其中汽车产量达到220.99万辆，增速达12%，比全国汽车产量增速高出8.7个百分点；广州汽车产量占全国汽车总产量的比重达到9.02%，比2014年提高0.7个百分点，广州成为全国汽车产销增长的亮点。汽车制造业产总产值达3776.79亿元，同比增长6%；其中汽车零部件制造业产值达994.46亿元。广汽集团持续稳定发展，在《财富》世界500强中排第362位，比2014年提升了4位。尤其是广州自主品牌汽车——广汽传祺成为全国汽车产业发展标杆，全年产销量达到19.01万辆，比上年增长62.9%；广汽传祺从2011年进入市场，销量从1.7万辆增加到2015年的19万辆，呈现跨越式增长，三年实现了盈利，在J. D. Power中国新车质量研究报告（IQS）中连续三年蝉联中国品牌品质冠军等。广汽传祺已成为目前最热门的中国汽车品牌，开创了中国自主品牌汽车的"传祺速度"。

2015年广州汽车产销保持了较快的发展速度，汽车制造业较好地发挥了第一支柱产业的作用，为广州经济持续稳定发展做出了重要贡献。但从与

---

[*] 杨再高，广州市社会科学院副院长，博士，研究员。

全国汽车产业发展比较及未来激烈竞争的态势来看,广州汽车产业规模还不够大,汽车研发创新能力还不强,汽车零部件制造业和汽车服务业仍较滞后,龙头汽车企业竞争力不强,新能源汽车发展面临多方面约束,与先进城市汽车产业发展还存在不少差距,加上汽车产业新一轮竞争加剧,限牌政策的持续实施及环境约束,使2016年及未来广州汽车产业发展面临不少挑战。我们必须增强忧患意识,保持战略定力,抓住有利条件及机遇,继续推进广州汽车产业在新常态下持续健康发展,更好地发挥汽车产业作为广州第一支柱产业的辐射带动作用。

汽车产业既是传统产业,也是高新技术产业。新一轮科技和产业革命日新月异,新技术、新产品、新业态、新企业、新产业及新经济不断涌现,集高科技技术于一身的现代汽车工业,必将伴随着工业4.0革命、"互联网+"、智能制造及新能源汽车、智能汽车、无人驾驶汽车等的发展迎来新的生机和动力。同时,汽车产业是大产业,链条长、覆盖面广、上下游关联产业众多,在国民经济建设中发挥着十分重要的作用;汽车对上游的钢铁、石化、有色金属、塑料、橡胶、玻璃等行业,中游的电子、机械、数控机床等行业,下游的金融保险、维修保养、旅游、租赁、商贸会展等行业具有较大拉动作用,仍是发达国家及我国目前重要的支柱产业之一。我们认为,我国作为发展中的汽车产销大国,随着城镇化、农业现代化、全面小康社会建设的推进和汽车保有量的提高,"十三五"时期及未来一段时期仍是我国汽车产业发展的重要战略机遇期,汽车产业仍是我国经济发展的重要支柱产业。

汽车产业在广州"十二五"时期经济发展中发挥了第一支柱产业作用,这种作用在"十三五"时期将有望得到进一步强化。"十三五"期间,广州将实施现代服务业与先进制造业双轮驱动的产业发展战略,建设高端、高质、高新的现代产业体系,一批新的支柱产业将不断崛起。但从广州现有和潜在的支柱产业来看,估计汽车产业作为广州"十三五"期间的第一支柱产业的地位仍将难以撼动和改变,汽车产业仍将在广州国民经济发展及国家中心城市地位巩固中发挥举足轻重的作用,汽车制造业将在"广州制造业2025"战略中扮演重要角色。因此,2016年及"十三五"期间广州仍应高度重视促进汽车产业发展。要抓住国家实施创新驱动战略、"中国制造2025"及智能制造、"互联网+"、"一带一路"及国际产业合作等战略实施机遇，抓紧制定和出台《广州汽车产业 2025 战略规划》，从供给侧结构性改革发力，坚持智能化、绿色化、品牌化和国际化发展方向，以广汽传祺自主品牌汽车为重点，聚集整合国内外人才、技术、资金等资源，大力推进现代汽车技术研发及打造世界级汽车品牌，大力发展节能与新能源汽车、智能汽车、动力电池及关键零部件及配套装备，大力提升汽车零部件配套能力，大力发展汽车金融保险、汽车租赁、汽车后市场、汽车电商、车联网、平行汽车进口等汽车服务业，全面支持广汽集团向全国、海外拓展以提升核心竞争力，有效推进广州汽车企业"走出去"及开展国际汽车产能合作，进一步做大做强广州汽车产业，为广州建设现代产业新体系，促进经济保持中高速增长及提质增效，打造国际商贸、物流、航运中心及现代金融服务体系提供坚实的支撑。

目 录

Ⅰ 总报告

B.1 2015~2016年广州汽车产业发展形势分析与展望
　　……………………………………… 巫细波　白国强 / 001
　　一　2015年广州汽车产业发展形势…………………… / 002
　　二　2015年广州汽车产业发展面临的问题…………… / 021
　　三　2016年广州汽车产业发展形势展望……………… / 029
　　四　促进广州汽车产业发展的对策建议……………… / 041

Ⅱ 形势篇

B.2 2015~2016年世界汽车市场发展回顾与展望 ………… 覃　剑 / 050
B.3 中国汽车产业生产效率研究
　　——基于Malmquist-DEA模型……………………… 程风雨 / 063
B.4 2015年国内上市汽车公司研发现状与形势分析 ……… 隆宏贤 / 077
B.5 中国新能源汽车发展现状及对策研究 ………………… 陈亚鸥 / 088
B.6 2015~2016年广州汽车平行进口发展形势
　　分析与对策研究 ………………………………………… 向政枝 / 096

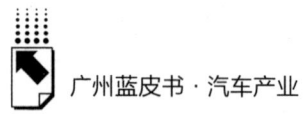

Ⅲ 专题篇

B.7 新常态下广州汽车产业发展若干思路探讨 …………… 葛志专 / 106

B.8 基于自主创新战略打造自主品牌竞争
实力研究 ………………………… 欧阳惠芳 李新宇 / 122

B.9 广州智能汽车发展情况及对策研究 …………… 唐锡禧 / 135

B.10 广州汽车4S店空间布局特征研究 …………… 巫细波 / 141

B.11 广州新能源汽车发展面临的瓶颈及
对策研究 ………………………… 江彩霞 邱志军 / 157

B.12 国际化大都市背景下广州新能源汽车
发展思考 ………………………… 陈桑桑 钟瑞玲 / 175

B.13 广州交通拥堵与治理举措的评估分析 …………… 姚 阳 / 184

B.14 提升广州汽车零部件产业核心竞争力思考
……………………………………… 许睿奇 欧阳思 / 200

B.15 市场多元化背景下广州汽车零部件产业
转型之路分析 ……………………… 邹仁才 江嘉贤 / 210

Ⅳ 企业篇

B.16 广汽集团完整产业链发展战略研究 ……… 冯兴亚 欧阳惠芳 / 216

B.17 广汽集团"1513"发展战略剖析 …………… 洪 云 黄 坚 / 232

B.18 重大项目对汽车企业升级的促进作用研究
……………………………………… 黄 坚 金 培 / 241

B.19 广汽比亚迪发展概况及面临环境分析 …………… 李剑红 / 254

B.20 2015年花都汽车产业发展形势分析
……………………… 陈桑桑 朱应元 徐嘉仪 / 261

Ⅴ 附 录

B.21 广州市新能源汽车推广应用管理暂行办法
　　……………………………………… 广州市人民政府 / 269

B.22 广州市推进电动汽车充换电设施建设与管理
　　暂行办法 ……………… 广州市工业和信息化委员会 / 276

B.23 2015年广州汽车大事记 ………… 广州汽车产业研究中心 / 283

B.24 后记 ……………………………………………………… / 286

皮书数据库阅读使用指南

CONTENTS

I General Report

B.1 Analysis and Prediction of Guangzhou's Automobile
Industry in 2015-2016　　　　　　*Wu Xibo, Bai Guoqiang* / 001
  1. Development Situation of Guangzhou's automobile industry in 2015　　/ 002
  2. Development problems of Guangzhou's automobile industry in 2015　　/ 021
  3. Prospects of Guangzhou's automobile industry in 2016　　/ 029
  4. Countermeasures and suggestions for promoting Guangzhou's
     Automobile Industry　　/ 041

II Situation Development Reports

B.2 Review and Outlook the Development of World Auto Market
from 2015-2016　　　　　　　　　　　　　　　*Qin Jian* / 050

B.3 Research on Productivity of Chinese Auto Industry - Based on
Malmquist-DEA Model　　　　　　　　　　*Cheng Fengyu* / 063

B.4 Analysis for R&D Status and Situation of Listed Domestic Auto
Companies in 2015　　　　　　　　　　　*Long Hongxian* / 077

B.5 Development Trends and Countermeasures of Chinese New
Energy Vehicle　　　　　　　　　　　　　　*Chen Yaou* / 088

B.6 Analysis and Countermeasure of Guangzhou's Parallel Import of
Cars in 2015-2016 *Xiang Zhengzhi* / 096

Ⅲ Special Reports

B.7 Discussion for Development Thoughts of Guangzhou Automobile
Industry under the New Normal *Ge Zhizhuan* / 106
B.8 Research on Building Competition of Self-owned brand based on
Independent Innovation Strategy *Ouyang Huifang, Li Xinyu* / 122
B.9 The Development Situation and Suggestions of Guangzhou's
Intelligent Automobile *Tang Xixi* / 135
B.10 Research on Spatial Arrangement Characteristic of 4S Shop in
Guangzhou *Wu Xibo* / 141
B.11 Development Bottleneck and Recommendations for Guangzhou's
New Energy Automotive Industry *Jiang Caixia, Qiu Zhijun* / 157
B.12 Research on the Development of New Energy Vehicles in Guangzhou
from the Perspective of International Metropolis
Chen Sangsang, Zhong Ruiling / 175
B.13 Evaluation and Analysis of Guangzhou Traffic Congestion and
Governance Initiatives *Yao Yang* / 184
B.14 Analysis for Enhancing the Core Competitiveness of Guangzhou
Auto Parts Industry *Xu Ruiqi, Ouyang Si* / 200
B.15 Research on Reforming Way of Guangzhou Auto Parts Industry
under the Background of Market Diversification
Zou Rencai, Jiang Jiaxian / 210

Ⅳ Enterprises Development Reports

B.16 Study on Development Strategy of GAC's a Complete Industrial Chain
Feng Xingya, Ouyang Huifang / 216

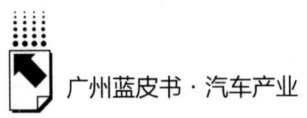
广州蓝皮书·汽车产业

B.17 The Analysis of GAC's '1513' Development Strategy
              Hong Yun, Huang Jian / 232

B.18 Research on Promoter Action of Major Project for Auto Enterprise
  Upgrading   *Huang Jian, Jin Pei* / 241

B.19 Analysis on Development Situation and Facing Environment for Guangqi
  BYD Motor Co., Ltd.   *Li Jianhong* / 254

B.20 Analysis on Development of Huadu's Automobile Industry in 2015
         Chen Sangsang, Zhu Yingyuan and Xu Jiayi / 261

V Appendix

B.21 The Management Tentative Method for Guangzhou New Energy
  Automobile Promotion Application
           Guangzhou People's Government / 269

B.22 Interim Measures of Construction and Facilities Management for
  Promoting the Electric Vehicle Charging Electrical in Guangzhou
    Guangzhou City Industry and Information Technology Commission / 276

B.23 Memorabilia of Guangzhou's Automobile Industry in 2015
        Guangzhou Automotive Industrial Research Center / 283

B.24 Postscript   / 286

总 报 告
General Report

B.1
2015~2016年广州汽车产业发展形势分析与展望

巫细波 白国强*

摘 要： 得益于广汽乘用车自主品牌的快速发展，2015年广州汽车产业实现明显回升，产销量再次实现两位数增长，产量和产值均创历史新高。本文在简要回顾全球和国内汽车产业发展形势的基础上，重点分析2015年广州汽车产业发展状况、存在问题和面临环境，展望广州汽车产业发展形势及前景，预计2016年广州汽车产业将继续保持较快发展趋势，产量有望突破250万辆，汽车工业产值突破4000亿元。为完成2016年广州汽车产业发展目标，本文提出了积极推进全市"十三五"规划汽车产业大

---

* 巫细波，广州市社会科学院区域经济研究所，副研究员；白国强，广州市社会科学院区域经济研究所，所长，研究员。

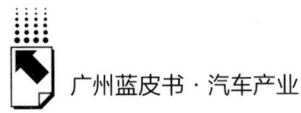

项目、以供给侧改革为导向强化政府对产业的支持与引导、提升广汽集团国际知名度、做强自主品牌汽车、加快发展新能源汽车产业、加快汽车服务业以及汽车产业对外开放发展等对策建议，为做强做大广州汽车产业及强化支柱产业地位提供决策参考。

关键词： 形势分析与预测 "十三五"规划 自主品牌 新能源汽车产业 汽车服务业

一 2015年广州汽车产业发展形势

2015年作为"十二五"规划的收官之年，广州汽车产业在"十二五"期间平均增长水平高于全国平均水平，总体上保持相对较快发展趋势，其中汽车产量年均增速达到10.13%，而规模以上汽车工业总产值年均增速为5.35%。随着汽车产量规模突破200万辆、自主品牌产销规模接近20万辆、自主品牌整车企业基本掌握核心汽车制造技术并具备了较好的研发能力，广州汽车产业发展已步入了一个全新的发展阶段，基本摆脱了作为外资汽车企业组装厂的角色，具备了向全球汽车产业链高端环节提升的发展基础，将为广州国家中心城市建设及顺利完成"十三五"规划目标提供强大支撑。

（一）汽车产销规模突破200万辆，增速明显高于全国平均水平

为了应对国内汽车市场增长逐步放缓趋势，广州整车企业逐步加快产品更新和新车型的导入，纷纷推出广汽本田缤智，广汽乘用车传祺GS4，广汽丰田新汉兰达、雷凌混动等多款热销和畅销新车型，同时也对传统热销的凯美瑞、雅阁、轩逸等车型进行更新，力助广州汽车产量突破200万辆规模，再次实现双位数增长，成为国内第5个产量突破200万辆规模的特大汽车城市。[1]

---

[1] 特大汽车城市，本文指产量超过200万辆、汽车工业产值超3000亿元规模的超大型汽车生产城市。上海、北京、重庆、吉林、长春等均已发展成为特大汽车城市。

2015年，广州汽车产量达到220.99万辆，增长12%，明显高于全国平均增长水平，其中轿车产量为148.65万辆，同比下降2.8%。

2015年，广州汽车产量占全国汽车总产量的比重再次突破9%（见表1），达到9.02%，仅次于2008年的9.4%。"十二五"期间，广州汽车产量年均增速达到10.13%，明显高于同期全国7.4%的平均水平。作为国内最主要的汽车生产城市之一，"十二五"期间广州汽车产量占全国的比重保持在8.2%左右，轿车产量占全国轿车总产量的比重保持在11.8%左右，轿车产量占全国轿车总产量的比重相对稳定，在国内五大汽车大城市中位居第三，仅次于上海和长春。

表1 2011～2015年广州汽车生产情况

单位：万辆，%

年份	全国汽车产量		广州汽车产量		广州占全国比例	
	汽车	轿车	汽车	轿车	汽车	轿车
2011	1841.89	1013.75	150.22	120.6	8.16	11.90
2012	1927.18	1076.74	138.44	111.76	7.18	10.38
2013	2211.68	1210.08	180.53	145.85	8.16	12.05
2014	2372.29	1248.11	197.39	152.92	8.32	12.25
2015	2450.33	1170.00	220.99	148.65	9.02	12.71

资料来源：国家数据网、广州统计信息网。

（二）汽车投资额保持两位数增长，工业总产值再创历史新高

多年保持投资额两位数增长是广州汽车工业总产值屡创新高的重要保障。"十二五"期间，广汽乘用车第一工厂扩产、北汽乘用车第一工厂、广汽本田第三工厂、广汽丰田第三工厂、广汽比亚迪新能源汽车工厂等整车项目相继建成投产，在大项目带动下，广州汽车制造业保持较高的增长水平，最低增速也有12.9%，最高达到21.6%，明显高于同期广州全市的固定资产投资和全市工业投资额增长水平（见图1）。

广州汽车制造业投资额由"十二五"初期的78.6亿元增长到2015年的148.96亿元，占广州全市固定资产投资的比例由2.29%提升至2.76%（见图2）。

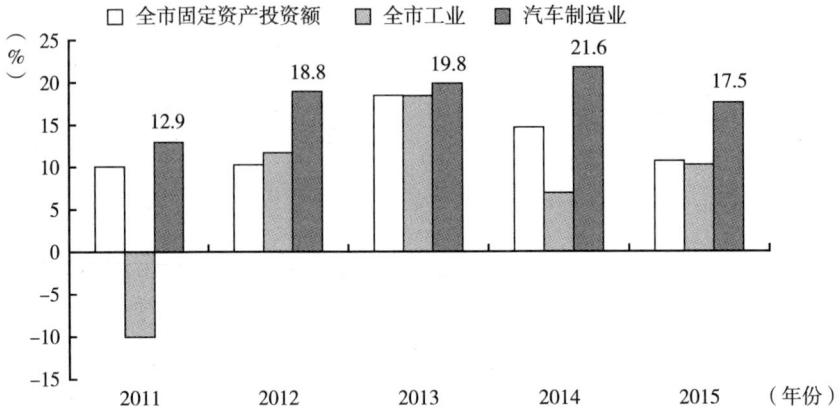

图 1　2011~2015 年广州汽车制造业投资额增速及全市投资额增速情况

资料来源：广州统计信息网。

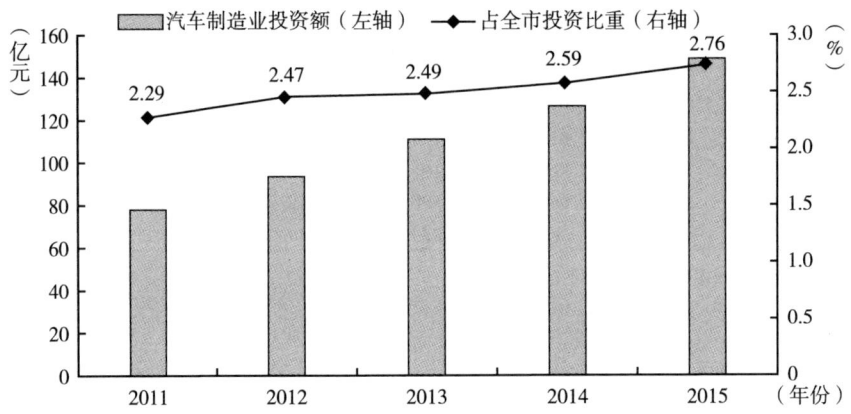

图 2　2011~2015 年广州汽车制造业投资额及占全市投资比重情况

资料来源：广州统计信息网。

产业投资的较快增长有力地促进了汽车制造业的发展，汽车工业总产值屡创新高。2015年，广州汽车制造业工业月度产值呈倾斜的"Z"形走势，2月和8月的产值相对较低，出现两段由低往高走的趋势，11月的产值首次突破400亿元。2015年累计完成工业总产值3776.79亿元，高于电子产品制造业的2789.3亿元和石油化工制造业的2553.16亿元（见图3），同比增长6.0%，占广州市工业总产值的比重为20.18%。

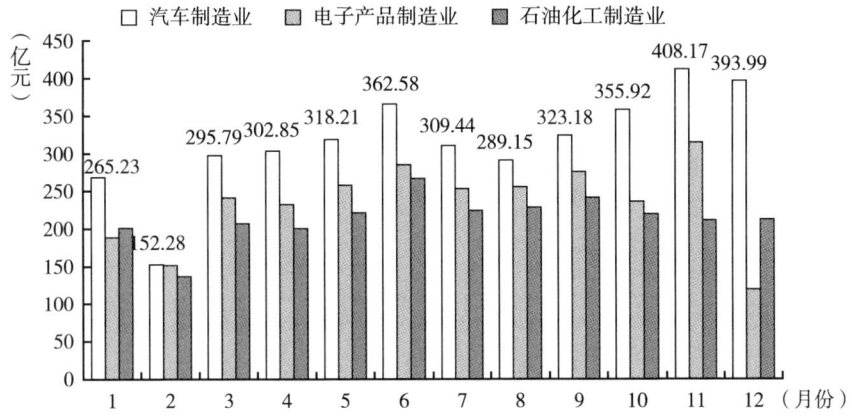

图3 2015年广州三大支柱工业各月总产值情况

资料来源：广州统计信息网。

"十二五"期间，广州汽车制造业产值由3066.32亿元提升至3776.79亿元（见表2），年均增速为7.96%。在整车制造业的带动下，广州汽车零部件产业较快发展。汽车零部件产值由2011年的855.93亿元增至2015年的994.46亿元，年均增速为8.03%。随着广汽乘用车第二工厂、北汽（广州）乘用车新能源汽车工厂、广汽菲克番禺工厂等整车项目建设不断推进，汽车制造业作为广州第一支柱工业的地位将进一步得到巩固。

表2 2011~2015年广州规模以上汽车制造业产值情况

项目	2011年	2012年	2013年	2014年	2015年
汽车制造业产值（亿元）	3066.32	2721.29	3346.84	3642.44	3776.79
其中：零部件（亿元）	855.93	786.24	897.47	973.07	994.46

资料来源：2011~2015年广州市国民经济和社会发展统计公报。

（三）汽车消费和会展日趋繁荣，汽车服务业规模不断扩大

地处珠三角中心区域的广州是我国最大的商贸城市之一，汽车商贸业非常活跃，各类汽车专业特色会展业发展日趋繁荣，与汽车相关的金融保险、

汽车IT、汽车养护、汽车维修及配件、汽车物流、汽车租赁、汽车会展、汽车文化及汽车运动等服务业业态非常丰富，汽车服务业已经成为广州汽车产业的重要支撑力量。

"十二五"期间，广州汽车和零配件的批发零售业保持较快发展趋势，已发展成为广州商贸业的重要组成部分。汽车和零配件批发总额由2011年的1127.75亿元增至2015年的2507.36亿元（见表3），年均增速达到22.11%，占广州市批发业总额的比重常年保持在6.5%左右，年均增速明显高于广州市限额以上批发和零售业法人企业商品分类销售总额的平均增长水平。

表3　2011～2015年广州汽车和零配件批发及零售总额情况

单位：亿元，%

项目	2011年	2012年	2013年	2014年	2015年	"十二五"期间年均增速
限额以上批发和零售业法人企业商品分类销售总额	18563.15	21617.83	29216.23	31687.65	35631.67	17.71
其中：汽车类	1127.75	1216.25	1775.17	2472.74	2507.36	22.11
汽车类占全市比重	6.08	5.63	6.08	7.8	7.04	—

资料来源：广州市历年统计年鉴。

广州地区的汽车品牌4S店数量和种类非常齐全，而依托4S店发展起来的汽车服务业日益成熟。目前，广州有品牌汽车4S店351家，经营的汽车品牌多达81个，几乎涵盖主流的品牌类型。从汽车品牌性质看，广州地区的汽车品牌4S店主要以合资汽车品牌为主。其中，合资汽车品牌4S店有264家，占比高达75%，而自主品牌汽车只有87家，占比25%。从汽车品牌构成看，广州地区的汽车品牌4S店主要有丰田、本田、大众等，这些汽车品牌4S店的数量均超过20家，其中丰田的4S店数量最多，有27家，占全市的比重为7.69%，其次是本田，有23家。超过10家4S店的汽车品牌有8个，这些品牌的4S店总数达到132家，占全市的比重为37.6%，汽车品牌结构相对较为集中。广州作为国家中心城市，汽车消费层次较高，豪华品牌不但种类多而且数量达到了71家，占全市的比重为20.2%，主要以奥迪、宝马、凯迪拉克、雷克萨斯、路虎等品牌为主，这些品牌的4S店数量均超过5家，其中奥迪的4S店数量最多，达到11家。

随着国内汽车市场的持续繁荣和深入发展，汽车会展已经成为广州汽车产业的特色和亮点。中国（广州）国际汽车展览会作为国内规模最大的三大汽车展览会之一，到2015年已经连续举办了13届，对促进广州汽车服务业发展具有重要的促进作用。广州汽车会展内容经过不断拓展和完善，规模和影响力不断扩大，会展面积由2011年的18万平方米增加到2015年的22万平方米，到会记者人数由2011年的6539人增至2015年的8491人，观众数量由55.2万人次增至63.5万人次，由于国内汽车会展业的普及，广州车展的参展商数量有所下降（见表4）。专业化也成为广州汽车展的亮点，以专业化模式打造的广州国际商用车展览、广州国际汽车零部件及用品展览和新能源汽车展览，作为独立设展的专业展会，与乘用车主展会并列成为广州汽车展的新特色，多个专业展会的共同举办不断完善着广州汽车会展的产业链。此外，汽车普及程度的不断提升，为国内汽车用品及个性化消费市场带来巨大的发展空间，广州国际汽车改装及服务业展览会、广州国际汽车用品交易会等汽车改装及用品相关的专业会展规模不断扩大，影响力也不断提高。

表4 2011~2015年广州汽车展情况

项目	2011年	2012年	2013年	2014年	2015年
会展面积(万平方米)	18	20	20	22	22
参展商数量(家)	714	737	590	830	603
到会记者(人)	6539	6800	7076	8478	8491
观众数量(万人次)	55.2	56.0	57.0	63.5	63.5

资料来源：历年广州汽车展专题网站。

2015年的第13届广州汽车展以"新科技、新生活"为主题，聚焦环境保护、节能降耗，将绿色车辆技术与可持续发展理念相融合。随着新能源汽车产业的高速发展，新能源汽车已经成为各大汽车企业的关注焦点，广州汽车展紧随发展潮流,举办了第二届广州国际电动汽车展览会,受到车企的高度关注,展会规模比首届扩大一倍,达 2 万平方米,参展的包括特斯拉、保时捷、奔驰、宝马、奥迪、通用、大众、丰田、雷诺等多个知名国际品牌,还有比亚迪、广汽、东风、长安、上汽、北汽、奇瑞、吉利、华晨、长城、江淮、启辰、知豆等自主品牌,共展出新能源车辆 60 余台。此外,展会期间还举行了 20 多场与汽车相关的主题论坛,包括以电动汽车为主题的"2015 广州国际电动汽车产业峰会"、以车联网为主题的"中国汽车互联网＋创新大典"、以市场为主题的"2015 汽车售后生态链高峰论坛"等。

(四)各大汽车板块建设深入推进,产业集群效应不断提升

自本田汽车入驻广州以来,经过近 18 年的开发建设,广州汽车产业基地建设不断深入推进,已发展成为我国五大特大汽车城市之一。随着广汽本田第三工厂、广汽比亚迪新能源客车工厂、广汽菲克番禺工厂和北汽(广州)乘用车新能源工厂建成投产,广汽乘用车第二工厂和广汽丰田第三工厂开工建设,形成了东部、南部、西部及北部四大汽车产业板块(见图 4),整车产能进一步得到提高,吸引了一大批汽车零部件企业不断集聚发展,形成了产能达到 215.5 万辆(见表 5)、产值达到 3700 多亿元的汽车及零部件产业集群。

表 5　广州汽车产业板块概况及产能

汽车板块	汽车产业基地	整车企业	企业性质	产能(万辆)
东部	广州开发区汽车产业基地	本田(中国)公司	外资	6.0
	黄埔汽车产业园	广汽本田第一工厂	合资	24
	增城汽车产业基地	广汽本田第二工厂	合资	24
		广汽本田第三工厂	合资	12
		北汽(广州)汽车有限公司	自主	0
南部	南沙开发区汽车产业基地	广汽丰田公司	合资	38
	番禺汽车产业基地	广汽乘用车公司	自主	20
		广汽菲克广州工厂	合资	16
西部	花都汽车产业基地	东风日产乘用车公司	合资	60
北部	从化汽车及零部件产业基地	广汽比亚迪新能源客车公司	自主	0.5
		广汽日野汽车有限公司	合资	5.0
合计		—	—	205.5

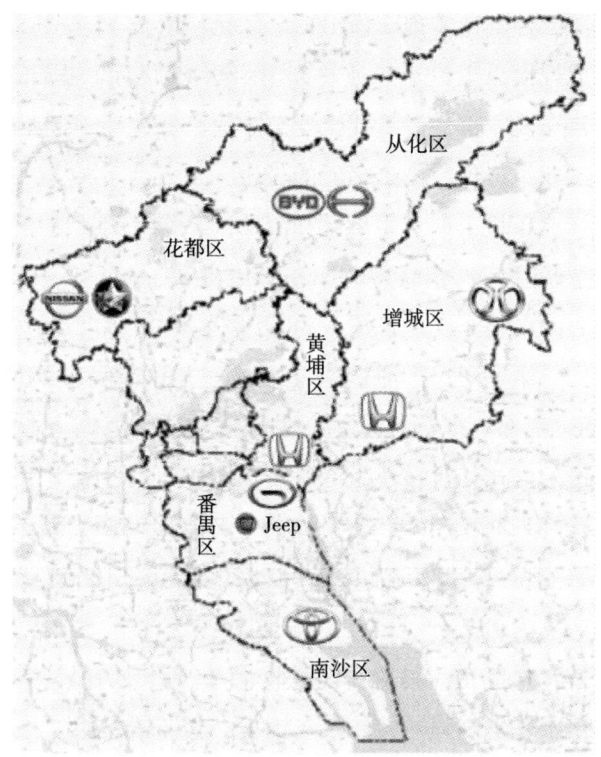

图 4　广州主要整车企业空间分布

东部汽车产业板块，位于黄埔区和增城区，是广州地区第二个产值超千亿元的汽车产业板块，汽车品牌有本田、北汽的绅宝和威旺，整车企业为广汽本田（第一工厂在黄埔区，第二和第三工厂在增城区）、北汽（广州）乘用车（在增城区）和本田（中国）汽车（在黄埔区），形成广汽本田 60 万辆、本田（中国）出口基地 6 万辆、北汽（广州）汽车乘用车 10 万辆产能，逐渐发展成为产能接近 80 万辆、产值超亿元的汽车产业集群。在整车制造业的带动下，该区集聚了广州电装、提爱思、中新塑料、福耀玻璃等一大批知名度较高的零部件汽车。2015 年，增城区的汽车及零配件制造业企业达到 56 家，汽车及零部件制造业工业总产值达到 616.24 亿元，增长 9.27%，占增城区规模以上工业产值的 33.65%，所占比重高出 2006 年（9.2%）24.45 个百分点。其中汽车整车制造实现产值 435.04 亿元，增长

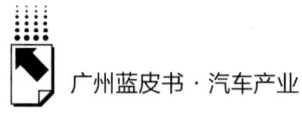

6.81%;汽车零配件制造实现产值181.2亿元,增长15.66%。黄埔区2015年1~11月完成规模以上汽车工业总产值359.45亿元。据此计算,东部汽车产业板块的汽车及零部件制造业工业总产值已经达到千亿元规模,成为广州第二个汽车工业总产值突破千亿元的板块。

南部汽车产业板块,位于番禺区和南沙区,是广州地区第三个产值超千亿元的汽车产业板块,汽车品牌有丰田、传祺和Jeep。其中广汽丰田2006年入驻南沙区,两个整车工厂形成了38万整车产能;广汽传祺于2010年在番禺区建成投产,第一工厂产能达到20万辆,广汽菲克于2014年进入,产能达到16万辆,南部汽车产业板块的总产能达到74万辆、产值同样超千亿元。位于番禺区的广州传祺轿车生产研发基地作为广汽乘用车自主品牌发展的主要载体,总规划面积约15.83平方公里,首期已开发约2.4平方公里。基地乘用车年产能超过100万辆,年产值总规模超过1000亿元。2015年完成汽车制造业产值为183.56亿元,增长44.6%,整个"十二五"期间累计完成工业总产值470亿元,累计实现税收45亿元。依托广汽乘用车和广汽菲克,逐步集聚了鞍钢高强热镀锌汽车钢板、宝商钢材加工、广汽获原模具冲压等21家、总投资超40亿元的知名零部件企业。已投入生产的4家企业在"十二五"期间累计总产值43.1亿元,税收2.91亿元;余下的17家企业预计在2017年全部建成投产。2015年,南沙区汽车工业总产值约843亿元,南部汽车产业板块的汽车工业总产值首次突破千亿元规模,约1026亿元。

西部汽车产业板块,位于花都区,是广州地区第一个产值突破千亿元、产量突破百万辆的汽车产业板块,也是广州汽车产业园区面积最大的汽车板块。此板块以东风日产乘用车公司为龙头,汽车品牌有日产和启辰,主要生产乘用车和少量纯电动新能源汽车。截至2015年,西部汽车产业板块集聚了200多家企业落户,其中世界500强投资企业14家,投资总额超200亿元,产品覆盖发动机、汽车模具、冲压件、制动系统、内饰件等各个方面。2015年,西部汽车产业板块完成汽车工业总产值1345.2亿元,税收总额达到128.46亿元,整车产量达到102.01万辆,成为广州第一个产量突破百万辆的汽车产业基地。2015年,东风日产纯电动车实现产量1393辆,销量

1127辆;此外,其将继续探索新能源汽车租赁模式,推动纯电动物流车使用,实现多元化、多领域推广。

北部汽车产业板块,位于从化区,是广州的商用车汽车产业板块,总体规模偏小。此板块以广汽日野和广汽比亚迪新能源客车为龙头,其中广汽日野主要生产各类卡车,广汽比亚迪主要生产纯电动商用车,整车产能达到5.5万辆。2015年10月16日,首辆12米长的纯电动客车K9在广汽比亚迪正式下线,400辆纯电动公交客车在广州各区陆续投入使用,进一步提升了广州新能源汽车产业的实力。广汽比亚迪12米纯电动客车K9,其整车搭载了动力强劲的轮边驱动电机和全球技术领先的磷酸铁锂电池,在城市综合工况下续航里程达300公里,该车型已在全球超过200个城市推广和运行,其技术性能、安全可靠性、营运能力等都得到各界的好评和认可。除纯电动客车K9之外,广汽比亚迪还具备生产10.5米纯电动客车K8、8米纯电动客车K7、7米纯电动客车K6等车型的能力。2014年,从化区汽车制造及摩托车配件行业共实现产值93.63亿元。

(五)合资品牌效应不断强化,产销纷纷实现新突破

在经济新常态下,受国内整体汽车市场增速放缓影响,国内汽车市场竞争日趋白热化,同时为消除2012年中日政治事件对广州汽车产业的负面影响,广州整车企业为抢占市场份额,不断加快车型更新换代和新产品的导入步伐,不断提升和巩固品牌竞争力,根据J. D. Power发布的2015年中国新车质量品牌排名,广州的合资品牌的新车质量均高于全国平均水平,其中广汽本田、广汽丰田均排名前10,东风日产排名第14(见图5)。

正是凭借良好的产品质量与较高的口碑,广州三大日系整车企业均实现高于行业平均水平增长,2015年纷纷实现新突破,创销量历史新高。其中,东风日产实现销量100.07万辆,成为广州第一个产销量突破100万辆的整车企业,"十二五"时期年均增速为6.7%;广汽本田销量首次突破50万辆,达到58.01万辆,"十二五"时期年均增速为12.5%;广汽丰田销量首

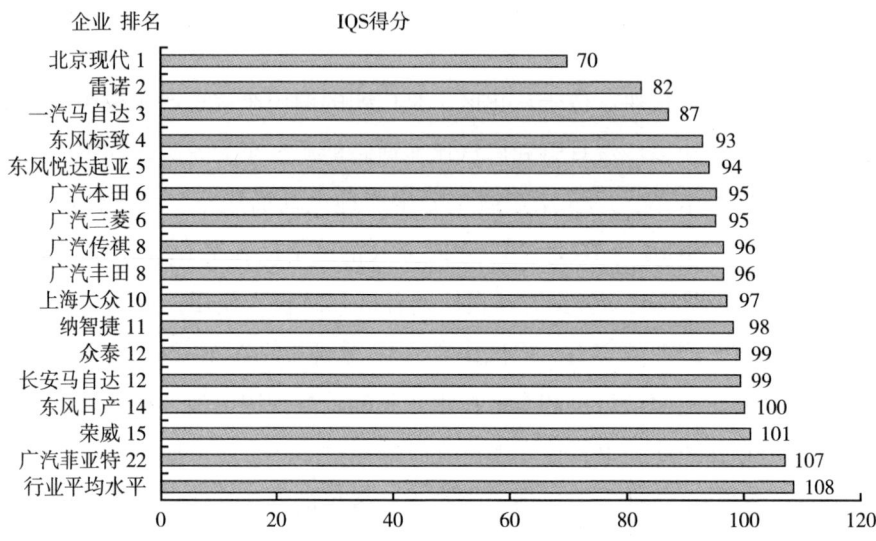

图 5　2015 年广州汽车品牌国内新车质量排名

资料来源：J. D. Power 2015 年中国新车质量研究，http：//china.jdpower.com/sites/default/files/slide2_0.png。

次突破 40 万辆，达到 40.31 万辆，"十二五"时期年均增速同样达到两位数，为 10.1%（见图 6）。三大合资整车企业的集体发力，力助广州产销规模突破 200 万辆，成为我国第五个特大汽车城市。

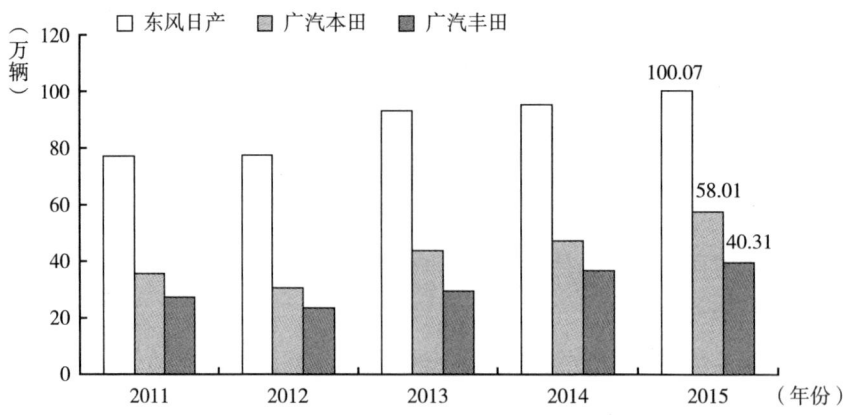

图 6　广州合资品牌"十二五"时期销量对比

东风日产成为广州第一家产销量突破 100 万辆的整车企业,也是国内继上汽通用、上汽大众、上汽通用五菱、一汽大众、北京现代、长安汽车之后第 7 家产销量突破 100 万辆的整车企业。在产品层面,2015 年下半年,东风日产在三个月内连续上市了全新改款车型——新楼兰、全新逍客和全新蓝鸟。值得一提的是,轩逸凭借类似天籁的设计风格、轴距 2.7 米带来的大空间及成熟可靠的技术等优点,在 2015 年 10 月成为国内轿车销量冠军,12 月的销量更是突破 4 万辆,2015 年累计销量达到 33.41 万辆,销量仅次于大众朗逸(见表 6)。东风日产产品布局相对平衡,凭借车型众多的优势,2015 年累计完成销量 100.07 万辆,同比增长 4.9%。

表 6　2015 年东风日产主要车型销售情况

车型	轩逸	天籁	奇骏	阳光	逍客	骐达	楼兰
销量(万辆)	33.41	11.18	16.64	9.06	6.01	5.22	1.21

资料来源:搜狐汽车,http://db.auto.sohu.com/cxdata/。

与广汽 2015 年的战略不同,东风日产倾注大量资源发展于 2012 年启动的合资自主品牌"启辰",在早期投放 D50 和 R50 两款车的基础上,凭借国内 SUV 市场的高速增长,T70 车型产销量快速增长,实现销量 6.51 万辆。纯电动汽车晨风由于续航里程一般,导致市场竞争力不强,2015 年销量仅为 1100 辆(见表 7)。启辰品牌发布上市不到两年就实现产销规模突破 10 万辆,2015 年完成销量 12.05 万辆,同比增长 5.7%。

表 7　2015 年东风日产启辰品牌各车型销售情况

车型	D50	T70	R50	R30	晨风电动汽车
销量(万辆)	1.73	6.51	2.93	0.77	0.11

资料来源:搜狐汽车,http://db.auto.sohu.com/cxdata/。

为主动适应国内汽车市场发展,作为行业标杆的广汽本田自 1998 年成立以来,坚持引进"与世界同步"先进车型。2015 年 10 月正式落成的第三工厂、发动机工厂以及广汽本田研发基地对于广汽本田来说有着非常重要的意义，相比增城第二工厂，第三工厂占地面积缩小45.5%，投资减少26%，人员效率却提升了29%。广汽本田第三工厂的正式落成有效地提高了整车生产能力，为后续新车型的导入提供了强有力的保证。截至2015年底，广汽本田旗下全车型已完成更新换代，搭载本田最新的动力科技系统——Earth Dreams Technology（地球梦科技）。近年来，广汽本田更接连推出了首款中级车——凌派和首款紧凑SUV——缤智，对功勋车型——雅阁进行了更新换代，获得了市场认可，雅阁在2015年完成销量12.81万辆，同比增长18%；搭载1.5L的自吸地球梦发动机的第三代飞度完成销量9.59万辆，同比增长13%（见表8）。2015年，广汽本田销量首次突破50万辆，达到58.01万辆，同比增长20.8%，成为广州第二大整车企业。

表8 2015年广汽本田主要车型销售情况

车型	凌派	雅阁	锋范	歌诗图	飞度	奥德赛	缤智	理念S1
销量（万辆）	11.68	12.81	5.03	1.33	9.59	4.52	12.68	0.35

资料来源：搜狐汽车，http://db.auto.sohu.com/cxdata/。

广汽丰田通过产品革新和导入全新动力技术，各大车型在细分市场的领先地位得到进一步巩固，进而形成涵盖自然吸气、涡轮增压、混合动力和纯电动技术的产品布局，尤其值得一提的是混合动力战略的实施。作为广汽丰田的主打车型，全新凯美瑞和全新汉兰达在2015年继续扩大在中高端市场的竞争优势。全新凯美瑞大胆革新并导入双喷射系统直喷引擎，同时凯美瑞双擎混合动力车的销量增长8%，累计销量已超过2万辆，凯美瑞在2015年完成实销12.13万辆，稳居中高级车市场前三甲。而在竞争趋向白热化的大中型SUV市场中，凭借2.0T D-4ST动力科技、"豪华大7座"舒适空间等优势，汉兰达销量达到7.52万辆，持续领跑细分市场。雷凌迅速崛起，并成为广汽丰田销量主要增长点，月销量保持在"万辆"，雷凌双擎更为中级车市场带来强劲的混合动力冲击波，雷凌在2015年实现销量12.57万辆

（含雷凌双擎）（见表9）。广汽丰田2015年实现零售销量40.31辆,比2014年增长7.8%。

表9 2015年广汽丰田主要车型销售情况

车型	凯美瑞	汉兰达	致炫	逸致	尊瑞混动	雷凌
销量（万辆）	12.13	7.52	6.47	0.94	0.68	12.57

资料来源：搜狐汽车，http://db.auto.sohu.com/cxdata/。

（六）龙头企业坚持多元化发展，不断强化世界500强地位

"十二五"期间，广汽集团积极改变过于依靠日系合资企业发展局面，主动与国内外整车企业开展合资合作，坚持多元化发展战略，产销规模不断扩大，2015年广汽集团以332.374亿美元营业收入在《财富》世界500强中排在第362位。经过多年的经营发展，广汽集团大力推进以整车制造为主业、零部件、汽车商贸、汽车金融等相关产业多元化发展的战略，积极探索汽车新兴产业领域的布局，形成汽车整车、零部件、研究开发、商贸服务和汽车金融、保险及股权投资等全产业链的竞争优势。一是不断完善和延伸产业链。广汽集团旗下的广汽商贸基本形成汽车销售、物流配送、进出口业务和服务配套四大业务；同方环球物流优化了广汽丰田的南北物流，降低了物流成本。广爱保险汽车保险经纪已形成车辆保险、企业保险、金融风险管理三大板块，进一步完善了广汽集团的业务范围。广汽汇理经过几年的耕耘，金融业务已覆盖国内200多个城市，零售业务和库存业务超预期发展；众诚保险不断创新服务模式，着力打造汽车专业服务品牌，不断深化与整车厂、4S店合作，实现保险业务快速增长。汽车金融业务的发展促进了集团产业结构向更加合理方向调整。广汽集团的境内外资本市场投融资功能得到强化，成功实现了"A+H"股整体上市，成功发行境内公司债，并通过设立广汽资本公司，推动了境内外资本运作平台的联动，促进了集团产业调整升级。二是进一步扩大合资合作规模。在继续扩大与日系整车企业合作的同

时,拓展与欧美及国内优秀整车企业的合作。广汽本田24万发动机工厂和增城第三工厂能扩项目已建成投产;广汽丰田增加车型和扩产项目已动工;广汽三菱扩能项目已经建成投产;广汽菲克的广州分厂建设项目稳步推进。积极推动新产品引进和升级换代,包括广汽丰田致炫、新一代凯美瑞、雷凌;广汽本田凌派、九代雅阁、奥德赛、缤智;广汽菲克菲翔、致悦;广汽三菱劲炫等。广汽菲克的克莱斯勒JEEP品牌系列车型、广汽本田讴歌品牌车型将国产化。与国内新能源汽车领军企业——比亚迪合作成立了广汽比亚迪新能源客车公司,重点在纯电动客车领域、物流用车等领域开展合资合作。

目前,广汽集团拥有10多家整车企业,主要有广汽本田、广汽丰田、广汽日野、广汽乘用车、广汽三菱、广汽菲克、广汽吉奥、本田(中国)、广汽中兴、广汽客车等(见表10)。在这些整车企业的支撑下,至2015年,广汽集团累计生产各类汽车127.39万辆,同比增长4.54%,其中乘用车为126.72万辆,同比增长5.38%,SUV高速增长,产量为42.39万辆,增速高达54.54%;完成销量129.97万辆,同比增长10.86%(见表11)。2015年,广汽集团连续第三年入围《财富》世界500强企业,排在第362位,较2013年(第483位)上升121位,其作为世界500强企业的地位不断得到强化。

表10 广汽集团现有整车企业及产能情况

单位:万辆,%

主要工厂名称	厂址	设计产能	2015年产能	产能利用率
广汽本田	广州增城 广州黄埔	60	56	93.3
广汽丰田	广州南沙	38	40.4	106.3
广汽乘用车	广州番禺	20	18.2	91.0
广汽三菱	湖南长沙	10	5.6	56.0
广汽菲克	湖南长沙 广州番禺	16.4	4.0	24.4
本田(中国)	广州开发区	6.0	1.2	20.0
广汽吉奥	浙江杭州	9.0	1.0	11.1

续表

主要工厂名称	厂址	设计产能	2015年产能	产能利用率
广汽中兴	湖北宜昌	1.5	0.22	14.7
广汽日野	广州从化	1.0	0.22	22.0
广汽客车	广州从化	0.21	0.02	9.5
合计		162.11	126.86	78.3

资料来源：广汽集团2015年年报。

表11 广汽集团2015年产销情况

单位：万辆，%

车型类别	产量	增速	销量	增速
乘用车	126.72	5.38	129.32	11.73
其中：轿车	78.70	-8.32	80.43	-2.79
MPV	5.48	-17.63	5.82	-4.07
SUV	42.39	54.54	42.85	61.20
交叉型乘用车	0.15	-53.56	0.22	-38.09
商用车	0.67	-58.14	0.65	-56.56
其中：客车	0.02	-72.81	0.03	-64.37
货车	0.22	-25.20	0.17	-44.61
皮卡	0.43	-65.25	0.45	-59.24
汽车合计	127.39	4.54	129.97	10.86

资料来源：广汽集团2015年年报。

广汽集团尽管在2012年因中日政治事件影响而出现罕见的增速下滑，但得益于国内汽车市场规模的平稳增长，特别是SUV市场连续多年保持高速增长；此外，广汽集团投入大量资源发展传祺品牌，2015年研发投入达到19.19亿元，研发投入总额占营业收入比例高达6.52%，而传祺品牌的销量在"十二五"期间快速增至19万辆规模，"十二五"期间广汽集团的销量由2011年的74.04万辆增至2015年的129.97万辆，年均增速达到15.1%（见图7），因此其作为国内第六大汽车集团的地位进一步得到巩固。

（七）广汽传祺实现快速崛起，自主品牌成广州汽车新增长极

为促进广州汽车产业的稳健发展，自主品牌汽车发展一直受到广州市政

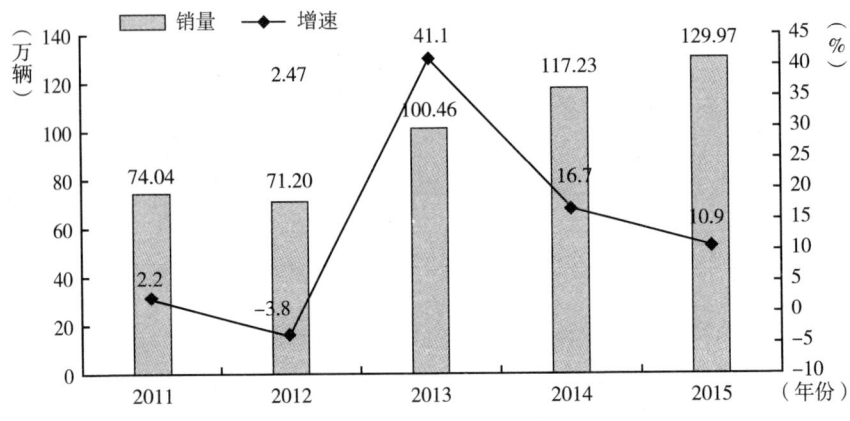

图7 广汽集团2011~2015年销量及增速

府及龙头企业——广汽集团的高度重视，依托全新组建的广汽研究院，在购买整车和发动机技术的基础上结合国内市场进行了深入的二次开发，逐步形成了广汽传祺独具特色的研发体系，凭借一系列技术创新，发展不到4年时间的广汽传祺实现产销规模突破10万辆，2015年更是突破19万辆规模，发展速度明显高于国内平均水平和产销规模第一的长城汽车（见表12），打造出领先行业的"传祺速度"。坚持技术创新和研发是广汽传祺崛起的关键，截至2015年底，广汽研究院累计有效专利申请达1802项，其中发明494件，发明专利申请比例达27.4%，高于汽车行业20.6%的平均水平。广汽乘用车从2010年底推出首款中高级轿车传祺GA5以来，又陆续推出了传祺GS5、GS5速博、GS4、GA6、GA5、GA3、混合动力版GA5等车型，装备的发动机包括1.6L、1.8L和2.0L的自然吸气发动机，还有1.3T、1.5T、1.6T、1.8T、2.0T等涡轮增压发动机。

表12 2012~2015年广汽乘用车与全国自主品牌销量增速情况比较

单位：%

车企	2012年	2013年	2014年	2015年	近4年平均增速
广汽乘用车	110.2	156.4	37.9	62.9	79.3
长城汽车	28.3	21	-2.4	24	13.6
全国自主品牌	6.1	11.4	4.1	15.3	10.2

2015年,广汽传祺年度销量突破19万,达到19.01万辆,同比增长达到62.9%(见图8),增速领跑国内车市,其中热销的SUV车型——GS4全年累计完成销售13万辆,同比增长64%,并占据了近68%的销量份额,月均销量突破1万辆。值得一提的是,传祺GS4成为广州地区第一款月销量接近3万辆的SUV车型,月销量纪录仅次于东风日产的轩逸。经过"十二五"时期以高达86.5%的年均增长速度发展,广汽传祺汽车产量占广州全市汽车总产量的比重由2011年的0.92%增至8.6%,成为广州汽车的全新增长极;目前,广汽乘用车产销规模也已超过上汽荣威的16.28万辆,成为国企自主品牌中的佼佼者。J. D. Power亚太公司发布的《2015年度中国新车质量研究报告》中,广汽传祺在参与调研的62个汽车品牌中排名第8位,而在国内自主品牌中排第一,继2013年后连续第三年获得J. D. Power新车质量评价中国品牌第一。

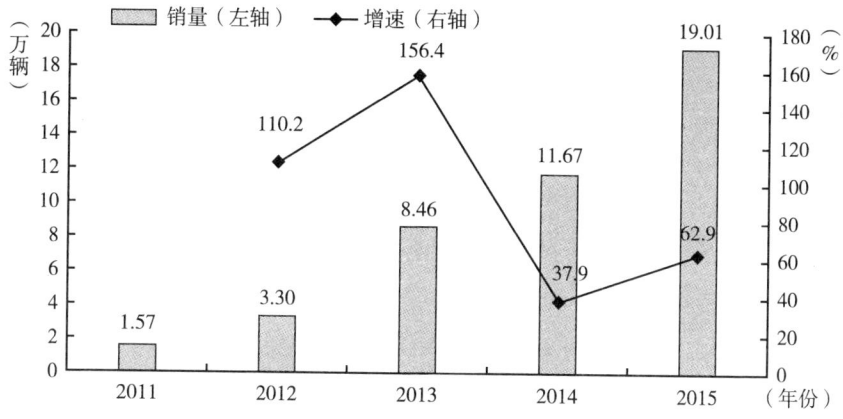

图8 广汽乘用车2011~2015年销量及增速

广州的自主品牌汽车除了广汽传祺,还有北汽乘用车和广汽比亚迪。北汽(广州)汽车有限公司的首款产品绅宝X65于2015年1月正式量产上市以来,X55、X25等SUV车型也陆续上市,2015年绅宝X65、X55、X25分别完成销量2.24万辆、0.15万辆、0.58万辆。2015年10月,广汽比亚迪首辆12米长的纯电动客车K9正式下线,近400辆纯电动客车K9陆续投放广州各区，这标志着广州市公共交通电动化进入快车道，进一步促进了广州新能源汽车产业的快速发展。受广州自主品牌整车企业的辐射带动，本土的自主品牌零部件企业也开始步入快速发展阶段。据统计，广州汽车及零部件生产企业有驰名商标2个、著名商标4个、广东名牌3个，近年来在国内外新注册商标220余件。"万力""福耀""安达""华劲""巨大"等是广州的知名汽车零部件自主品牌。

（八）顺应新能源汽车产业潮流，推广和应用成效初步显现

新能源汽车产业作为国家重点战略性产业之一，也是我国汽车工业实现"弯道超车"的关键，广州市政府积极响应国家汽车产业发展潮流，大力推进新能源汽车产业的发展和推广应用，取得了一系列新进展。一是整车企业积极投入资金和人才发展新能源汽车。由于外资汽车企业对新能源汽车产业大部分还处于观望状态，发展新能源汽车的主要还是自主品牌，目前广州的新能源轿车年产能约3万辆，新能源客车产能有5000辆。广汽乘用车、北汽（广州）乘用车、广汽比亚迪以及东风日产启辰都已经有了量产的新能源汽车，其中，广汽乘用车的为插电式混合动力车型GA5、北汽（广州）乘用车的为纯电动轿车EU260、广汽比亚迪的纯电动客车K9、东风日产启辰的纯电动轿车晨风，但产销规模都还处于起步阶段，2015年传祺GA5和东风日产晨风新能源车型的销量只有1000多辆。广汽商贸公司下属的丽新出租首批50台雷凌双擎混合动力出租车已正式投入运营，为市民提供低碳环保出行的最新选择。同时，广汽集团还将通过优步中国展开战略合作，共同推进包括纯电动汽车在内的节能与新能源汽车的推广、应用，倡导绿色出行。二是政府积极推广和应用新能源汽车。自2010年开始，广州市连续六年开展新能源汽车推广应用试点工作，截至2015年底，全市在公交出租、环卫邮政等领域，共示范推广新能源汽车约1.5万辆，超额完成2013年广州市向国家承诺的1万辆推广任务，建成各类充电设施4000多个，推广应用规模及完成率，均位居推广应用城市第4位。

二 2015年广州汽车产业发展面临的问题

（一）产销和产值规模与特大汽车城市存在明显差距

受制于品牌单一、自主品牌发展相对滞后、技术研发支撑不足等因素，广州汽车发展速度明显较慢，虽然广州在汽车产量和工业总产值规模、龙头汽车企业规模与国内特大汽车城市的差距在缩小，但差距仍然明显，主要体现在以下几个方面。

一是广州汽车产量及工业产值规模与特大汽车城市的差距仍然明显。虽然广州汽车产量在2008年已经达到88.16万辆，成为国内汽车第一城，然而第一名保持不到一年，就迎来我国汽车产业的高速增长期。上海、长春、重庆、北京等汽车大城市都尽可能地把握高速发展机遇，而广州汽车产业却遭遇中日政治事件冲击，使得产量规模突破200万辆的时间被推迟到2015年。对于200万辆规模这个关口，上海早在2012年已经实现，而重庆、长春、北京等也于2013年突破，2015年，重庆已经突破300万辆规模，上海也突破250万辆的产销规模。广州汽车工业总产值在"十二五"期间也没有突破4000亿元大关，离这一关口还有200多亿元的差距。2015年，长春和上海规模以上汽车工业总产值已突破5000亿元，分别为5894.2亿元、5168.2亿元，重庆达到4708.9亿元，北京也突破4000亿元大关，达到4036.6亿元（见图9）。因此，不管在产量规模还是产值规模方面，广州与这些特大汽车城市的差距仍然明显。

二是龙头企业产销规模与一流汽车集团的产销差距有增大趋势。广汽集团作为广州汽车产业的龙头企业，虽然在2013年产销规模首次突破了100万辆并成功跻身世界500强企业行列，但与国内其他汽车集团相比，依然存在较大差距（见图10），而且这种差距有增大趋势。

与国内规模最大的上汽集团相比，广汽集团2011年的销量与之相差327万辆，而到了2015年这个差距增加到456.04万辆；即使与排名第五的

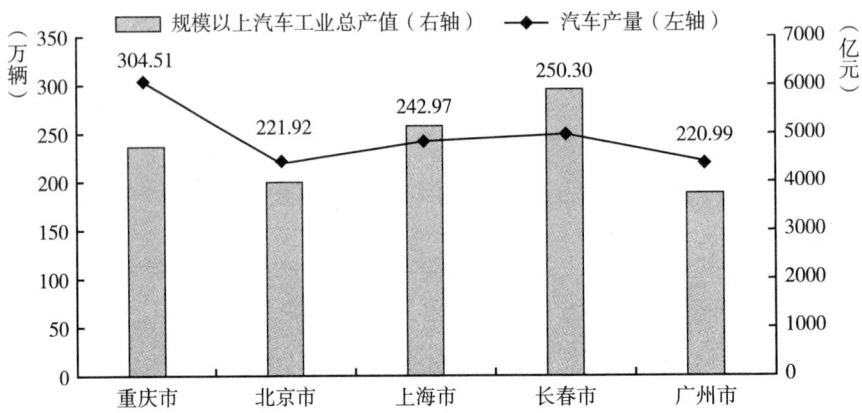

图9　2015年广州与其他城市汽车产量及产值对比

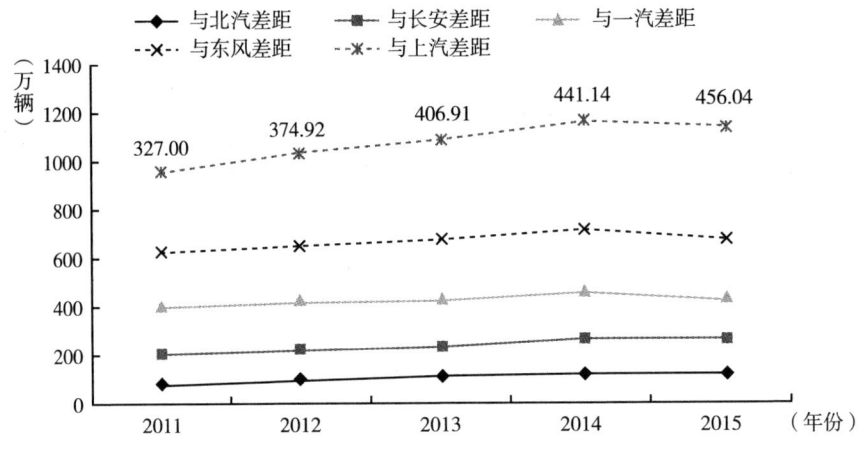

图10　2011~2015年广汽集团与其他汽车集团销量差距变化

北汽集团相比,这种差距也是逐年增大,广汽集团2011年的销量与北汽集团相差97.89万辆,而到了2015年这个差距也增加到了118.59万辆。从企业营业收入对比看,广汽集团与一流汽车集团的差距也非常明显。2015年的广汽集团以332.37亿美元跻身《财富》世界500强的第362位,而同期的上汽集团以1022.49亿美元排名第60位(见表13)。汽车产业的资本和技术特征非常明显,只有规模足够大才能够获得利润,广汽集团的产销规模仍需进一步扩大。

表 13　2013~2015年国内世界500强汽车集团的营业收入对比

单位：百万美元

汽车企业	2013年	2014年	2015年	2015年排名（名）
广汽集团	24144	32775	332374	362
上汽集团	76233	92024	1022486	60
北汽集团	33374	43323	505660	207
东风集团	61721	74008	789790	109
一汽集团	64886	75005	801945	107
吉利汽车	24550	25767	249864	477

资料来源：世界500强企业榜单数据。

广州的龙头企业与一流汽车集团相比存在明显差距，主要汽车企业也存在类似情况，即主要整车企业的销量规模偏小。2015年东风日产的产销规模虽然已经突破了100万辆，但与国内其他整车企业相比，存在不小差距，排名也没进一步上升的迹象（见表14），而近几年广汽本田和广汽丰田销量虽然也有新突破，但排名还是没进入销量排行榜前十。

表 14　2013~2015年广州主要汽车企业与其他汽车企业销量对比

排名	2013年		2014年		2015年	
	企业	销量（万辆）	企业	销量（万辆）	企业	销量（万辆）
1	上海通用	154.26	一汽大众	178.09	上海大众	180.56
2	上海大众	152.5	上海大众	172.50	上汽通用五菱	179.76
3	一汽大众	151.29	上海通用	172.39	上汽通用	172.50
4	上汽通用五菱	142.56	上汽通用五菱	158.64	一汽大众	165.02
5	北京现代	103.08	北京现代	112.00	长安汽车	111.33
6	东风日产	92.62	重庆长安	97.33	北京现代	106.28
7	重庆长安	82.22	东风日产	95.42	东风日产	102.61
8	长安福特	68.27	长安福特	80.60	长安福特	86.87
9	长城汽车	62.74	神龙汽车	70.40	长城汽车	75.32
10	一汽丰田	55.47	东风悦达	64.60	神龙汽车	71.07
—	广汽本田	43.55	广汽本田	48.01	广汽本田	58.01
—	广汽丰田	30.31	广汽丰田	37.41	广汽丰田	40.31

资料来源：搜狐汽车，http://db.auto.sohu.com/cxdata/。

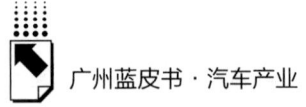

（二）汽车研发投入与创新有待提升

技术创新是广州汽车产业未来发展的重中之重，尽管广州在依托广汽研究院发展传祺品牌的过程中，研发投入有了一定程度的增长，广汽研究院的员工数量从2010年的50多人扩充到2400多人，其中90%具备本科及以上学历，并由来自海内外的高端汽车技术专家团队来领军，但研发投入的总量还有待进一步提升，目前还难以支撑较大规模的汽车及新能源汽车技术研发。广州市第三次全国经济普查主要数据公报显示，2013年广州市规模以上汽车制造业的R&D经费内部支出为31.46亿元，R&D经费投入强度仅为0.94%，低于全国平均水平，也低于广东省平均水平；而以发展新能源汽车为主的深圳市的汽车制造业的R&D经费为13.38亿元，R&D经费投入强度达到4.72%（见表15）。

表15　2013年广州汽车制造业R&D支出与其他地区对比

地区	R&D经费支出（亿元）	R&D经费投入强度（%）	地区	R&D经费支出（亿元）	R&D经费投入强度（%）
广州市	31.46	0.94	深圳市	13.38	4.72
上海市	109.6	1.83	广东省	59.91	1.27
北京市	21.6	0.66	吉林省	32.26	0.49
重庆市	44.62	1.50	全　国	680.2	1.14

资料来源：各城市和地区第三次经济普查数据。

从龙头企业研发投入情况来看，广州与其他地区的差距也比较明显。2015年，广汽集团的研发支出达到19.19亿元，但同期的上汽集团超过了70亿元，在新能源汽车销量中居全球第一的比亚迪，其2014年的研发支出也达到了36.79亿元。而与国际知名汽车企业相比，差距就更大了。根据普华永道数据整理出的汽车行业公司研发投入排行榜，2015年，大众汽车集团以153亿美元排名第一，上汽集团也首次进入前二十强。由此可见，要提高广州汽车产业的自主创新能力，汽车企业必须进一步加大科研投入力度。在汽车产业研发人才建设方面，跨国公司的研发人才比例在30%左右，而广州的工程技术人员占职工比例跟国外汽车企业相比,其队伍建设有待进一步加强。另外,广州汽车产业工程技术人员的知识结构也相对比较单一。近年来,随着中国品牌汽车不断向国际化发展,越来越多汽车企业加快了海外研发基地建设。在海外研发中心的建设方面,长城汽车首次在日本设立长城日本技研株式会社,这个日本研发中心将在汽车可靠性、燃油经济性等方面加强研究,为长城汽车研发更加安全、智能、环保的汽车产品。上汽集团则在英国建立英国长桥欧洲设计中心;长安汽车在横滨、诺丁汉和底特律等地建立海外研发基地;北汽集团在都灵和斯图加特建立海外研发中心;吉利在哥德堡设立欧洲研发中心,而作为广州汽车龙头企业的广汽集团的海外研发基地建设还未启动。为了充分整合国内、国际汽车研发资源,广州汽车企业必须通过引进国际性研发人才以及聘用当地劳动力、管理和研发人才等方法,尽快解决汽车企业在国际化过程中的人才体系建设和管理工作,从而充分利用海外人才资源和市场资源等更大程度地提高广州汽车企业的自主创新能力和国际竞争力。

(三)自主品牌热销产品过于单一

尽管近几年广州的自主品牌发展较快,产销规模突破20万辆,但热销产品少,不利于广州自主品牌的健康发展。目前,广州月销量过万辆的自主品牌车型只有一款,即广汽传祺GS4,传祺GS4的快速崛起与国内SUV市场连续多年高速增长有密切关系。传祺GS4自2015年4月上市以来,凭借高原创的良好外观和高品质做工,很快月销量突破1万辆、2万辆规模,2015年累计完成销售13万辆,占广汽乘用车全年销量的比重高达68%。与GS4热销形成鲜明反差的是,广汽乘用车其他车型的销量出现不同程度的下降,而新能源汽车的销量还不足2000辆,虽然SUV车型多年保持高速增长,但竞争已经趋于白热化,作为国产品牌领头羊的长城哈弗,其热销车型——哈弗H6已经开始打价格战,广汽乘用车过于依赖SUV车型,不利于其健康稳健发展。此外,同为SUV车型的北汽绅宝X65平均月销量不足2000辆。总体看,广州自主品牌的热销产品还过于单一,这是广州汽车产业发展面临的一个问题。

（四）汽车零部件产业发展相对滞后

与整车制造业相比，广州汽车零部件产业发展存在明显的滞后性，远远落后于整车制造业发展步伐。参照发达国家的经验，在较为成熟的汽车市场，汽车整车与零部件产值的比例一般为1∶1.7，目前广州的这一数据为1∶0.38，离这个比例还有较大差距（见图11）。改革开放后，广州汽车企业在合资的过程中，由于日系整车企业把配套的零部件企业带进广州生产，在很大程度上限制了广州本土零部件企业的发展。零部件工业是汽车工业的重要基础，不仅影响整车产品的质量，而且在改进汽车产品和推动汽车技术进步的过程中起到重要的作用，因此零部件工业的发展水平与整个广州汽车工业发展水平密切相关。广州汽车工业整体发展水平低的一个重要原因就是广州的汽车零部件工业落后。

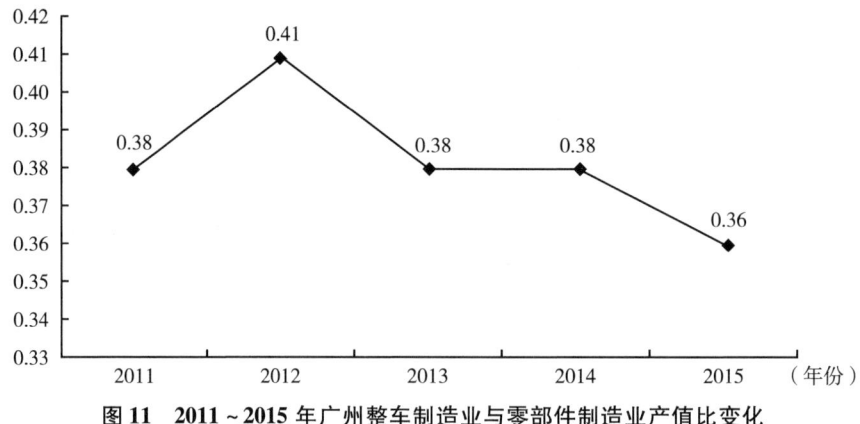

图11　2011~2015年广州整车制造业与零部件制造业产值比变化

"十二五"期间，广州汽车零部件制造业投资额由2011年的38.76亿元增至56.98亿元，尽管投资额有了明显增长，但增速下降明显（见图12）。

广州汽车零部件产业的不足之处主要表现在三个方面。其一，广州汽车零部件产品层次低。由于地方保护主义以及日资汽车企业坚持原有的零部件供应体系，广州本土汽车零部件企业的发展受到了很大的限制。目前，广州本土的汽车零部件企业主要生产轮胎、玻璃、发动机轴承、挂车配件、汽

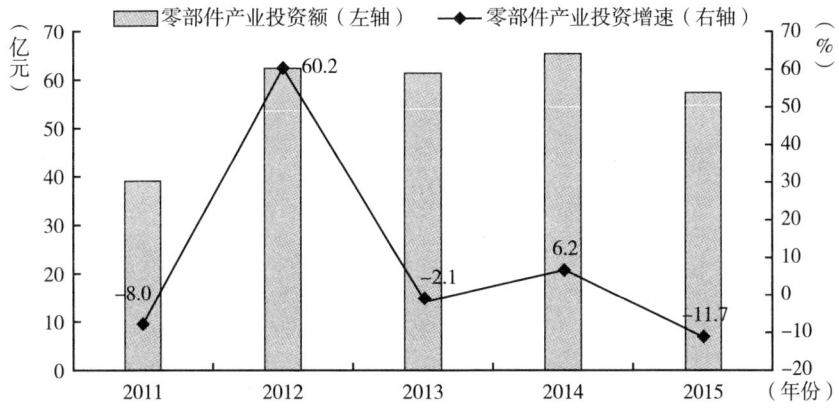

图12 2011～2015年广州汽车零部件投资额及增速变化

音响等层次不高的零部件。其二,广州零部件企业缺乏具有自主知识产权的核心技术。产品开发投入不足导致汽车零部件企业的自主开发能力很弱。一般而言,发达国家的零部件工业投资是整车领域投资的2倍,而广州的这一情况离发达国家标准还有不小差距(见图13),由于日系整车企业的零部件采购体系比较封闭,广州本地的零部件企业难以参与到整车企业的采购体系中,导致广州汽车零部件整个行业的投入不足。其三,相关政策法规有待完善。广州对汽车零部件市场缺乏统一管理与整体规划,而且宏观调控手段也缺乏力度,使得汽车零部件领域的竞争处于混乱状态。

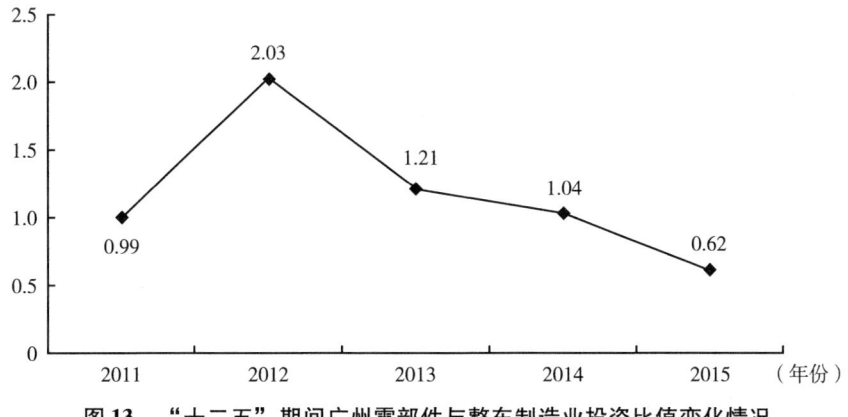

图13 "十二五"期间广州零部件与整车制造业投资比值变化情况

（五）新能源汽车产业发展缺乏统筹规划

经过"十二五"时期的推广，广州的新能源汽车产业取得了积极进展，但产量规模还偏小，配套设施建设步伐与深圳等城市相比还比较缓慢，新能源汽车产业明显缺乏统筹规划。由于各区的新能源汽车产品不尽相同，各区推广新能源汽车的方向和侧重点也不同，因此新能源配套设施建设各自为政的现象较为明显。比如，花都的新能源汽车产品为东风日产启辰晨风，主要在出租车领域进行推广，由于设计标准没有统一，其充电设施不能被其他新能源汽车使用；从化的新能源汽车产品为纯电动公交车，主要在公共交通领域进行推广，希望借助广汽集团的影响力在全市范围内推广使用；番禺重点推广广汽乘用车的插电式混合动力新能源汽车，重点在出租车和公务车领域进行推广；而增城则希望大力普及北汽的新能源汽车产品，由此导致广州的新能源汽车产品难以扩大单一车型规模，不利于形成规模经济。对于大城市来说，应该率先在公共交通领域推广新能源汽车，但广州对公交车的充电设施场地建设也缺乏统一规划，目前公交车站的土地性质也是混乱不堪，难以统一推进充电设施建设。此外，广州的新能源配套设施建设缺乏规划引导，对已建好的充电设施没有实行统一管理，也没有开发统一的网络管理平台，开发相应的移动客服端APP。

（六）汽车社会问题日益严峻

随着广州汽车保有量的不断增加，带来的社会问题也越来越多并且愈发严重。截至2015年底，广州汽车保有量已经突破270万辆，交通拥堵、停车难、汽车尾气污染等汽车社会问题日益突出。汽车保有量的增加使得城市交通拥堵不断加剧，中心城区主干道一级道路晚高峰平均车速同比下降9.6%，全网晚高峰平均车速已逼近20公里每小时的国际拥堵警戒线，广州道路建设速度远远跟不上汽车增长速度，汽车保有量的增速远远高于道路长度、道路容量和停车场的增长。同时，城区建筑容积率高，高楼密集，道路用地面积相对较少，城市道路规划缺乏长远战略考虑，道路设计不够科学，路网衔接不畅顺。交通管理还不规范,广大司机行车和行人交通违章现象较普遍,文明出行意识淡薄,通行效率低,交通事故仍然较多,城市交通管理任务重。汽车对城市环境的污染增加。近年来,随着广州汽车拥有量的大幅度增加,汽车尾气污染和汽车噪声污染对广州城市环境的影响也越来越大。有关资料显示,机动车尾气污染仍是城市大气污染的一个主要因素,试验数据显示,一辆2.4排量车型,车速从30KM/h降至20KM/h,油耗提高41%,而这个车速正是堵车时的普遍时速,更多的油耗意味着更多的排放。主要干道两侧汽车尾气和噪声污染重,机动车污染控制工作已成为广州大气污染控制的主要领域。汽车保有量增多导致停车问题日益突出,受土地资源、资金等条件制约,登记泊位与汽车保有量之间的交通供需矛盾持续扩大,停车场建设远远满足不了汽车保有量增长的需要。此外,网上约车的兴起对广州汽车社会带来一定负面影响。自2015年以来,大量外地牌私家车涌入广州从事非法营运。这既严重扰乱了广州道路运输市场秩序,又造成交通堵塞,许多市民对此表示强烈不满,相关投诉较往年有较大增加。据统计,2015年市交委执法局共接到96900转来的投诉3377宗,其中涉及外地牌车辆非法营运的就有750多宗。

三 2016年广州汽车产业发展形势展望

作为"十三五"规划的开局之年,2016年影响世界经济发展的不稳定因素有增多趋势,全球经济格局处于深度调整阶段,国际竞争将更趋激烈。影响汽车产业发展的有利因素依然明显:我国的经济发展进入新的五年规划期,中央提出加强"供给侧改革",进入增速放缓"新常态"下的汽车产业,也需要从供给侧改革中增加产业竞争力,进一步推动汽车消费刚性需求;1.6升及以下乘用车购置税减半政策将持续到2016年底,新能源汽车相关推广政策的持续鼓励,三、四线市场增长潜力进一步释放,SUV增长趋势延续,公路建设及城镇化的推进对商用车发展的支持,等等。但不利形势也同样值得关注,2016年宏观经济继续存在下行压力,进出口市场需求持续下降,加上二手车限迁、城市限购，节能惠民补贴政策到期等因素，都会对汽车产业的发展产生一定的影响，预计2016年国内汽车产销规模将有望超过2600万辆，2016年及未来一段时期，国内汽车产销增速有望维持在6%左右，而广汽乘用车、广汽丰田、北汽乘用车、广汽菲克、广汽比亚迪等整车企业都在加快建设新工厂，广州汽车产业的整体增速有望高于全国平均增长水平。

（一）有利形势

随着新一轮五年规划的实施，城镇化进程有望加速推进，我国中、西部地区及二、三乃至四线城市的汽车消费潜力有望得到进一步挖掘和释放，内需进一步扩大。从外部需求看，随着国家实施"一带一路"战略、南沙自由贸易区开发建设不断提速，外需拓展有望取得突破。总体看，广州汽车产业发展面临着不少有利形势。

1. 国内经济形势继续平稳发展，为汽车市场进一步增长提供保障

2015年，面对更为错综复杂的国际形势和艰巨繁重的国内改革发展稳定任务，我国不断创新宏观调控思路与方式，深入推进结构性改革，扎实推动大众创业万众创新，努力促进经济保持中高速增长、迈向中高端水平，实现了"十二五"时期经济的平稳增长（见图14），为"十三五"经济社会发展、全面建成小康社会奠定了坚实基础。

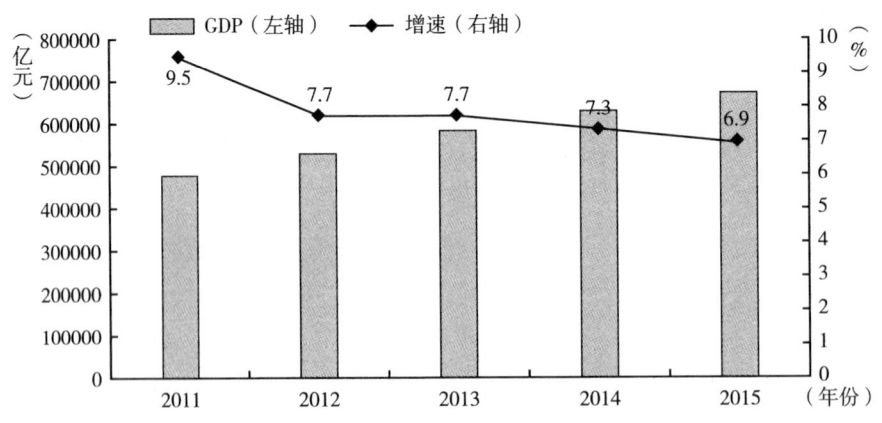

图14 "十二五"期间我国GDP增长情况

2015年实现国内生产总值67.67万亿元，同比增长6.9%，"十二五"期间年均增速为7.8%，经济总量稳居世界第二位，已发展成为全球第一货物贸易大国和主要对外投资大国。工业增加值22.89万亿元，年均增速为7.1%。在规模以上工业中，汽车制造业10.4%的年均增速明显高于工业平均增长水平。全社会固定资产投资56.2万亿元，年均增速达到16.1%。社会消费品零售总额达到30.09万亿元，年均增速达到11.3%。在限额以上企业商品零售额中，汽车类增长年均增速为7.7%；城乡居民收入继续增加，全年农村居民人均纯收入突破万元，达到11422元，扣除价格因素，实际增长8.9%；城镇居民人均可支配收入突破3万元，达到31195元，扣除价格因素，实际增长8.2%。综合分析各方面情况，2016年我国经济发展面临的困难更多更大、挑战更为严峻。从国际来看，世界经济深度调整、复苏乏力，国际贸易增长低迷，金融和大宗商品市场波动不定，地缘政治风险上升，外部环境的不稳定和不确定因素增加，这些对我国经济发展的影响不可低估。从国内来看，长期积累的矛盾和风险进一步显现，经济增速换挡、结构调整阵痛、新旧动能转换相互交织，经济下行压力加大。然而，由于经过多年的快速发展，我国物质基础雄厚，经济韧性强、潜力足、回旋余地大，改革开放不断注入新动力，2016年经济总量有望保持在6.5%～7%。从宏观经济增长的三驾马车来看，消费、投资与出口在2016年都有望维持较平稳的态势，出现显著下滑的可能性较低。从2016年政府制定的经济社会发展的主要预期目标看，国内生产总值增幅有望达到6.5%～7%，居民消费价格涨幅在3%左右，城镇新增就业1000万人以上，城镇登记失业率在4.5%以内，进出口回稳向好，国际收支基本平衡，居民收入增长和经济增长基本同步。GDP的平稳增长是我国汽车工业增长的基础支撑，为2016年我国汽车产销规模实现平稳增长提供有力保障。从内需来看，刺激居民消费的旅游等产业的发展将直接刺激汽车消费；而城镇化的加速发展，尤其是中西部城镇化加速，是保证近几年汽车市场增长的重要因素；目前，东部汽车市场已经进入成熟状态，以旧换新已经成为乘用车的主要消费方式，中西部已经成为近年来新车购买的主要增长市场。随着大范围、长时间的雾霾天气暴发以及城市交通拥堵的加剧，倒逼中央和地方政府加速治理环境污染，有利于加速新能源汽车产业发展。总体上，2016年我国宏观经济形势将继续保持平稳增长态势，汽车供给侧改革进一步推动刚性需求，政策推动刺激需求，尤其是在政策的大力推动下，预计2016年新能源汽车仍会继续保持高速增长，销量有望突破70万辆。但是随着汽车保有量的不断攀升，城市拥堵、尾气污染、停车难等汽车社会问题导致越来越多城市将实施汽车限购政策，汽车消费成本不断提高，这些因素都会影响汽车产业发展。综合来看，预计2016年全国汽车销量将超过2600万辆，增幅约为6%。

2. 新能源汽车产业将迎来加速普及期，有利于广州加快培育新增长点

新能源汽车产业已被国家列为重点战略性产业之一，也是我国汽车工业实现弯道超车的关键，加快新能源汽车产业发展早已成为中央到地方政府的普遍共识，国家已出台了支持新能源汽车企业、新能源汽车运营商和汽车消费者的详细支持政策，广州也顺应发展新趋势出台了多项政策支持新能源汽车产业发展，为广州的新能源汽车产业发展带来新机遇，新能源汽车产业有望成为广州未来汽车产业的新增长点。国家十部门于2016年初印发的《关于促进绿色消费的指导意见的通知》中提及利于新能源汽车推广利用的政策，要求"具备条件的公共机构要利用内部停车场资源规划建设电动汽车专用停车位，比例不低于10%，引进社会资本利用既有停车位，参与充电桩建设和提供新能源汽车应用服务"。公安部也将在"十三五"时期启用和换发新能源汽车专用号牌，这有利于加强对新能源汽车的管理和规范化发展。在中央部委出台多项有利于新能源汽车产业发展的激励政策基础上，广州也出台相关措施加速新能源汽车产业发展。为推进广州新能源汽车产业发展，广州的新能源补贴和推广计划实施"不退坡"（见表16），加强政府层面的支持；广州市公交企业在2015年就订购了400辆纯电动公交车，车辆预计在2016年5月会陆续分批交付使用；为完善配套设施，广州新穗巴士公司与广州广汽比亚迪新能源客车有限公司、广州南方电力集团科技发展有限公司在广州新穗巴士有限公司潭村公交车场举行了建设珠三角首个大型纯电动公交车充电站启动仪式，充电桩建设规模为200个。在企业层面，广汽

集团的"十三五"规划将坚持纯电驱动为主的技术路线,掌握"三电"等核心技术,搭建新能源汽车产业化平台,实现新能源汽车规模化发展。广汽集团在 2016 年初投资成立了新能源汽车公司,不断加大对新能源汽车市场的投入。在产品方面,继传祺 GA5 REV 在珠三角示范运行后,广汽集团还将重点推出包括 GA3S PHEV(插电式混合动力轿车)、GS4 EV(纯电动车)和 GS4 PHEV(插电式混合动力 SUV)三款新能源车型。北汽乘用车也将陆续推出多款新能源汽车产品,广汽比亚迪也将根据市场需求推出 K 系列纯电动公交客车 12 米 K9、10.5 米 K8、8 米 K7,6~7 米纯电动公交车 K6 及纯电动双层旅游公交车、18 米纯电动铰链公交车,未来还将研发生产 C 系列纯电动公路客车及 T 系列纯电动物流车。

表 16　广州市新能源汽车补贴政策和推广计划

政策	方案
补贴范围	符合国家新能源汽车推广要求的纯电动汽车、插电式混合动力汽车等
补贴标准	按照国家与地方政府共同补贴原则,以 1∶1 比例进行补贴
补贴金额	不实行逐年减少补贴,乘用车以纯电动续航行驶里程(R)为标准,具体补贴如下:①纯电动乘用车 100km≤R<150km 每车 3.5 万元、150km≤R<250km 每车 5 万元、R≥250km 每车 6 万元;②插电式混合动力乘用车(包括增程式)R≥50km 每车补贴 3.5 万元;③燃料电池乘用车 20 万元/辆,商用车 50 万元/辆
获取牌照	直接获取
推广数量	1 万辆
推广方式	公交车 2000 辆、出租车 1000 辆、公务用车 2000 辆,邮政、环卫、物流等用车 1000 辆、私人用车 4000 辆
配套设施	新建 105 个充电站,9970 个充电桩
财政投入	广州地方财政补贴资金 20.26 亿元,争取中央补贴资金 9.66 亿元

3. SUV 市场继续高速增长,为广州自主品牌快速发展提供强大支撑

目前国内轿车市场的竞争已趋于白热化,广州汽车产销规模的进一步提升不能依靠轿车市场的增长,需要开拓新的汽车产品市场,而国内 SUV 市场连续多年的高速增长为广州产销规模的提升带来了机遇。目前,广州主要的整车企业纷纷推出了全新 SUV 产品或者对已有 SUV 产品进行更新,从而实现产销规模的提升。其中，广汽本田将在2016年推出全新中大型SUV车型，东风日产推出了换代奇骏和逍客，广汽丰田推出了装载2.0T发动机的全新汉兰达，广汽乘用车在不断完善GS5、速博、GS4等产品的同时，将推出7座大中型SUV车型——GS8，同时不断优化更新SUV产品的动力总成；北汽乘用车也推出了绅宝X65、X55、X25等多款SUV车型。广汽传祺的快速崛起主要是得益于国内SUV市场的持续高速增长，已经掌握核心技术的广汽乘用车有别于广州的其他合资企业的地方，在于其能够根据市场情况快速推出新产品，积极抢占市场份额。随着SUV市场的进一步发展，广州汽车产销规模也有望借助SUV进一步得到提升。

4. 合资品牌加速新技术和新车型导入，进一步增强广州汽车产品竞争力

广州汽车产业多年来一直由日系汽车企业主导，对新技术和新车型的导入明显滞后于德系及美系车，在动力总成方面一直坚持使用自然吸气发动机，甚至还大量使用4AT变速箱这种较为过时的技术，然而随着国内汽车市场竞争日趋激烈以及国家大力提倡使用高效节能的动力总成，日系车企不得不引入涡轮增压发动机、更多挡位的AT变速箱以及具有良好燃油经济性的CVT变速箱、各种汽车智能技术等，从而进一步增强广州汽车产品的竞争力。2016年，广汽本田将导入新一代安全驾驶辅助系统Honda SENSING、新一代导航互联系统Honda CONNECT、Honda i-MMD混动技术等多种新技术，进一步提升雅阁等车型的竞争力，而广汽丰田将进一步完善涡轮增压、混合动力和纯电动技术的"全擎动力"产品布局，东风日产则进一步将CVT变速箱普及到所有车型中，同时也引入独特的混合动力技术，全面提升产品竞争力。在车型方面，广汽本田将引入全新的7座大型SUV车型，东风日产将引入全新中级车西玛，而已有的凯美瑞、雅阁、天籁等热销产品也将迎来全新改款，广州的合资品牌车型竞争力将会得到进一步提升。

5. 广东自贸区南沙片区建设，为广州汽车产业发展带来新机遇

自由贸易区是我国新时期实施对外开放的试验田，南沙自由贸易园区在建设过程中的政策创新有利于广州汽车产业更主动地适应经济新常态并加速培育汽车产业新业态，其对广州汽车服务业的提升具有重要意义。随着南沙

自由贸易园区建设的不断深入，广州的汽车外经贸发展将迎来全新的机遇。一是整车进口取得新突破。2014年8月，国家工商总局发布《关于停止实施汽车总经销和汽车品牌授权经销商备案工作的公告》；随后，国务院办公厅又发布了《关于加强进口的若干意见》。国家的政策松绑，为汽车平行进口合法化提供了依据。广州作为全国三大整车进口口岸之一，2014年进口整车32.9万辆，集中了一批整车进口、物流服务和经销企业，开展汽车平行进口业务有着得天独厚的优势条件。广州根据《中国（广东）自由贸易试验区总体方案》（国发〔2015〕18号），在南沙自贸试验片区组织开展汽车平行进口试点工作。广州市商务委、南沙新区片区管委会联合发布了《关于在中国（广东）自由贸易试验区南沙新区片区开展汽车平行进口试点的通知》，选取13家试点企业。2015年10月13日，商务部正式函复同意13家汽车企业试点开展汽车平行进口业务，标志着广州南沙汽车平行进口试点工作正式启动，广州成为继上海、深圳、天津之后，我国第四个启动平行进口汽车试点的城市。南沙自贸试验片区围绕汽车平行进口试点企业准入条件、售后服务保障体系及质量溯源管理平台等方面开展各项基础性工作。2015年，南沙自贸试验片区完成平行进口汽车200余辆，实现了汽车平行进口试点工作的良好开局。二是培育广州汽车平行进口新业务。目前，港澳台、东亚及东南亚地区从欧洲、北美、日韩等地区和国家进口的汽车主要是在新加坡等地中转，转口汽车过境中转成本较高，其人工成本是南沙的8倍，码头服务费是南沙的4倍，在南沙开展相关中转业务更具成本优势，这些比较优势有望促进广州快速推进汽车平行进口业务。目前报名申请的汽车企业已经有20多家，南沙新区已初步规划建设两大平行进口汽车展销中心项目，为广州培育平行汽车进口新业务奠定基础，同时为广州新一轮汽车服务业集聚发展提供基本支撑。

（二）不利形势

1. 新一轮竞争进一步加剧

随着国内汽车市场规模的进一步扩大，汽车企业和各级地方政府之间的竞争更加激烈。为了抢占更多市场份额，新建工厂、加快新车型导入和旧车型的更新换代、成立合资自主品牌、汽车价格不断下调等成为合资企业的新竞争手段。大众汽车已经在国内建设了7个整车工厂，广汽丰田、广汽乘用车、北汽乘用车也正在加速推进建设新工厂的步伐，本田讴歌、Jeep等品牌国产化的步伐也不断加快；东风日产的启辰品牌、上汽通用五菱的宝骏品牌等合资自主品牌不断加快中低档车型的开发速度；原有车型的升级换代步伐也在加速，广汽本田雅阁已经进化到第九代，几乎所有品牌的主导车型都在不断加快更新换代。随着汽车产能的提高，为抢占市场份额，价格大战不断上演，车企之间的竞争日趋白热化。汽车产业作为资本高度密集的行业，能够快速地推动地方投资和拉动经济增长；争夺汽车项目和投资成为拉动地方GDP的重要途径。就目前而言，佛山的一汽大众和深圳的长安标致雪铁龙的产能不断得到释放，这将给广州汽车产业带来挑战。值得一提的是，广汽比亚迪是广州未来新能源汽车产业发展的重点，但来自汕尾比亚迪新能源汽车的挑战不容小觑。广汽比亚迪自2014年5月就开始动工建设，虽然已经实现量产，但规模还小，而且目前订单只有400辆；而2015年11月才动工的汕尾比亚迪新能源汽车，仅用半年时间就实现首台纯电动客车的正式下线，而且获得了来自深圳东部公交公司的3024台纯电动公交车订单，订单总金额达44.66亿元，广汽比亚迪如果不能快速打开新市场，将在"十三五"时期的竞争中落后。

2. 限牌政策负面影响加剧

为减缓汽车保有量增长过快和城市交通拥堵等汽车社会问题，广州早在2012年7月就实施了限牌政策。限牌政策实施后，广州的新车服务网点由原来的22个大幅度缩减为5个，导致新车上牌和二手车登记转移周期过长。目前，二手车办理过户手续需在办理原有手续基础上，加上申领指标的时间，整个流程变得更加费时费力，而服务网点的减少导致年审过程中的交通拥堵也进一步加剧。限牌后，广州一年只有12万个购车指标只能满足本地消费者一半左右的上牌需求，同时随着广州周边的珠三角城市限制广州本地户口车主上牌，广州居民的大量潜在新车上牌需求被压制，据估计广州因限牌政策而减少的新车上牌量大约为17万~20万。新车上牌量的大幅度减少也大大减少了4S店新车保养、汽车保险、汽车改装、汽车维修等方面的服务量,广州汽车服务业受到的负面影响也在不断加深。限牌政策和汽车新排放标准的实施对广州二手车市场的冲击非常强烈,政策出台前广州二手车交易量的60%销往广州以外的地区,但限牌和新排放政策出台后,老旧车辆的置换需求得不到释放,原来大部分国Ⅴ车无法进入二手车市场,二手车交易量中的另外40%主要消费人群并非广州本地人,限牌政策也抑制了这部分人群的购车资格,给广州二手车交易带来重创。限牌政策的继续实施,而现行政策又没有配套落地,导致急需用车的居民不得不花重金购买上牌资格,目前广州牌照的竞价普遍保持在2万元左右,这不仅加重了车主的汽车消费负担,而且导致更多外地牌车出现在广州,加剧了广州的交通拥堵。

3. 汽车售后与维修服务行业有待加强监管

广州的汽车保有量已经超过270万辆,催生了庞大的汽车售后与维修服务业,但由于缺乏统一的规划引导,汽车售后和维修服务业存在较多问题,尤其是规模较小的汽修店和汽配店需要加强监管,需要相关的规划引导其有序发展,以促进广州汽车服务业整体提升。根据广州市消委会2016年1月初发布的《广州市汽车售后服务与维修消费者满意度调查分析报告》,广州汽车售后与维修服务行业中最突出的问题主要集中在配件和价格两个方面,其中"配件只换不修,无形中增加了费用"中选率最高,达61.4%;其次是"商家价格不明示,不透明",中选率为42.0%;而"配件不合格,副厂件当正厂件卖,修复件当新配件卖"中选率为31.2%。此外,商家不诚信也是汽车售后与维修服务行业中比较突出的问题,包括"商家漫天要价"(27.1%)、"故意延长工时,抬高工时费"(24.7%)、"故意夸大或隐瞒汽车故障和隐患"(23.2%)、"商家随意抬高配件价格"(21.2%)、"过度维修"(19.0%)、"商家更换配件,事先不告知顾客"(15.9%)、"承诺过的服务项目难以兑现"(13.5%)等。

（三）2016年汽车产业发展形势展望

展望2016年，在国内宏观经济形势继续保持平稳发展态势的预期下，国内汽车产销规模有望再次刷新纪录。2016年，广州将主动引领经济发展新常态，围绕国家中心城市建设，加快建设"三中心一体系"和三大枢纽，不断强化投资带动，安排186个重点项目、投资1056亿元，预计GDP增幅达到8%，汽车制造业仍是广州的第一支柱工业。进一步加快自主品牌建设和新能源汽车产业发展将是2016年及"十三五"时期广州汽车产业的发展重点。随着各大整车企业发展步伐的不断加快，广州汽车产销规模有望突破250万辆，汽车工业总产值突破4000亿元大关。

1. 汽车产量

展望广州汽车产业"十三五"时期的发展，汽车产业仍是广州的第一支柱工业，是广州建设国家中心城市的重要支撑。坚持自主创新发展、增强龙头企业国际影响力、加快新能源汽车产业发展和重视汽车服务业发展将是"十三五"时期广州汽车产业的发展重点。随着广汽丰田、广汽乘用车、广汽菲克、北汽乘用车等整车企业新整车工厂建设项目不断推进、合资企业车型更新和新车型导入步伐加快，在广汽乘用车、广汽比亚迪和北汽乘用车等整车企业的支持下，广州新能源汽车产业将加速发展，广州的汽车产销规模将进一步扩大。随着国内汽车市场增速放缓，广州各大整车企业较为谨慎地提出了2016年的产销目标，其中东风日产制定的产销目标为105万辆、广汽本田为62万辆、广汽丰田为44万辆、广汽乘用车为28万辆。北汽乘用车计划在未来3年内生产10万辆新能源汽车，目前主要生产绅宝X55、绅宝X65、绅宝CC等北汽品牌中高端车型，新增的新能源生产线将逐步生产EU260、EV160、EV200等北汽新能源车型，而广汽菲克和广汽比亚迪的产能也将逐步得到释放。综合以上分析，预计2016年广州汽车产销规模有望突破250万辆（见表17）。

表17　2016年广州汽车产量预测

单位：万辆，%

主要指标	2013年		2014年		2015年		2016年	
	总量	增长	总量	增长	总量	增长	总量	年均增长
汽车产量	180.53	30.4	197.39	9.3	220.99	12	250	13

2. 汽车制造业产值

为了更深入地分析广州汽车制造业工业产值长期变化的特点，采用时间序列分析方法对2006~2016年的月度产值数据进行分析并预测2016年的汽车制造业产值。通过R语言采用STL分解处理2006~2016年广州汽车制造业月度产值数据，能够清晰地了解广州汽车制造业的实际变化（Data）、季节模式（Seasonal）、长期趋势（Trend）和随机变化（Remainder）（见图15）。

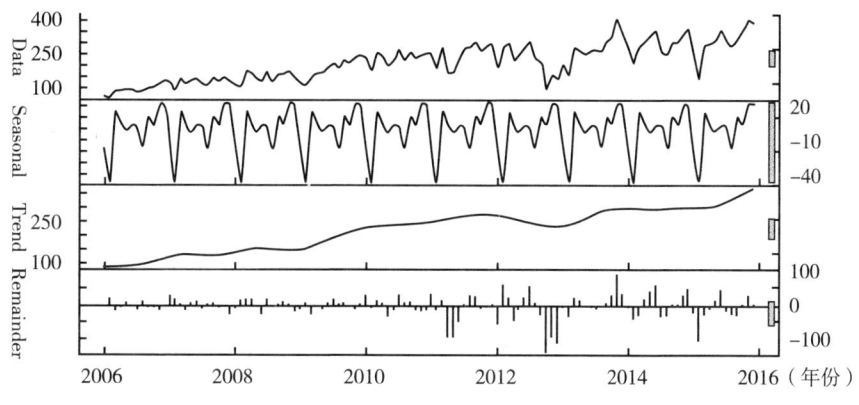

图15　2006~2016年广州汽车制造业月度产值数据分解

总体上，在过去的12年间，广州汽车制造业工业总产值总体呈现明显的上升发展趋势，其季节变化也非常有规律，而2012年下半年中日政治事件的影响也能明显反映出来。在此基础上对2016年的汽车制造业月度产值数据进行预测（见图16）。

表18显示了2016年各月份广州汽车制造业工业产值在80%置信区间和90%置信区间的预测数据。对各月份的预测数据进行累加，得到2016年

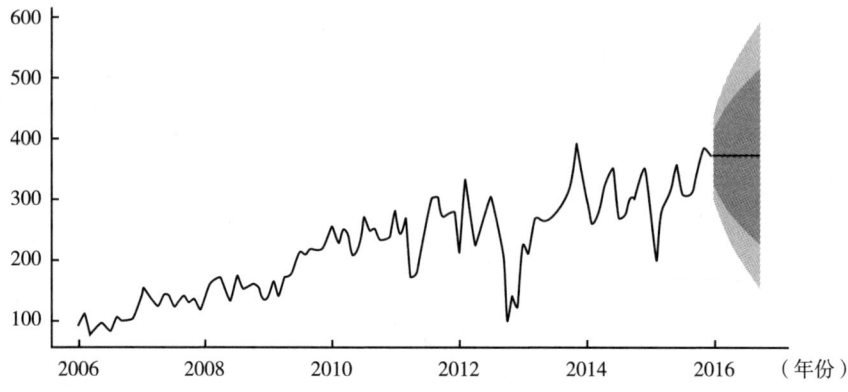

图16　STL方法预测2016年广州汽车制造业月度产值

广州汽车制造业总产值有80%的可能落在［2682.6679，4770.1829］区间，有90%的可能落在［2130.1361，5322.7146］区间，需要结合定性分析才能更合理地预测广州汽车制造业产值数据。

表18　2016年各月份汽车工业产值预测结果

年份	月份	均值预测点	80%置信区间		90%置信区间	
			下限	上限	下限	上限
2016	Jan.	372.6425	326.1878	419.0973	301.5962	443.6889
2016	Feb.	372.6425	306.9457	438.3394	272.1678	473.1173
2016	Mar.	372.6425	292.1806	453.1045	249.5866	495.6984
2016	Apr.	372.6425	279.7331	465.552	230.5498	514.7352
2016	May.	372.6425	268.7666	476.5184	213.7781	531.507
2016	Jun.	372.6425	258.8522	486.4329	198.6152	546.6699
2016	Jul.	372.6425	249.7349	495.5502	184.6716	560.6135
2016	Aug.	372.6425	241.2488	504.0363	171.6931	573.592
2016	Sep.	372.6425	233.2784	512.0067	159.5035	585.7816
2016	Oct.	372.6425	225.7398	519.5452	147.9742	597.3108

结合广州近几年的年度汽车制造业工业总产值，增速整体呈逐年下降趋势，但随着广汽本田第三工厂、广汽乘用车、广汽菲克、北汽乘用车及广汽比亚迪等整车企业产能的进一步释放，汽车工业总产值也有望提速发展，预

计2016年将突破4000亿元,达到4100亿元,同比增长8.5%,其中零部件制造业产值将突破1000亿元,达到1050亿元,同比增长6%,这些预测数据也与上面的定量分析结果一致(见表19)。随着自主品牌汽车产业规模的持续扩大,广州地区的汽车零部件产业生态系统有望得到进一步优化,改变过于封闭的日系整车和零部件产业体系。

表19 2016年广州汽车制造业产值预测

单位:亿元,%

主要指标	2013年		2014年		2015年		2016年	
	总量	增长	总量	增长	总量	增长	总量	年均增长
汽车制造业产值	3346.84	24	3642.44	10.3	3776.79	6	4100	8.5
零部件产业	897.47	15.4	973.07	8.6	994.46	5.1	1050	6

四 促进广州汽车产业发展的对策建议

随着国内汽车市场增速放缓,广州汽车产业面临的竞争将更加激烈。为了主动适应国内汽车产业发展新趋势,广州需要加快"十三五"规划中汽车大项目的实施推进、发挥政府对汽车产业的扶持引导作用、做强做大龙头企业、坚持自主创新发展战略、加快新能源汽车产业发展、大力发展汽车服务业以及加快实施汽车产业"走出去"战略,为广州建设"三中心一体系"以及广州珠江经济带建设提供强大支撑。为确保2016年及"十三五"时期广州汽车产业稳健发展,提出如下对策建议。

(一)以自主创新发展为核心驱动力,做强广州自主品牌汽车

创新已经成为我国"十三五"时期的五大核心发展战略之一,因此创新驱动也逐渐成为我国自主品牌汽车产业发展的新趋势,广州汽车产业规模要真正做大做强离不开自主品牌的发展壮大,因此在竞争更加激烈的"十三五"时期必须坚持自主创新发展。一是要完善研发体系。依托广汽研究

院，通过自主研发、合作开发、委托开发等多样化方式增强研发实力，进一步提升整车及关键零部件开发、试制、试验等方面的能力，进一步完善广汽研究院提出的基于跨平台模块化架构（CPMA），以产品规划、开发和生产方式的视角，为多种不同产品的实现找到优化的技术路线，实现车型变化多、开发上市快、质量易保障、成本效益高的目的。二是加强与高层次专业技术人员交流合作。通过建立政府批准的"广东省院士专家工作站"，引进高端智力资源、搭建更高层次的创新平台推进自主研发。积极展开汽车先进技术的研发、人才、信息交流，加快科技成果转化，为汽车产品研发提供强有力的智力支持。三是要加快新产品的开发。以广汽乘用车、北汽（广州）乘用车、广汽比亚迪新能源客车等自主品牌企业为核心，顺应国内外汽车市场需求，开发适应市场需求的热销车型。尤其是要把握当前国内SUV车型高速增长的机遇，以SUV车型为新车型开发向导，加快SUV车型的开发速度，加强自主品牌在公务车领域的影响，快速做大广州自主品牌产销规模。在积极抢占国内市场的同时，应顺应国家"一带一路"战略不断开拓海外市场，面向南美、西亚、非洲等相对欠发达地区开发有针对性的传统燃油汽车产品，积极实施广州自主品牌汽车"走出去"战略。四是围绕自主品牌整车企业辐射带动零部件产业发展。随着广汽乘用车产销规模突破20万辆，广州的自主品牌汽车整车企业已经逐步具备了带动自主零部件产业发展的基本条件。围绕广汽乘用车、广汽比亚迪、北汽乘用车等自主品牌整车企业，重点以已有发展基础的轮胎、汽车音响、汽车玻璃等本土零部件企业为主，鼓励其加强与整车企业的合资合作。支持自主品牌整车厂在发动机、自动变速箱等核心零部件领域开展深度合作，做大具有比较优势的零部件的产销规模，提升"广州制造"汽车零部件的知名度和竞争力。

（二）以"十三五"规划汽车产业项目为抓手，进一步做强做大产业规模

广州汽车制造业规模的进一步提升离不开新大项目的支撑，以广州市"十三五"规划中的汽车产业大项目为引领，增强汽车制造业的辐射带动效

应,进一步扩大汽车制造业规模。"十三五"规划是广州未来五年发展的纲领性文件,其对汽车产业发展提出了明确目标,指出在"十三五"期间,汽车工业产值年均增长7%,到2020年达5000亿元,自主品牌整车年生产能力达70万辆,重点推进自主品牌轿车的研发、生产和品牌建设,加快推进节能与新能源汽车整车和动力电池等关键零部件及配套充电装备的研发与产业化,重点建设广汽乘用车二期、广汽菲克第二工厂以及广汽本田、广汽丰田、东风日产第三工厂、花都新能源汽车电池厂等重大项目。广州市政府应该充分认识到汽车制造业对广州经济发展的重要性,督促相关职能部门全力协调,保证这些项目按时推进并完工,特别是新能源汽车项目。这些重大项目如果能够顺利推进实施,将使2016年广州汽车产业规模迈上新台阶,为完成"十三五"规划目标提供强大支撑。

(三)以供给侧改革为导向,强化政府对产业的支持与引导作用

广州市汽车制造业的发展壮大离不开市委市政府的支持与引导,顺应国家供给侧改革趋势,围绕解决制约广州汽车产业发展的瓶颈性问题,加快破除体制机制障碍,以供给侧结构性改革提高供给体系的质量和效率,重点加强制度要素、产业要素、人才要素等方面的供给性改革,强化政府对汽车产业的支持与引导作用,进一步激发广州汽车产业的市场活力和企业创新能力。一是加强制度要素供给。在自主品牌汽车产业、新能源汽车产业、汽车服务业等广州未来汽车产业的重点发展方向,加强汽车产业方面的调研,制定更科学合理的产业扶持政策,重点在税收扶持和改善营商环境方面加强供给侧改革。借鉴日本、韩国的税收保护政策,广州市也应在能力范围之内,出台一些地方性的税收保护政策,对广汽丰田、广汽乘用车、广汽比亚迪、北汽乘用车等本地企业的新能源汽车产品的补贴应该高于国家标准。鼓励和引导多种金融支持,通过建立多层次的资本市场,尽可能最大化地整合国内闲置资金,使其能够合理合法地参与到广州市汽车产业的投资和建设中来,尤其是新能源汽车配套设施的建设。二是加强产业要素供给。随着广州城市开发的深入,产业建设用地指标日趋紧张。目前,广汽乘用车、北汽乘用车

等自主品牌整车企业都在进行增资扩产,但都遇到了建设用地指标不足的难题。市政府应该利用大力实施"十三五"规划的契机,统筹全市建设用地资源,对具有较大潜力的汽车产业大项目倾斜用地指标,支持其进一步做强做大。三是加强人才要素供给。目前广汽传祺等自主品牌的快速发展,需要大量高素质专业技术人才,而且各类汽车新业态的涌现,急需大量与汽车产业相关的综合性人才,广州市政府应该改革和完善现有的人才政策,出台更加有效的人才政策,为广州汽车产业发展提供强大的智力支撑。

(四)以构建全产业链为核心战略,做强广州汽车龙头企业国际知名度

广汽集团作为广州汽车产业的龙头,虽然成功跻身《财富》世界500强企业,但产销规模在国内主要的汽车集团中仅排名第六,与产值超过千亿美元的丰田汽车、大众汽车等世界级企业相比,差距更为明显,为此在"十三五"时期要以构建全产业链为核心战略,做强广州龙头企业国际知名度。一是要全面推进"1513"战略。其中"1"指一个目标:力争"十三五"期末形成汽车产能约300万辆、产销汽车约240万辆、营业收入超4000亿元的国际化汽车集团;"5"指研发、整车、零部件、商贸服务和金融服务等五大板块;"1"指一个发展重点,举全集团之力发展自主品牌,实现自主品牌事业的跨越式发展;"3"指全面实现电动化、国际化、网联化三个方面的重大突破。通过实施这些核心战略目标,全方位提升核心竞争力,实现可持续发展。二是持续开展产业协同发展。随着国内汽车产业的逐渐成熟,汽车产业利润较高的环节逐渐向服务业领域转移,需要进一步做强广汽汇理汽车金融、众诚保险、广爱保险经纪、广汽资本、广汽租赁等高端服务企业,搭建广汽股权投资、产业基金、证券投资、融资租赁的新平台,丰富完善汽车产业链,逐步发展壮大新的利润增长极。三是推进新一轮对外发展战略。在经济全球化、市场一体化日益发展的环境下,广州整车制造企业实施"走出去"战略,既是汽车产业国际分工与规模经济的要求,也是广州汽车产业自身发展阶段的必由之路。广汽传祺自主品

牌在国内的发展已经取得初步成果的基础上，需要积极开拓海外市场，拓展国际知名度，提升品牌综合竞争力。四是进一步提升整车产销规模。以广汽本田、广汽丰田、广汽三菱等整车企业为重点，加快车型更新和新车型的导入，做大日系品牌产销规模；以广汽菲克为重点，在做大菲亚特、Jeep等品牌的基础上，继续寻求与其他欧美汽车企业进行合资合作，打造广汽集团的欧美系品牌阵容；以广汽乘用车和广汽比亚迪为重点，重点推进广汽集团和比亚迪在新能源、关键零部件等领域的深度合作，做强集团的自主品牌阵容。

（五）以创新和推广应用为重点，加快新能源汽车产业发展步伐

我国的新能源汽车产业已经进入加速普及期，培育新能源汽车产业也成为广州汽车产业未来发展的重点，要以创新和推广应用为重点，不断加快广州新能源汽车产业发展步伐。一是要加强新能源汽车技术研发攻关。积极鼓励广汽研究院与华南理工大学汽车学院等重点专业院校开展新能源汽车关键技术的研发公关，尤其在高质量电控、电机及动力电池及管理系统等方面加强公关，为广州新能源汽车提供技术支持；依托广汽乘用车、东风日产、广汽比亚迪重点发展新能源整车制造的同时，积极培育和引进新能源汽车零部件企业，带动汽车动力电池、电机、电控等零部件产业发展。二是要发挥新能源汽车产业大项目的引领作用。大项目具有显著的辐射带动作用，是培育广州新能源汽车产业链的重点。在广州的"十三五"规划纲要中，明确提出了要打造2000亿级的节能与新能源汽车产业集群，应着力推进已立项新能源汽车产业大项目，增强大项目的辐射带动效应。三是完善财政补贴等扶持政策，加强新能源汽车的推广示范应用。以公交车、出租车及公务执法车市场为重点，继续完善广州的新能源汽车补贴政策，加快新能源汽车充电设施及网络平台的建设，大力推进新能源汽车示范应用，尤其是要加快广州本地新能源汽车品牌的推广应用，在现有运营的基础上进一步增加广汽传祺、东风日产启辰、广汽比亚迪、北汽乘用车的新能源汽车产品的推广数量。四是培育新能源汽车产业链。中国汽车技术研究中心预测，随着我国新能源汽车产业的快速

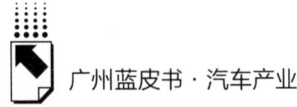

发展,到 2016 年国内汽车动力电池累计报废量大约为 5 万吨,到 2020 年的报废量有可能达到 12 万~17 万吨,需要未雨绸缪地培育和引进汽车动力电池回收再制造企业,积极培育和打造完善的广州新能源汽车产业链。

(六)以专项规划实施为引领,加快汽车服务业发展

随着国内汽车产业的深入发展,汽车产业利润逐步向服务业领域转移,汽车服务业将成为广州汽车产业未来发展的全新增长点,因此需要加强汽车服务业的规划引导,加快汽车服务业做强做大。一是要重视专项规划编制和实施。广州市政府于 2014 年发布了《关于加快发展广州市汽车服务业工作方案》,但各项工作的推进还较为缓慢,而且汽车服务业发展日新月异,旧规划中的很多对策都难以适应新形势,因此需要对广州汽车服务业进行调研,重点针对汽车销售与维修、汽车会展、汽车文化、汽车租赁、汽车回收、专车租赁等汽车服务业编制专项发展规划。二是积极打造汽车服务业发展集聚区。依托花都汽车城、白云大道北集聚区、广园路集聚区、番禺大道集聚区等现有汽车服务业集聚区进行升级改造,出台文件规范汽车服务市场,完善汽车服务业政策支持,进一步推动汽车服务业集聚发展。三是促进汽车金融繁荣发展。以广汽汇理汽车等本土汽车金融企业为重点,顺应互联网金融发展新趋势,发挥汽车金融对整车制造、零部件企业、汽车销售企业等汽车产业相关企业的扶持,出台专项政策推动广州汽车金融业发展。四是促进汽车租赁及金融服务的发展。顺应专车租赁快速发展新趋势,出台相关管理办法引导广州地区的专车租赁健康发展,引导龙头企业做大做强。重点在白云国际机场、广州南站和北站高铁枢纽站点等交通核心区建立租车服务网点,促进广州汽车租赁业朝着品牌化、规模化、连锁化方向发展,带动广州汽车租赁服务业发展。

(七)以国家实施"一带一路"国家战略为契机,加快汽车产业开放发展步伐

随着国家大力推进"一带一路"战略,国内汽车市场竞争日趋白热化,广州汽车产业要实现价值链上的升级，就必须以国家实施"一带一路"国家战略为契机，引导自主品牌汽车企业加快开放发展步伐，带动本土零部件汽车产业协同升级。一是鼓励广汽乘用车积极推进海外拓展战略。广汽传祺于2014年1月在迪拜发布了"有谋有动、整体布局、稳步发展、重点突破"的海外战略，先后在中东、非洲、东南亚等"一带一路"沿线国家实现突破，在这个基础上加快传祺GS4、GA6、GA8等热销和高品质车型的出口，在适当时候在海外建立新工厂，不断加快广州汽车产业的海外拓展步伐。二是进一步加强面向国内外的招商引资力度。继续扩大汽车产业对外招商，深化与世界知名汽车企业的新型合作方式。引进一批世界知名整车及零部件厂商进驻广州，重点加强与日产、本田、丰田、北汽、比亚迪、菲亚特等国内外知名汽车制造企业在新能源领域的合作。同时，加快引进一批知名汽车租赁服务公司、汽车文化及展示、贸易、金融服务、汽车仓储、分拨等物流企业，以及行业内具有领先地位的检验检测、认证认可机构。促进汽车产品领域研发设计、汽车金融保险、租赁、国际车展、二手车交易、汽车装潢、汽车文化俱乐部、智能泊车、汽车产品回收再利用等配套产业发展，不断拓展和完善汽车后市场产业链。抓住节能与新能源汽车发展的战略机遇，加快培育新能源汽车整车开发和生产，支持开发生产混合动力车、纯电动车、燃料电池车、替代燃料车等燃烧效率高、排放清洁的新能源汽车及车用动力电池、驱动电机和控制系统研发配套体系。构建新能源汽车配套设施、技术规范和标准体系。建设新能源汽车公共技术创新、监测和试验平台等。同时注重引进高级管理、设计开发和专业营销人才。三是主动适应新形势并实施积极的进口促进战略。贯彻落实好国务院出台的《关于加强进口的若干意见》，支持企业采取多种国际合作方式，引进先进技术、关键零部件与设备，促进消化、吸收、再创新。完善进口贸易平台，积极推动广州保税区申报国家进口贸易促进创新示范区，支持南沙大宗商品交易平台建设。用好南沙汽车整车进口码头优势，争取试点开展汽车平行进口，探索开展汽车保税展示交易业务。抓紧落实《中国（广东）自由贸易试验区总体方案》的创新政策，推进平行进口汽车在中国（广东）自贸试验区南沙新区片区先行先试。同时,积极争取国家部委支持,探索申报设立具有出口退税功能的出口监管仓库,支持整车进口口岸发展商品汽车国际中转业务,对以国际中转为目的的进口整车进入具有进口保税功能的保税仓实行保税政策,打造良好的整车进口环境,促进形成汽车内外贸结合、口岸与产业结合的汽车产业发展新模式。引进异地汽车品牌经销商分支机构落户广州,推动本地汽车进口企业做大做强。四是优化汽车产业投资环境和加大贸易促进力度,加快行政审批事项下放,做好事中事后监管。加强贸易政策和产业政策的互动,鼓励汽车等优势产业向外释放产能,拓展发展空间,进一步深化国际产业合作,提高国际竞争力。完善财税政策,改善公共服务,推动汽车产业创新发展、品牌培育、产品和服务质量提升及国际营销网络、境外服务机构建设。提高公共服务能力,发挥商协会作用,推动其在行业信息交流、行业标准体系建设、组织企业参加国内外展会、推进行业自律等方面发挥更大作用。积极应对和化解贸易摩擦,为汽车出口创造良好的环境。加强对重点市场相关法律、准入政策、技术法规等收集发布,有效应对汽车出口面临的贸易壁垒,加强诚信体系的建设,建立汽车零部件供应商名录库,进一步规范出口秩序,提高准入门槛,对企业进行分类指导。

参考文献

广州市统计局:《2015年广州市国民经济和社会发展统计公报》,http://www.gzstats.gov.cn/tjgb/qstjgb/201604/P020160401484601437996.doc。

陈建华:《2016年广州市政府工作报告》,http://zwgk.gd.gov.cn/007482532/201602/t20160207_643309.html。

中华人民共和国国家统计局:《2015年国民经济和社会发展统计公报》,http://www.stats.gov.cn/tjsj/zxfb/201602/t20160229_1323991.html。

李克强:《2016年政府工作报告》,http://news.xinhuanet.com/fortune/2016-03/05/c_128775704.htm。

杨再高等:《广州汽车产业发展报告(2015)》,社会科学文献出版社,2015。

杨再高等:《广州汽车产业发展报告(2014)》,社会科学文献出版社,2014。

广州市统计信息网，http://www.gzstats.gov.cn/。
中国汽车工业信息网，http://www.caam.org.cn/。
广东省汽车流通协会网，http://www.gada.org.cn/。
凤凰网汽车版网站，http://auto.ifeng.com/。
搜狐汽车网站，http://auto.sohu.com/。

形 势 篇

Situation Development Reports

B.2
2015~2016年世界汽车市场发展回顾与展望

覃 剑*

摘　要： 2015年，世界经济仍处于深度调整阶段，全球汽车市场整体缓慢增长，汽车销量和产量均达到新高度。新能源汽车继续保持高速增长态势，但是所占市场份额仍然较小。展望2016年，世界经济依旧复杂多变、复苏艰难，油价将继续维持较低水平，中美两国消费需求有所回升，全球汽车产销量将延续"微增长"态势，新能源汽车市场将实现快速增长。在新一代信息技术和第三次工业革命的推动下，无人驾驶汽车和车载系统技术将广受关注。

关键词： 世界汽车市场　汽车销售　汽车生产　汽车技术

---

* 覃剑，广州市社会科学院区域经济研究所，博士，副研究员。

一 2015年世界汽车市场发展概况

（一）全球汽车产销总量继续增长

2015年，在全球经济不景气、经济增长放缓的背景下，世界汽车产销总量依然增加。根据世界汽车组织（OICA）的统计，2015年全球累计生产各类汽车9068.31万辆，同比增长1个百分点，其中生产乘用车6856.19万辆，同比增长1.2%，占全球汽车总产量的75.6%；生产轻型商用车1836.96万辆，同比增长2.6%，占全球汽车总产量的20.6%；生产重型汽车342.86万辆，同比下降9.3%，占全球汽车总产量的3.8%；生产大客车32.30万辆，同比增长2.2%。同年，全球累计销售汽车8967.80万辆，同比增长2.0%。其中销售乘用车6631.19万辆，同比增长1.4%，占全球汽车销量的73.9%；销售商用车2336.61万辆，同比增长3.8%，占全球汽车销量的26.1%（见表1）。

表1　2008~2015年全球汽车销售情况

指标	2008年	2009年	2010年	2011年	2012年	2013年	2014年	2015年
销量（万辆）	6834.31	6559.39	7500.51	7819.76	8216.64	8564.16	8792.01	8967.80
产量（万辆）	7072.97	6176.23	7758.35	7988.09	8423.62	8735.40	8977.65	9068.31

资料来源：OICA。

从国别来看，2015年，中国、美国、日本、德国、印度、英国、巴西、法国、加拿大、韩国十个国家汽车销量最大，总计销售6582.91万辆，占全球汽车销售量的比重达到73.4%，但比2014年前十国的76.7%略有降低。位于前两位的中、美两国共销售汽车4206.82万辆，占全球汽车销量的46.9%，同样略低于2014年的47.4%。与2014年相比，2015年俄罗斯汽车销量下滑较大，并跌出了全球前十榜单，韩国则跻身第十位（见图1）。

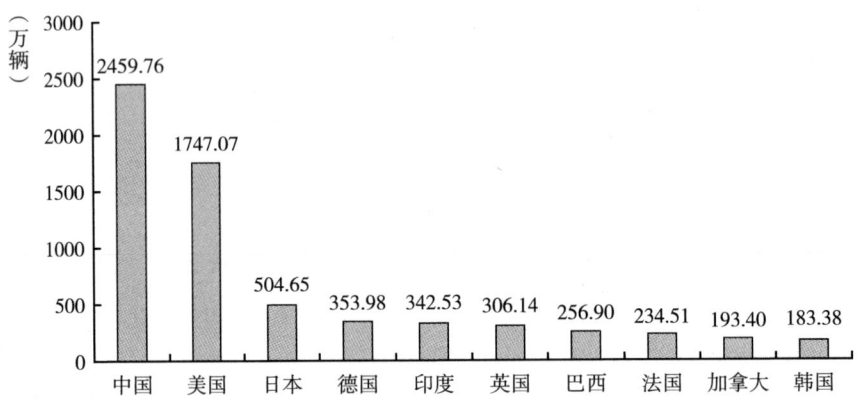

图1　2015年全球汽车销售量前十位国家

资料来源：OICA。

在产量方面，2015年，中国、美国、日本、德国、韩国、印度、墨西哥、西班牙、巴西和加拿大十国最高，共计生产7160.81万辆，占全球总产量的79.0%，而中、美两个汽车大国占了全球总产量的40.4%。与2014年相比，产量居于前十位的国家不变，但是西班牙汽车产量同比实现了13.7%的高增长率，产量超过巴西和加拿大位居全球第八位（见图2）。

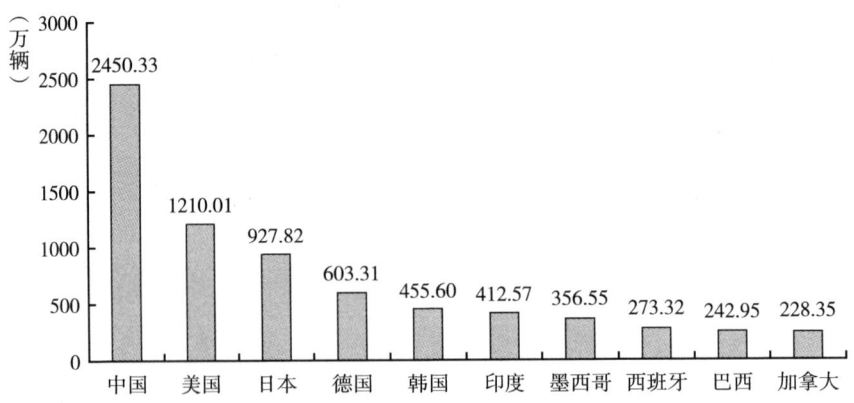

图2　2015年全球汽车产量前十位国家

资料来源：OICA。

（二）丰田汽车销量卫冕全球桂冠

2015年，全球五大整车企业丰田、大众、通用、雷诺-日产、现代起亚共销售汽车4643万辆，同比减少33万辆。上半年，虽然大众销量赶超丰田占据全球销量排行榜首，但是由于9月受柴油动力车排放数据造假事件的影响，大众汽车全球市场销售受到严重打击，导致全年销量同比减少21万辆，负增长2.0%。因此，丰田汽车全球销量同比虽然有所下降（负增长0.8%），但是依然能超越大众，连续四年问鼎全球汽车销售桂冠。销售量排在第三位的通用汽车公司同比微增0.2%。总体上，各大车企2015年汽车销量有所下降或者仅微弱增长，基本上都难以完成预定目标（见图3）。

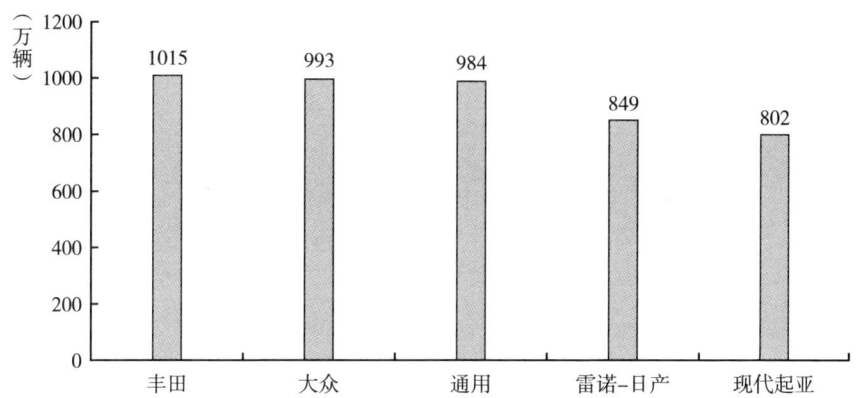

图3 2015年全球五大汽车企业销售量

资料来源：中国国际贸易促进委员会。

（三）全球豪车市场格局发生新变化

从增长速度来看，相对于全球汽车市场的低迷，全球豪车市场销量保持较快增长速度，如保时捷销量同比增长了19.0%，英菲尼迪销量同比增长了15.6%，奔驰销量同比增长了13.4%，雷克萨斯销量同比增长12.0%。从市场格局来看，2015年全球销量前十大豪车品牌依次为宝马、奔驰、奥迪、雷克萨斯、沃尔沃、捷豹路虎、凯迪拉克、保时捷、英菲尼迪和讴歌。

相比2014年，2015年奔驰销量超过奥迪跻身第二位，仅次于宝马；讴歌销售增长速度较慢，相继被保时捷和英菲尼迪赶超。从市场占有率来看，宝马、奔驰和奥迪三大豪车品牌在豪车销售市场的统治地位仍然十分显著，排名第三的奥迪销售量几乎是排名第四的雷克萨斯销售量的3倍（见图4）。

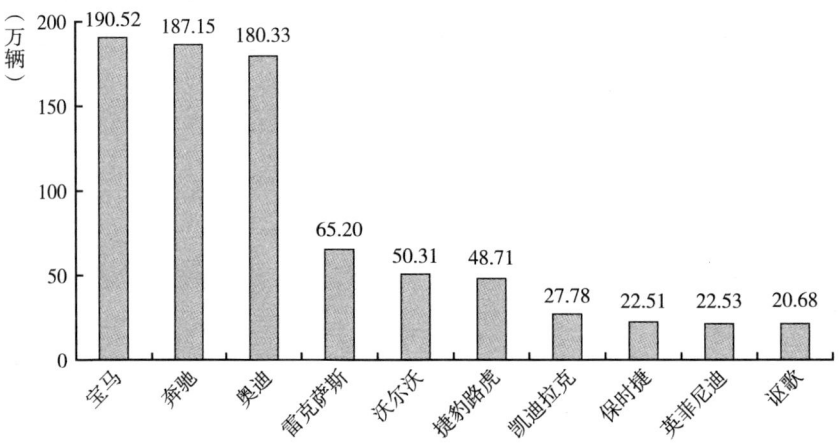

图4 2015年十大豪车品牌全球销量

资料来源：盖世汽车网，http：//auto.cnr.cn/gdbkxw/20160214/t20160214_521374029_4.shtml。

（四）大众公司继续成为全球综合实力最强的汽车企业

在2015年的《财富》世界500强企业榜单中，共有24家汽车企业入围。虽然汽车销售量不如丰田，但是大众公司以268566.6百万美元的营业收入继续排在世界500强企业中的第8位，成为全球综合实力最强的汽车企业，而销售量桂冠的丰田汽车公司则排在第9位。大部分汽车企业营业收入与2014年相比都有所提高，排位保持稳定或者上升，但是标致公司亏损了936.5百万美元。上海汽车集团股份有限公司、北京汽车集团、印度塔塔汽车公司、宝马、马自达汽车株式会社、富士重工等汽车企业2015年的排名大幅度上升，宝马公司的营业收入超过了日产汽车公司，马自达汽车株式会社的营业收入超过了铃木汽车（见表2）。

表2 2012~2015年世界汽车企业在世界500强的排名

企业	营业收入（百万美元）	所在国	2012年	2013年	2014年	2015年
大众公司（VOLKSWAGEN）	268566.6	德国	12	9	8	8
丰田汽车公司（TOYOTA MOTOR）	247702.9	日本	10	8	9	9
戴姆勒股份公司（DAIMLER）	172279.1	德国	21	23	20	17
EXOR集团（EXOR GROUP）	162163	意大利	45	26	24	19
通用汽车公司（GENERAL MOTORS）	155929	美国	22	19	21	21
福特汽车公司（FORD MOTOR）	144077	美国	27	26	26	27
本田汽车（HONDA MOTOR）	121221.5	日本	64	45	45	44
宝马（BMW）	106654.3	德国	69	68	68	56
日产汽车（NISSAN MOTOR）	103459.6	日本	42	47	61	59
上海汽车集团股份有限公司（SAIC MOTOR）	102248.6	中国	130	103	85	60
现代汽车（HYUNDAI MOTOR）	84771.7	韩国	117	104	100	99
中国第一汽车集团公司（CHINA FAW GROUP）	80194.5	中国	165	141	111	107
东风汽车集团（DONGFENG MOTOR GROUP）	78978.6	中国	142	146	113	109
标致（PEUGEOT）	71111.3	法国	85	121	119	128
雷诺（RENAULT）	54460.7	法国	158	184	190	191
北京汽车集团（Beijing Automotive Group）	50566	中国	—	336	248	207
起亚汽车（KIA MOTORS）	44730.7	韩国	266	252	246	242
印度塔塔汽车公司（TATA MOTORS）	42975.4	印度	314	316	287	254
沃尔沃集团（VOLVO）	41230.1	瑞典	208	227	258	268
广州汽车工业集团（Guangzhou Automobile Industry Group）	33237.4	中国	—	483	366	362
马自达汽车株式会社（MAZDA MOTOR）	27593.9	日本	428	440	449	429
铃木汽车（SUZUKI MOTOR）	27426.2	日本	350	367	414	436
富士重工（Fuji Heavy Industries）	26175.1	日本	—	—	494	452
浙江吉利控股集团（ZHEJIANG GEELY HOLDING GROUP）	24986.4	中国	475	477	466	477

资料来源：根据各年份《财富》世界500强企业榜单整理。

（五）新能源汽车销量继续大幅增长

按照 EV Sales Blogspot 和各国汽车工业协会数据，2015 年全球电动车（乘用车）总销量达到 549414 辆，同比大幅攀升 72.8%。其中，中国市场的电动车销量最高，电动车销量达到 207382 辆，比美国的 115350 辆高出近一倍，占全球总销量的 37.7%。销量居于全球前 7 位的中国、美国、挪威、英国、法国、日本、德国共销售电动车 442985 辆，几乎占全球的 50%。相比 2014 年日产聆风、三菱欧蓝德 PHEV、特斯拉 Models、雪佛兰沃蓝达、丰田普锐斯 Plug-In、宝马 i3、比亚迪秦、福特 FusionEnergi、雷诺 ZOE、康迪 EV 十大畅销新能源车型，2015 年销量排名前十位的车型依次为特斯拉 Models、日产聆风、三菱欧蓝德 PHEV、比亚迪秦、宝马 i3、康迪 K11 熊猫 EV、雷诺 ZOE、比亚迪唐、雪佛兰沃蓝达、大众高尔夫 GTE，凸显新能源汽车领域竞争的激烈性（见图 5）。

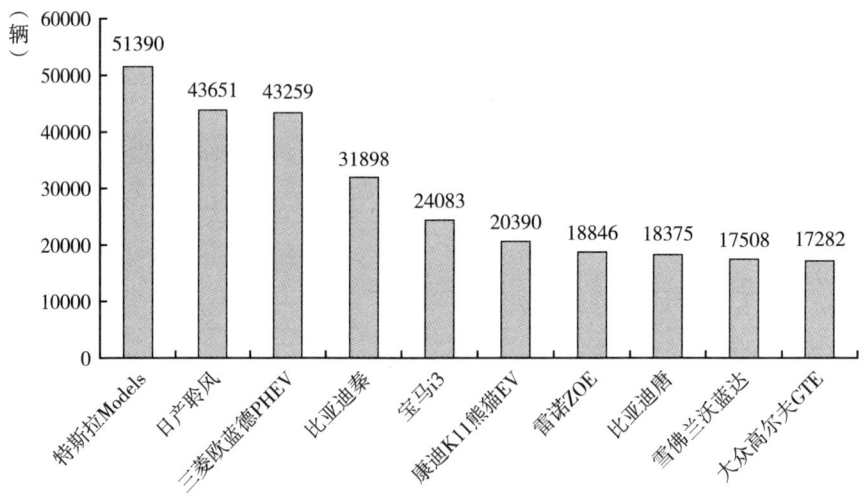

图 5　2015 年全球新能源汽车销量前十位车型

资料来源：盖世汽车网，http：//auto.sina.com.cn/news/hy/2016-02-03/detail-ifxnzanh0629922.shtml。

（六）欧、美、日主导全球汽车零配件市场发展

根据《美国汽车新闻》（Automotive News）发布的2015年全球汽车零部件供应商百强榜，博世、麦格纳国际、大陆、电装、爱信精机、现代摩比斯、佛吉亚、江森自控、采埃孚和李尔汽车零部件销售额位居前十名，其中博世集团已经连续五年蝉联百强名单榜首，电装集团因销售额同比下滑9.7%，排名从2014年的第二位降到第四位（见表3）。在百强榜中，日系零配件企业30家（2014年29家）、美系零配件企业25家（2014年23家），德国18家（2013年19家）、韩国5家、法国4家、西班牙3家。中国虽然是全球最大的汽车销售国，但是仅有延锋汽车内饰系统公司、中信戴卡两家汽车零配件企业入围，2014年入围的香港德昌电机公司则跌出百强。总体而言，欧、美、日仍然牢牢占据全球汽车零配件市场的主导地位。

表3　2015年全球汽车零部件配套供应商十强名单

排名	公司	总部地址	2014年销售额（亿美元）	2013年销售额（亿美元）	2012年销售额（亿美元）	增幅(%)	名次变化
1	博世	德国	442.40	401.83	367.87	10.1	0
2	麦格纳国际	加拿大	363.25	343.75	304.28	5.7	1
3	大陆	德国	344.18	335.00	328.00	2.7	1
4	电装	日本	323.65	358.49	342.00	-9.7	-2
5	爱信精机	日本	280.72	271.25	300.80	3.5	0
6	现代摩比斯	韩国	274.05	246.77	213.51	11.1	0
7	佛吉亚	法国	250.43	239.50	225.00	4.6	0
8	江森自控	美国	235.89	234.40	225.15	0.6	0
9	采埃孚	德国	221.92	204.34	188.43	8.6	0
10	李尔	美国	177.27	162.34	145.67	9.2	0

资料来源：盖世汽车，http://auto.gasgoo.com/News/2015/12/16044719471960351210871.shtml。

二　2016年世界汽车市场前景展望

1. 汽车市场整体延续"微增长"态势

2016年，全球经济依旧面临较大挑战，难以实现实质性改变。根据国

际货币基金组织在2016年1月19日发布的《世界经济展望》，受新兴市场经济体增长普遍减缓、中国经济正处于再平衡调整之中、大宗商品价格下跌、石油价格波动、市场情绪多变、局部地缘政治动荡、金融市场波动和美国逐步退出宽松的货币政策等因素的影响，预计2016年全球经济活动的回升将更为缓慢，增长率仅为3.4%，新兴市场和发展中经济体复苏前景更加悲观（见表4）。与此同时，全球经济复苏的不均衡性也特别明显。世界银行预测发达国家除了美国有望获得3.0%左右的较高增长率（美联储则预计增长在2.0%~2.5%）之外，其余国家的经济增长率普遍较低，欧元区和日本仅为1.0%左右。在发展中国家体系中，巴西的增长率为1.0%，俄罗斯的增长率则是-2.9%，中国的增长率也同比下降。这些国家都是全球最主要的汽车生产和销售国，经济增速下滑必然会影响企业效益、居民收入、消费预期等，进而波及全球汽车市场，导致汽车生产和销售增长速度同步放缓。此外，全球汽车保有量不断上升，各国为治理"城市病"和交通拥堵问题大力发展公共交通，对私人汽车实行限行限购政策，也在一定程度上减少了汽车消费需求。

表4 一些世界组织对2016年全球经济增长预测

组织	联合国	IMF	世界银行	OECD	经济学人智库
预测(%)	2.9	3.4	2.7	3.0	2.7

资料来源：根据各个组织发布的报告整理。

当然，全球汽车市场也存在一些积极要素。作为两大汽车生产和销售国，中国经济虽然告别改革开放30年的高速增长时代，但是仍然可保持6.5%左右的中高速增长，且随着中国政府大力推进供给侧结构改革、新型城镇化，城乡汽车消费需求将会进一步得到释放；美国经济虽然仍处低迷阶段，但是国内消费也有好转趋势，对汽车市场产生一定的推动作用。全球油价仍处于低水平时期，根据中国社会科学院世界经济与政治研究所发布的《世界经济黄皮书：2016年世界经济形势分析与预测》，受全球经济下行、

OPEC以及相关石油供给国难以就减产达成一致等因素的影响,石油供给短期内仍然供过于求,未来5~10年全球石油价格仍将维持在低水平,2015~2016年油价将维持在50~65美元/桶的均值水平。经济学人智库则预计布伦特原油的平均价格仍将维持在每桶53美元左右。传统汽车以汽油作为主要燃料动力,因此低油价将使得人们的用车成本普遍降低,刺激许多原本犹豫的人群下决心购车,进而有利于汽车尤其是传统燃油车销售量的增长。事实上,低油价的影响效应已经显现,在过去两年中,耗油量相对较大的SUV汽车销量增长速度远高于小型汽车的销量增长速度。

综合这些因素,全球汽车市场将继续保持微弱增长态势,一些预测机构对2016年增长率的预测也大致保持在2.5%~3.0%:杜伊斯堡-埃森大学汽车研究所认为,在低油价的刺激下,2016年全球汽车新车销量将额外增加60万辆,整体比2015年增长2.5%;标准普尔预计2016年全球汽车销售量将增长3.0%左右;《经济学人》预计2016年全球汽车市场销量将增长3.1%左右(见表5)。发达国家、发展中国家和新兴市场国家的汽车销量增长速度相对稳定,原"金砖四国"汽车销量的下滑趋势将得以扭转,转向增长,欧洲、亚洲和北美地区主要发达国家仍将保持增长,拉美市场预计会出现反弹,东欧转型国家将会出现复苏,中东和非洲国家则会受到政治风险的影响。在生产端,中国、俄罗斯和一些新兴市场国家的汽车产能将大于市场销量,不得不依赖出口加以消化,部分产能将会闲置。

表5 2016年汽车销售增长率预测

国际机构	杜伊斯堡-埃森大学汽车研究所	标准普尔	《经济学人》
预测(%)	2.5	3.0	3.1

资料来源:根据各机构发布的报告整理。

(二)新能源汽车市场保持快速发展态势

随着人口的增加和经济社会的发展,全球空气质量下降和资源能源消耗加剧，排放和燃油限制性标准更加严格，新能源汽车替代燃料汽车的步伐将继续加快。事实上，虽然经过多年的孕育和发展，新能源汽车的市场占有量整体上还比较低，仅占全球机动车总量的0.6%左右，高速增长潜力巨大。Evsaleblog预计，2016年全球电动车销量将达到85万辆；普华永道预计，到2021年全球电动汽车生产量将达到120万辆，中国将是全球最大的电动车市场。为抢占新能源汽车市场，各大汽车厂商纷纷加大研发力度，将不断有更加方便、更加成熟的新车型推出，如特斯拉将推出大众车型Model3，现代将推出IONIQ作为旗下全新的新能源产品，雪铁龙计划推出全电动汽车E-Mahari，捷豹路虎计划在奥地利工厂正式投产首款纯电动车型，等等。随着市场准入门槛的进一步降低，除了谷歌、苹果等高科技企业巨头之外，2016年将有更多的初创公司进入电动汽车市场，如Faraday、NextEV、Atieva、Rimac等新兴企业。可以预见，在新老企业的共同推动下，未来新能源汽车技术将不断取得新的突破，作为研发核心的电池续航能力将得以提升，电池生产使用成本将会降低，同时新能源汽车市场竞争也将会空前激烈。

从区域市场来看，中国仍将是全球最大的新能源汽车市场。2016年，中国将迎来新一轮新能源补贴推广政策，国家相关部委相继下发了《关于2016~2020年新能源汽车推广应用财政支持政策的通知》《关于加强城市电动汽车充电设施规划建设工作通知》《关于"十三五"新能源汽车充电基础设施奖励政策及加强新能源汽车推广应用的通知》《电动汽车充电基础设施发展指南（2015~2020年）》，明确了新能源汽车和充电桩建设的补贴政策，并对新能源汽车推广设置了具体目标，如2016~2020年，北京、上海、天津、河北、山西、江苏、浙江、山东、广东、海南10个大气污染治理的重点地区，每年的新能源汽车推广数量逐年递增，分别要达到3.0万辆、3.5万辆、4.3万辆、5.5万辆、7万辆，占新车及更新车辆中的比例要达到2%、3%、4%、5%、6%。安徽、江西、河南、湖北、湖南、福建等其他省份的新能源汽车推广数量也有明确要求。事实上，除了在国家层面，许多省、市等地方政府也自己设定了新能源汽车的使用推广计划。受益于各级政府的大力推动和市场的现实需求,2016年中国新能源汽车市场将继续保持快速增长,前瞻产业研究院的《2016~2021年中国新能源汽车行业市场前瞻与投资战略规划分析报告》预测,全年销量有望超过60万辆。在美国,虽然2015年新能源汽车销量同比有所下滑,但随着新车型的推出,2016年将会呈现止跌回升趋势,纯电动车总销量有望达到17万辆(见表6)。

表6　2016年全球电动车销量预测

地区	销量(辆)	地区	销量(辆)	地区	销量(辆)
全球	850000	美国	175000	英国	40000
中国	400000	日本	30000	法国	37500
欧洲	250000	挪威	45000	德国	37500

资料来源:Evsaleblog。

(三)汽车技术创新持续深化

随着新一代信息技术的发展和广泛应用,制造业和服务业深度融合推动汽车产业链重心不断向研发设计和使用服务等环节转移,汽车已经告别仅作为代步工具的时代,而是朝着提供更加智能化和联网化服务的方向演进。其中,无人驾驶汽车作为智能、网联汽车的终极目标,近年来持续成为行业热点。美国公路安全局(NHTSA)把自动驾驶技术划分为无自动(0级)、个别功能自动(1级)、多种功能自动(2级)、受限自动驾驶(3级)和完全自动驾驶(4级)五个级别。2016年,大部分汽车企业无人驾驶技术研发的目标是实现从多种功能自动向受限自动驾驶转变,特斯拉、宝马、奔驰、奥迪、沃尔沃、日产、丰田、通用等国际知名汽车企业以及来自中国的一些汽车企业将会推出无人驾驶概念车,并开展相关道路测试。以谷歌、百度等为代表的网络高科技企业致力于完全自动驾驶技术的研发也将不断得以完善提升。2015年6月,谷歌无人驾驶车正式开上美国加州的公路进行测试。2015年12月,百度无人驾驶车已经首次实现城市、环路及高速道路混合路况下的全自动驾驶。在汽车企业和网络科技企业无人驾驶技术研发取得突破的同时，适应于无人驾驶汽车发展需要的相关汽车、道路安全法规的修改完善也将被提上议事日程。

车载信息娱乐系统技术也非常有望在2016年取得新突破。一方面，苹果、谷歌、百度等高科技企业将不断研发推出车载信息娱乐软件和技术，另一方面，传统汽车企业巨头也想把控这一庞大市场。未来，更加智能的人车对话界面、智能汽车大灯、手机控制汽车停车、汽车与智能家居联网等技术将会实现。在新能源汽车领域，2016年混合动力汽车将在新能源汽车市场占有更加突出的地位，各大汽车厂商将会重点加强高效电池和动力马达的研发，提升混合动力汽车的整体性能。应汽车科技发展和汽车智能程度提升的需要，智能交通系统技术也会得以同步提高，其应用将愈来愈广泛，人、车、路之间将建立更加和谐紧密的联系。一个典型的例子就是日本研发的一种能为电动车进行车外充电的方法，2016年3月，日本丰桥技术科学大学的研究人员通过试验将安装有特殊轮胎的电动车直接从嵌入道路的钢轨中获取能量。虽然这一技术研究尚处早期阶段，但确实表明车、路结合可以为汽车科技发展提供一种新的路径和模式。

参考文献

经济学人智库：《2016全球三大产业动向》，http：//news.hexun.com/2016-03-21/182872859.html，2016年3月21日。

邓雅蔓：《2016年电动汽车的10个发展趋势》，http：//auto.gasgoo.com/News/2016/01/1208 2659265960352996184_2.shtml，2016年1月12日。

鲍彬斌：《电动车7国集团2015年卖44万辆2016年会翻倍吗?》，http：//auto.163.com/16/0214/09/BFP9Q43A0008598H_2.html，2016年2月14日。

工业和信息化部赛迪研究院汽车工业形势分析课题组：《展望2016年我国汽车工业发展形势》，http：//www.ck365.cn/news/9/40428.html，2016年1月21日。

B.3
中国汽车产业生产效率研究
——基于 Malmquist-DEA 模型

程风雨[*]

摘　要： 基于 2004~2012 年我国 29 个省、直辖市、自治区汽车产业的面板数据，利用投入导向的规模收益可变 Malmquist-DEA 模型，测度了我国及地方各省汽车产业的全要素生产效率的变动，并对时空差异进行了实证研究。结果表明，无论是全国整体还是区域个体，汽车产业全要素生产效率均未实现正向增长，但呈现衰退渐缓的趋势；总体上，汽车产业发展仍未实现与技术的融合互促，西部主要依靠规模的扩大和效率的提高，东、中部则侧重技术进步的推动；汽车产业增长方式仍为粗放型，易受到内外部各种因素的冲击而发生脉冲式波动。

关键词： 汽车产业　全要素生产率　Malmquist 指数　时空差异

一　问题的提出

我国加入 WTO，尤其是 2003 年以后，我国汽车产业开始进入快车道，以汽车保有量的数据为例，2003 年全国汽车保有量为 0.24 亿辆，而 2013

---

[*] 程风雨，广州市社会科学院区域经济研究所，博士。

年增长了 4.7 倍，达 1.37 亿辆，年均增长 1100 多万辆。面对汽车产业巨大产能的提高，我们不能回避一个问题：我国汽车产业生产效率如何？换言之，改革开放三十余年来，虽然我国经济社会发展取得长足进步，但是粗放型经济增长模式带来的弊端日趋明显，这一点在我国汽车产业上是否也有所反映？比如是否在大力发展汽车工业的同时产生产能过剩等粗放型发展特征？弄清这些问题，对于我国在经济新常态下促进汽车产业的转型升级、健康发展具有重要的现实意义。

二 汽车产业全要素生产率测度的 Malmquist-DEA 模型

（一）研究方法

目前主要有两种测度生产效率的方法：参数方法与非参数方法。前一种方法强调计量经济学的理论支撑，需要较强的事前行为假设，并通过超越对数生产函数或柯布－道格拉斯生产函数等特定形式的生产函数，去界定所要研究的投入产出关系；后一种方法则突破了对投入产出行为的强性设定，在线性规划最优理论的基础上，更加"面向数据"和侧重数据驱动的作用，其中以数据包络分析（Data Envelopment Analysis，以下简称 DEA）为代表。DEA 模型是一种非参数前沿效率分析方法，主要包括规模报酬不变（CCR）模型（Charnes 等，1978），可用于测度技术效率、成本效率和配置效率，而规模报酬可变（BCC）模型（Banker 等，1984）则进一步将技术效率分解为纯技术效率和规模效率，但是上述两种模型都无法解决纵向动态考察研究对象生产效率的变动问题，因此本文采用借助于 DEA 模型而衍生的 Malmquist 指数来测度我国汽车产业生产效率的变动规律。

（二）Malmquist 指数模型

Malmquist 指数由 Sten Malmquist（1953）首次提出，Fare（1989）等将

Malmquist 指数由消费分析拓展到产业生产效率的研究，其实质是在 DEA 模型的基础上加入了时间因素，比如动态衡量 t 到 $t+1$ 期间生产效率变化，Malmquist 指数可表示为：

$$M = M_0(x_t, y_t, x_{t+1}, y_{t+1}) = \left[\frac{D_0^{t+1}(x_{t+1}, y_{t+1})}{D_0^{t+1}(x_t, y_t)} \times \frac{D_0^t(x_{t+1}, y_{t+1})}{D_0^t(x_t, y_t)}\right]^{1/2} \quad (1)$$

（1）式中 x 和 y 分别代表投入和产出，$D_0^{t+1}(x_{t+1}, y_{t+1})$ 表示以 $t+1$ 期技术表示的当期生产效率水平，$D_0^{t+1}(x_t, y_t)$ 表示以 $t+1$ 期技术表示的 t 期生产效率水平，相应地，$D_0^t(x_{t+1}, y_{t+1})$ 表示以 t 期技术表示的 $t+1$ 期生产效率水平，$D_0^t(x_t, y_t)$ 表示以 t 期技术表示的当期生产效率水平。若 $M>1$，则代表生产效率呈递增趋势，反之则代表呈衰退趋势，如果 $M=1$，则代表增长率保持不变。

Fare 等（1994）将 Malmquist 指数分解为技术效率变动（Efficiency Change，简写为 EC）指数和技术变动（Technical Change，简写为 TC）指数的乘积，表示如下：

$$M = M_0(x_t, y_t, x_{t+1}, y_{t+1}) = \frac{D_0^{t+1}(x_{t+1}, y_{t+1})}{D_0^{t+1}(x_t, y_t)} \times \left[\frac{D_0^t(x_{t+1}, y_{t+1})}{D_0^{t+1}(x_{t+1}, y_{t+1})} \times \frac{D_0^t(x_t, y_t)}{D_0^{t+1}(x_t, y_t)}\right]^{1/2} \quad (2)$$

$$EC = EC_0(x_t, y_t, x_{t+1}, y_{t+1}) = \frac{D_0^{t+1}(x_{t+1}, y_{t+1})}{D_0^{t+1}(x_t, y_t)} \quad (3)$$

$$TC = TC_0(x_t, y_t, x_{t+1}, y_{t+1}) = \left[\frac{D_0^t(x_{t+1}, y_{t+1})}{D_0^{t+1}(x_{t+1}, y_{t+1})} \times \frac{D_0^t(x_t, y_t)}{D_0^{t+1}(x_t, y_t)}\right]^{1/2} \quad (4)$$

同理，若 $EC>1$，则代表资源要素配置技术效率呈递增趋势，反之则代表呈衰退趋势，如果 $EC=1$，则代表增长率保持不变；若 $TC>1$，则代表技术进步呈递增趋势，反之则代表呈衰退趋势，如果 $TC=1$，则代表增长率保持不变。EC 指数可以进一步分解为纯技术效率变动（Pure Efficiency Change，简写为 Pech）指数和规模效率变动（Scale Efficiency Change，简写为 Sech）的乘积，其详细分解过程可参考 Estace 等（2004），此处不再赘述。

（三）指标选取及数据来源

本文采用多目标评价分析方法，结合汽车产业发展特点以及现有数据的可获得性等情况，构建汽车产业投入产出指标体系。由于西藏和宁夏的数据严重缺失，本文将其剔除，保留大陆地区29个省（市）作为研究样本。

首先，汽车产业产出指标设计为汽车工业产值（单位：万元）和产品销售税金（单位：万元），这两项数据均来自历年《中国汽车工业年鉴》，其中海南2012年数据缺失，本文利用前两年数据的均值来插补。

其次，汽车产业投入指标包括两个：劳动投入和资本投入。劳动投入（单位：人），采用历年《中国劳动统计年鉴》中各省交通运输设备制造业年末从业人数作为替代数据，其中2012年没有该项统计数据，而是出现细分数据，即交通运输设备制造业平均劳动报酬分为汽车制造业与铁路和其他运输设备制造业两大类，对此缺失数据利用这两类就业人数求和的办法获得。资本投入（单位：万元）：本文采用历年《中国固定资产投资年鉴》中交通运输设备制造业固定资产投资额来表示，其中2004~2011年采用城镇地区交通运输设备制造业项下固定资产投资额，2012年则为城镇地区汽车制造业项下固定资产投资额。由于无法直接获取实际资本投入，本文以2004年为基期，利用永续盘存法来估算，计算公式为 $K_t = I_t + (1-\delta) K_{t-1}$。其中，$K_t$、$K_{t-1}$ 分别表示当期与前一期实际资本投入，I_t 代表当期名义固定资产投资额，折旧率 δ 为6%（Hall 和 Jones，1999）。为了估算基期2004年实际资本投入，采用 Kohli（2003，2004）的做法，即：

$$K_{2004} = \frac{I_{2004}}{\delta + r} \quad (5)$$

（5）式中：r 为2004~2012年我国各省（市）汽车产业固定资产投资的几何平均增长率。

三 实证结果分析

在上述研究框架与实证原理基础上,本部分尝试利用 Coelli(1996)提供的 DEAP 软件,获得 2004~2012 年历年全国及各省市汽车产业 Malmquist 指数,据此分别进行整体与不同区域全要素生产效率的变化趋势分析。

(一)全国汽车产业生产效率分析

表 1 给出了我国 29 个省市在 2004~2012 年的汽车产业平均 Malmquist 生产率指数及其分解。可以看出,样本期内平均 Malmquist 指数呈波浪式减弱的变化趋势,除了 2010~2011 年度 Malmquist 指数为 1.075,即该年度全要素生产率比上一年度同比增长 7.5% 以外,其余各年份均是同比负增长;从样本期内 Malmquist 指数的几何均值来看,数值 0.856 意味着汽车产业生产率的年均增长率为 -14.4%,这表明我国地方汽车产业的生产率水平不断下降,总体呈相对衰退趋势。

表 1 2004~2012 年我国汽车产业全要素生产效率指标及其初步分解

年份	技术效率(EC)	技术进步(TC)	全要素生产率(Malmquist)
2004/2005	0.372	2.171	0.807
2005/2006	1.976	0.382	0.756
2006/2007	0.994	0.766	0.761
2007/2008	1.443	0.639	0.923
2008/2009	0.863	0.986	0.851
2009/2010	1.122	0.693	0.778
2010/2011	0.661	1.627	1.075
2011/2012	1.020	0.927	0.945
累积变化指数	0.688	0.418	0.288
几何均值	0.954	0.897	0.856
算术均值	1.056	1.024	0.862
标准差	0.487	0.588	0.112

注:全文未特殊表明外,均值都是代表几何均值。

通过表1对比EC指数和TC指数这两组数据，TC指数的几何均值为0.897，即汽车产业技术变动的年平均增长率为-10.3%，而EC指数的几何均值为0.954，即汽车产业技术效率变动的年平均增长率为-4.6%；同时，在样本期内，我国汽车产业技术效率呈正向增长的有4年，技术进步只有2年呈正向增长，据此我们可以发现Malmquist生产率指数下降的主要原因是技术水平的下降，这表明样本期内汽车产业的发展主要依靠的是技术效率提升的"追赶效应"，而不是技术进步所带来的"增长效应"。近年来，土地财政的支撑作用不断下降，钢铁过剩产能对经济的负面作用更加明显，各地政府为了保持地方GDP稳定增长，对汽车产业投资都加大扶持力度，纷纷抢夺汽车项目在本地快速落户，"贪规模，图短期效益"发展动机忽略了汽车产业的技术投入，相对弱化了汽车核心技术的开创与自主品牌的打造，从而我国长期内技术进步对汽车产业整体发展的推动作用有限。

为了进一步揭示我国汽车产业生产效率的累积变化趋势，依据表1的数据，我们构建累积Malmquist指数及其分解，并绘制各年度三大指数的累积数据走势图（见图1）。结合表1和图1，累积Malmquist指数在2005年后持续下降，Malmquist指数的累积值为0.2889，这表明在整个样本期内，以起始年2005年为基期，2012年的生产率水平仅为2005年的28.89%。与之相类似，2012年的效率水平和技术水平分别是2005年的68.83%和41.83%。虽然累积技术效率水平在2008年和2010年存在同比上升的短暂峰值，增长幅度也相对最大，但是我国总体汽车产业生产率水平低下的状态依然明显，以技术创新为产业增长新动能还未形成我国汽车产业发展的显性特征。

从表2二次分解结构数据以及5个分解指标的方差值上看，样本期内指标波动幅度最大的是技术进步（0.305），其次是技术效率（0.209），技术效率的贡献总体上超过技术进步。而规模效率和纯技术效率的波动幅度相对较小，规模效率方差值最小为0.0002，表明规模对技术效率的贡献明显高于纯技术效率对技术效率的贡献；纯技术效率变化（Pech）指数在样本期

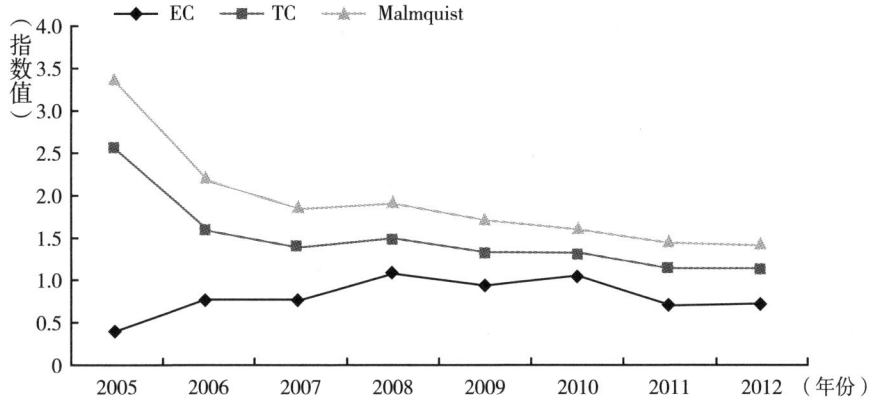

图 1　累积 Malmquist 指数及其分解

内年平均下降 4.9%，规模效率变化均值上升了 0.3%，表明资源要素配置和利用的不足是导致技术效率上升较慢的主要因素。

表 2　2004～2012 年全国汽车产业生产效率二次分解指标

年份	技术效率（EC）	技术进步（TC）	纯技术效率（Pech）	规模效率（Sech）	全要素生产率（Malmquist）
2004/2005	0.372	2.171	0.376	0.988	0.807
2005/2006	1.976	0.382	1.913	1.033	0.756
2006/2007	0.994	0.766	0.985	1.009	0.761
2007/2008	1.443	0.639	1.452	0.994	0.923
2008/2009	0.863	0.986	0.858	1.006	0.851
2009/2010	1.122	0.693	1.122	1.000	0.778
2010/2011	0.661	1.627	0.664	0.995	1.075
2011/2012	1.020	0.927	1.020	1.000	0.945
几何均值	0.954	0.897	0.951	1.003	0.856
方差值	0.209	0.305	0.195	0.0002	0.011

（二）汽车产业生产率分区域变化分析

表3　全国各省份汽车产业生产率指数及其分解

省份	技术效率（EC）	技术进步（TC）	全要素生产率（Malmquist）	省份	技术效率（EC）	技术进步（TC）	全要素生产率（Malmquist）
北京	0.948	0.901	0.854	湖南	0.979	0.915	0.896
天津	0.816	0.901	0.735	广东	0.879	0.902	0.792
河北	0.951	0.903	0.859	广西	0.986	0.901	0.888
山西	0.992	0.906	0.899	海南	0.822	0.901	0.740
内蒙古	0.919	0.868	0.797	重庆	1.010	0.898	0.907
辽宁	0.985	0.901	0.887	四川	0.925	0.901	0.833
吉林	0.944	0.901	0.850	贵州	0.950	0.895	0.850
黑龙江	1.089	0.915	0.997	云南	0.970	0.871	0.845
上海	0.933	0.901	0.840	陕西	0.874	0.916	0.800
江苏	0.971	0.896	0.870	甘肃	1.024	0.869	0.890
浙江	0.936	0.911	0.852	青海	1.000	0.842	0.842
安徽	0.879	0.915	0.804	新疆	1.094	0.870	0.952
福建	1.071	0.904	0.968	江西	1.036	0.916	0.949
河南	0.917	0.895	0.821	山东	0.890	0.908	0.808
湖北	0.949	0.897	0.851	均值	0.954	0.897	0.856

注：均值都是几何均值。

结合表3的数据，从具体省份来看，全国29个省份的汽车产业全要素生产效率（Malmquist指数）均小于1，表明全国汽车产业的生产效率普遍是衰退的，其中生产效率指数处于0.900~1.000阶段的共有5个省份，指数大小依次是黑龙江、福建、新疆、江西和重庆，吉林、上海、广东、湖北等汽车产业大省都处于亟待提高生产效率阶段。从技术效率变动（EC）指数看，全国平均值为0.954，江西、新疆、甘肃、重庆、黑龙江和福建等6省市的指数值均大于1，说明这些省份汽车产业的管理效率处于上升阶段；从技术进步（TC）指数看，全国平均值为0.897，所有省份的指数值均小于1，由此可见，只有提高技术才能有效驱动汽车产业生产效率快速提高。

鉴于我国经济发展不平衡，区域经济发展水平差别显著的现实状况，我们把样本省份分成东部、中部和西部三组①，分区域考察汽车产业生产效率的特征趋势和发展差异，结果如表4所示。Malmquist指数显示，中部地区汽车产业生产效率最高，年均增长率为-12.8%，其次为西部地区，年均增长率为-13.4%，最后为东部地区，年均增长率为-16.6%；规模效率（Sech）指数显示，规模经济在三大区域汽车产业技术效率发展中均起到最大作用，尤其是西部地区，原因在于西部地区汽车产业起步较晚，产业基础较为薄弱，发展基数不高，规模效率年均增长1%，发挥了正向驱动作用。其他两大区域则保持平稳态势，规模效率并未成为阻碍"追赶效应"的绊脚石；同时，三大区域汽车产业生产效率变动的驱动因素也存在一定程度的差异，西部地区EC指数最大，表明其汽车产业发展主要依靠改进管理水平来实现生产最佳效率的提高。东、中部区域则TC指数最大，表明这两大区域驱动汽车产业发展的是技术创新与研发。

即使是同一区域内不同省市之间汽车产业的发展也存在一定分化，本文尝试使用变异系数去测度省际汽车发展的相对差异。表4列出了2004～2012年我国汽车产业在不同区域的全要素生产率及四个分解指标值的几何平均数据，从中可以看出，东部地区在管理水平（EC指数）和纯技术效率（Pech指数）两方面的变异系数要普遍高于其他两大区域，近几年汽车产业的新兴大省如山东、浙江以及福建都加快汽车产业的扶持力度，汽车产业获得长足发展，而海南等东部其他省份，囿于自身资源要素以及发展条件，以旅游业等服务业为强省产业，自然在汽车产业内形成更大程度的分化；西部地区则在技术进步（TC指数）以及规模效率（Sech指数）方面的不平衡程度要高于其他两大区域，"西部大开发"的优惠政策以及"一带一路"等重大战略的推广，产业及财政扶持政策对西部地区大发展有很大倾斜，重庆、四川等省份在既有发展基础上，抓住机遇，极大促进了本区域内汽车产业的

---

① 东部包括北京、天津、河北、辽宁、上海、江苏、浙江、福建、山东、广东和海南；中部包括山西、内蒙古、吉林、黑龙江、安徽、江西、河南、湖北和湖南；西部包括广西、重庆、四川、贵州、云南、陕西、甘肃、青海和新疆。

升级换代，也进一步加剧了同甘肃、青海等省的发展差距，所以西部区域在这两方面变异系数最大。中部区域各省份的汽车发展则显得相对比较均衡。

表4　全国汽车产业效率变化的区域差异（2004～2012年）

五大指标	统计值	三大区域		
		东部	中部	西部
技术效率（EC）	算术均值	0.927	0.967	0.981
	几何均值	0.924	0.965	0.979
	标准差	0.073	0.065	0.062
	变异系数（%）	7.875	6.722	6.320
技术进步（TC）	算术均值	0.902	0.903	0.885
	几何均值	0.902	0.902	0.884
	标准差	0.003	0.015	0.023
	变异系数（%）	0.333	1.661	2.599
纯技术效率（Pech）	算术均值	0.927	0.967	0.971
	几何均值	0.924	0.965	0.969
	标准差	0.073	0.065	0.047
	变异系数（%）	7.875	6.722	4.840
规模效率（Sech）	算术均值	1.000	1.000	1.010
	几何均值	1.000	1.000	1.010
	标准差	0.000	0.000	0.031
	变异系数（%）	0.000	0.000	3.069
全要素生产率（Malmquist）	算术均值	0.836	0.873	0.867
	几何均值	0.834	0.871	0.866
	标准差	0.066	0.067	0.045
	变异系数（%）	7.895	7.675	5.190

通过结合我国各省份汽车产业的 Malmquist 历年指数数据（见表5）以及三大区域 Malmquist 历年指数变化（见图2），我们可以从时间维度去考察我国地方汽车产业全要素生产效率变化情况，从中发现我国汽车产业具有如下时空特征。一是整体上以2008年为阶段分化拐点，即2004～2008年总体呈单调递增的变化趋势，2008～2012年则具有起伏式波动特征。究其原因，我国自2004年颁布实施第二个《汽车产业发展政策》以来，汽车产业开始步入快速发展车道，生产效率及产业集约化程度不断提高，直至2008年国

际金融危机爆发；2008 年以后，受国内外经济环境的冲击，汽车产业下行压力剧增，生产效率受到挤压；国家为应对经济新常态，加快汽车结构调整，使得 2011 年我国汽车产业总体趋向增长态势。二是从时间轴分区域看，三大区域全要素生产率变动高低互见。中部地区汽车生产率波动程度较为平缓，东西部地区则与全国整体变化在时间上保持同步。进一步细化比较可看出，8 年样本期间在生产效率增长率方面，东部与中部地区分别有 3 年处于领跑状态，西部地区有 2 年领先于东、中部地区。

表5 2004~2012年我国各省份汽车产业的 Malmquist 指数

省份	2004/2005年	2005/2006年	2006/2007年	2007/2008年	2008/2009年	2009/2010年	2010/2011年	2011/2012年
北京	0.830	0.897	0.910	0.917	0.753	0.738	0.882	0.927
天津	0.286	0.659	0.856	0.881	0.812	0.788	0.877	1.065
河北	0.877	0.879	0.694	1.111	0.645	0.702	0.890	1.234
山西	1.307	1.191	0.637	0.810	0.908	0.875	0.720	0.927
内蒙古	0.788	0.685	0.717	0.838	0.747	0.705	1.032	0.927
辽宁	0.831	0.581	0.810	1.249	0.713	0.845	1.403	0.927
吉林	1.428	0.773	0.757	0.886	0.828	0.732	0.659	0.924
黑龙江	0.782	0.804	1.098	0.992	1.001	1.058	1.444	0.927
上海	1.195	0.691	0.832	1.065	0.746	0.647	0.848	0.831
江苏	0.644	0.711	1.005	0.963	1.035	0.738	0.903	1.071
浙江	0.792	0.676	0.882	0.652	1.019	0.820	1.010	1.070
安徽	0.751	0.657	0.798	1.073	0.657	0.672	1.014	0.927
福建	0.754	0.936	0.677	1.158	0.904	0.753	2.209	0.927
江西	1.123	0.845	0.909	0.863	1.098	0.751	1.158	0.927
山东	0.757	0.682	0.757	1.046	0.593	0.757	1.002	0.988
河南	0.677	0.745	0.681	0.694	0.954	0.856	1.142	0.927
湖北	1.495	0.719	0.789	0.920	0.818	0.786	0.702	0.782
湖南	1.556	0.693	0.773	0.626	0.756	1.478	0.773	0.927
广东	0.494	0.743	0.837	0.891	0.870	0.838	0.845	0.922
广西	0.839	0.822	0.725	0.947	0.658	0.776	1.730	0.927
海南	0.099	0.968	0.885	1.839	0.923	0.631	0.997	0.997
重庆	0.878	0.775	0.755	1.047	0.957	0.782	1.229	0.927
四川	0.618	0.778	0.714	0.908	0.724	1.134	0.979	0.927
贵州	0.731	0.938	1.005	0.652	0.785	0.825	1.010	0.927

续表

省份	2004/2005年	2005/2006年	2006/2007年	2007/2008年	2008/2009年	2009/2010年	2010/2011年	2011/2012年
云南	0.657	0.960	0.739	0.888	0.715	0.889	1.067	0.927
陕西	1.170	0.479	0.658	0.727	0.735	0.799	1.150	0.927
甘肃	2.402	0.252	0.645	1.028	0.957	0.428	2.579	0.927
青海	0.655	0.951	0.483	0.762	0.851	0.899	1.562	0.924
新疆	1.085	1.200	0.442	0.990	2.641	0.447	1.084	0.927
东部均值	0.588	0.755	0.826	1.036	0.807	0.747	1.030	0.991
中部均值	1.048	0.778	0.785	0.845	0.853	0.853	0.928	0.909
西部均值	0.912	0.733	0.667	0.872	0.904	0.743	1.308	0.926
全国均值	0.807	0.756	0.761	0.923	0.851	0.778	1.075	0.945

注：均值都是几何均值。

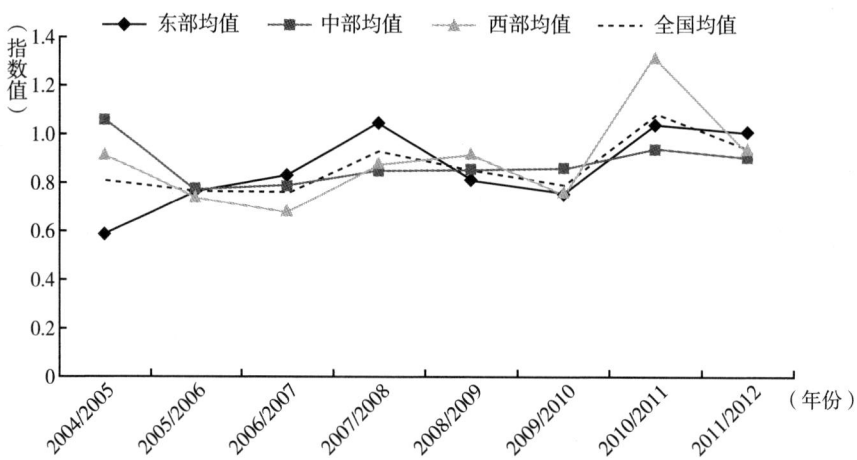

图2 我国地方汽车产业Malmquist生产率时空差异

四 结论与政策建议

基于Malmquist-DEA模型，本文测算并分析了2004~2012年我国29个省份汽车产业生产效率，并在此基础上探讨了不同地区汽车产业发展的时空差异问题，归纳起来，主要得出以下几点结论与启示。

（1）2004~2012年，我国地方汽车产业生产率总体上持续负增长，即Malmquist生产率指数年平均值仅为0.856，而分区域看，东部、中部与西部地区的汽车产业Malmquist生产率指数年平均值几乎与全国整体情况一致，都处于小于1的负增长状态。

（2）管理水平的提高是全国汽车产业生产效率整体提高的主要驱动因素，相比较而言，技术进步对汽车产业升级换代的作用还不明显。但是拉动地区汽车产业技术效率的主导因素在区域上存在明显差异，东、中部地区更加侧重于技术进步的作用，而西部地区管理效率的促进作用更为突出。

（3）全国汽车产业总体上仍处于粗放型经济增长阶段。规模经济对技术效率的贡献明显高于纯技术效率对技术效率的贡献，这一点在西部地区尤为明显，规模经济实现正增长，年均增长率为1%，但是依然无法扭转汽车产业技术效率负增长的严峻局面。

（4）不同阶段我国汽车产业全要素生产率变化并不稳定。由于我国汽车产品附加值不高，仍处于国际汽车产业的中低端环节等原因，很容易受到国内外市场环境和政策变化的冲击，我国汽车产业全要素生产率会随着时间变化而呈现脉冲式波动特征。

汽车产业及其相关产业作为我国重要的支柱产业，在国家和地区经济发展中产生重大影响。基于本文的研究结论，我们提出以下三点政策建议。

一是优化产业结构，统筹推动汽车产业高端化。面向市场，建立研发领域跨区域耦合、产业前后市场链接循环的产品服务深度转化和综合利用产业体系；在"四新经济"框架下，加快拓展汽车制造业、服务业和信息化产业的深度融合，提高汽车生产制造的智能化程度；借助"互联网+"行动计划，提升汽车个性化消费需求的市场迎合度。

二是以自主创新为发展理念，增强汽车产业整体实力。依托高校与科研机构，加强与高层次专业技术人员的合作，着力完善汽车产业产学研体系；契合与引领市场需求，加快汽车新产品的研发，做大做强我国自主品牌汽车；培育新能源汽车产业链，推进新能源汽车配套设施建设，进一步提高新能源汽车的市场占有率。

三是找准地区发展定位,促进汽车产业合理健康发展。"十三五"规划提出区域协调、人地挂钩、差别化考核等新的调控手段和目的,相对弱化了在 GDP 主导考核下的汽车产业的恶性竞争程度。在此大趋势下,我国东、中、西部更要依托资源、技术和区位优势,立足各地区要素资源条件和汽车产业基础,积极有效淘汰落后产能,发挥汽车产业集聚效应,建立不同区域间汽车产业新型分工体系。

参考文献

Kohli U. Growth Accounting in the Open Economy: International Comparisons. *International Review of Economics & Finance*, 2003, 12 (4): 417 – 435.

Kohliv. Real GDP, Real Domestic Income, and Terms-of-trade Changes. *Journal of International Economics*, 2004, 62 (1): 83 – 106.

Färe R, Grosskopf S, Norris M, et al. Productivity growth, Technical Progress, and Efficiency Change in Industrialized Countries. *The American Economic Review*, 1994: 66 – 83.

杨再高等主编《广州汽车产业发展报告(2015)》,社会科学文献出版社,2015。

马涛:《全球价值链下的产业升级:基于汽车产业的国际比较》,《国际经济评论》2015 年第 1 期,第 98~111 页。

唐葆君、刘江鹏:《中国新能源汽车产业发展展望》,《北京理工大学学报》(社会科学版)2015 年第 2 期,第 1~6 页。

B.4
2015年国内上市汽车公司研发现状与形势分析

隆宏贤*

摘　要： 本文首先通过对A股上市汽车公司的研发投入、研发产出等数据分析2015年度国内汽车上市公司的研发现状，并以比亚迪和长城汽车开展案例分析，试图理清当前我国汽车行业总体研发状况及其在全球汽车研发中的地位。最后，本文对2016年中国汽车产业研发形势进行了展望。

关键词： 上市汽车公司　研发　形势分析

汽车行业一直以来都是研发投入比较密集的行业。普华永道发布的《2015研发记分牌：世界2500家公司研发投入排行榜》显示，计算机与电子、医疗及汽车成为研发投入前三大行业。2014年，德国大众汽车公司更是以131.2亿欧元的研发投入名列各行业榜首；中国上海汽车集团以9.2亿欧元排在各行业第135位，在汽车行业排在全球第19位。随着我国对汽车行业自主创新的日益重视，国务院于2015年明确提出实施创新驱动发展战略后，强调要使市场在资源配置中起决定性作用和更好发挥政府作用，破除一切制约创新的思想障碍和制度藩篱，激发全社会创新活力和创造潜能。我国汽车行业作为研发密集型行业，借助国家的支持和自身品牌建设需要，不

---

* 隆宏贤，广州市社会科学院，助理研究员。

断加强技术研发，逐步缩短与国际车企的差距，在新能源汽车、智能汽车等领域逐渐与世界同步。

一 总体研发投入

本文以上海证券交易所 2015 年 6 月发布的《上交所与中证指数公司更新上市公司行业分类》作为样本选取的基础，选取国内 21 家上市汽车公司为研究对象①。

（一）研发投入形成规模，涨幅迅猛

据中国汽车工业协会的统计，2015 年我国全年累计生产汽车 2450.33 万辆，同比增长 3.25%，销售汽车 2459.76 万辆，同比增长 4.68%，产销同比增长率较 2014 年分别下降了 4.05% 和 1.92%。自主品牌乘用车销售 873.76 万辆，同比增长 15.3%，占乘用车销售市场的 41.3%，市场份额同比提高 2.9 个百分点。2015 年累计生产新能源汽车 37.90 万辆，同比增长 4 倍。2015 年，A 股上市汽车公司营业收入总量达 1.17 万亿元，同比增长 11.0%，研发投入总额达 300.4 亿元，同比增长 15%。从研发投入总体规模上看，上汽集团研发投入 83.71 亿元，位居国内汽车企业研发投入榜首，其次是比亚迪，研发投入 36.75 亿元，第三是长城汽车，研发投入 27.61 亿元（见表 1）。

表 1 2015 年 A 股上市汽车公司研发费用投入总体规模 10 强企业排名

排名	股票代码	汽车公司	营业收入额（亿元）	研发投入经费（亿元）
1	600104	上汽集团	6613.74	83.71
2	002594	比亚迪	800.09	36.75
3	601633	长城汽车	759.55	27.61
4	000625	长安汽车	667.72	25.63
5	600166	福田汽车	339.97	22.38

① 本文数据如无特殊说明，均来自各上市公司 2014 年和 2015 年的年报。

续表

排名	股票代码	汽车公司	营业收入额(亿元)	研发投入经费(亿元)
6	601238	广汽集团	294.18	19.19
7	600418	江淮汽车	463.86	18.57
8	000550	江铃汽车	245.28	18.31
9	600066	宇通客车	312.11	12.29
10	601777	力帆实业	124.58	6.80

资料来源：各上市汽车企业2015年年报。

从研发投入的相对规模看，江铃汽车的研发投入占营业收入额的比重最大，达7.46%，其次是福田汽车，比重达6.58%，第三是广汽集团，比重达6.52%（见表2）。

表2 2015年A股汽车公司研发费用投入相对规模10强企业排名

排名	股票代码	汽车公司	营业收入额（亿元）	研发投入经费(亿元)	研发投入占营业收入比重(%)
1	000550	江铃汽车	245.28	18.31	7.46
2	600166	福田汽车	339.97	22.38	6.58
3	601238	广汽集团	294.18	19.19	6.52
4	601777	力帆实业	124.58	6.80	5.46
5	000927	夏利	34.04	1.77	5.19
6	002594	比亚迪	800.09	36.75	4.59
7	600418	江淮汽车	463.86	18.57	4.00
8	600066	宇通客车	312.11	12.29	3.94
9	000572	海马轿车	121.81	4.69	3.85
10	000625	长安汽车	667.72	25.63	3.84

资料来源：各上市汽车企业2015年年报。

（二）人员投入急剧增长

随着各企业对研发的不断重视，研发投入得到了市场很好的回报，汽车公司研发人员的投入数量也急剧增长。2015年，A股上市汽车公司共有在职员工71.56万人，其中技术人员10.07万人，同比增长24.3%。其中，比亚迪投入技术人员最多,达21356人,其次是长城汽车,技术人员达16512人;第三是广汽集团,技术人员达到12036人。

(三)国资控股汽车公司研发投入规模大,民资控股汽车公司研发强度高

在21家A股汽车公司中,国有控股占14家,民资控股占7家,国有控股汽车公司研发投入总额达205.3亿元,平均每家研发投入总额为14.66亿元,研发强度达2.19%;民资控股研发投入总额达95.1亿元,平均每家研发投入总额为13.59亿元,研发强度达4.10%(见表3)。

表3 2015年A股不同所有制上市汽车公司研发投入情况

	企业数(家)	研发投入总额(亿元)	平均研发投入额(亿元)	研发强度(%)
国有控股	14	205.3	14.66	2.19
民资控股	7	95.1	13.59	4.10

资料来源:各上市汽车企业2015年年报。

二 研发产出分析

(一)申请专利产出下降

2015年,A股上市汽车公司共申请各种专利7344件[①],同比下降16.6%;其中发明专利申请1827件,外观设计1429件,实用新型4088件,同比分别下降30.5%、增长8.8%和下降16%。其中,福田汽车发明专利申请量最多,达582件,其次是江淮汽车,发明专利申请量达562件,第三是长城汽车,为402件(见表4)。

---

① 本文专利数据根据广东省知识产权公共信息综合服务平台整理而得。

表4 2015年A股上市汽车公司发明专利申请量前十名

单位：件

序号	汽车公司	发明申请	外观设计	实用新型	序号	汽车公司	发明申请	外观设计	实用新型
1	福田汽车	582	180	1056	6	力帆实业	160	162	182
2	江淮汽车	562	442	1432	7	第一汽车	151	41	370
3	长城汽车	402	73	408	8	广州汽车	82	85	157
4	比亚迪	216	96	380	9	宇通客车	73	75	184
5	长安汽车	216	45	227	10	江铃汽车	21	10	65

资料来源：据广东省知识产权公共信息综合服务平台整理而得。

（二）新产品层出不穷，获市场青睐

在新产品方面，A股上市汽车公司继续对国内市场进行"高强度"投放新产品，在汽车整车和零部件方面不断推出新产品。重点在动力总成和车联网方面进行创新，其中广汽集团集中资源打造旗下的传祺品牌，在涡轮增压发动机、车联网等方面取得了诸多创新，推出了搭载1.3T涡轮增压发动机的GS4，上市仅半年就创下近3万辆的月销量纪录，还推出了具备远程自动诊断和车辆定位等多种功能的T-BOX系统；比亚迪推出了搭载2.0T涡轮增压发动机和湿式双离合的全新车型宋、搭载混合动力四驱的唐（其中有全球首创的遥控驾驶、移动电站、云服务等多项新技术）、陆续推出了E6 400等多款纯电动新能源车，成为上市企业中推出新产品最多的企业；上汽集团围绕新能源、互联网、智能化的技术组合，打造产品的差异化竞争力，为创新发展创造技术优势，在新能源汽车方面抓紧对现有产品进行升级，荣威E550插电强混轿车等新能源汽车2015年的销量超过1万辆，新成立的上汽安悦充电科技有限公司则为上汽集团推进新能源汽车产业化发展提供有力支持；上汽集团和阿里巴巴在互联网汽车开发方面携手开发的产品将全面整合与汽车产品紧密相关的服务资源，已完成了产品软硬件开发工作并进入测试验证阶段，首款产品将于2016年上市销售。江淮汽车也推出了高性能的1.5T涡轮增压发动机。总体上，随着国内汽车市场竞争愈发激烈，A股上市公司纷纷利用资本优势,加快资源整合,不断提高创新能力,加速投放新产品。

(三)研发成果获奖丰厚,核心技术逐渐实现自主研发

1. 由华中科技大学牵头,上海通用汽车、江淮汽车、神龙汽车、江铃汽车等参与的"汽车制造中的高质高效激光焊接、切割关键工艺及成套装备"获得2015年国家科学技术进步特等奖。该项目历时12年"产学研用"攻关,取得了系列成果,主要包括首次提出激光与材料相互作用的"气液锐利界面"多相耦合数学模型,揭示小孔与熔池稳定性机理及对缺陷形成与抑制的机制,为工艺优化奠定基础;发明大型三维复杂焊缝形貌测量－跟踪－补偿技术,首创形性可控的三维曲面薄壁白车身激光搭接填丝熔焊工艺与装备;发明曲线切割图形刀补测控方法;率先将红外热释电精密测量原理应用于非穿透切割剩余厚度检测,创新研发安全气囊罩的激光非穿透精密控厚切割工艺与装备;自主研制等近百种关键部件,以及57类126种装备或生产线,涵盖汽车工业急需的高端激光焊接、切割成套装备;该项目获授权发明专利26项,实用新型39项,软件著作权2项,地方和企业标准3项,SCI论文23篇,省部级特等奖1项、一等奖1项。该项目成套工艺装备在神龙、长城、江淮、上海通用、江铃等313家企业应用538台套。2013~2015年新增产值54.7亿元、利税8.2亿元,完全改变了我国汽车激光焊接、切割高端装备被国外垄断的局面,带动了国产装备跨越式发展,并推广应用到航空航天、国防、机车等领域。

2. 宇通客车主持完成的"节能与新能源客车关键技术研发及产业化"项目凭借领先的关键技术和产生的重大经济效益获得2015年国家科学技术进步奖二等奖,这标志着我国汽车企业在新能源关键技术研发领域获得重大突破,而宇通客车也由此成为我国新能源汽车领域唯一获奖的汽车整车企业,其在高效动力系统、动力电池集成与管理、整车控制与节能等方面取得的技术突破,成为新能源汽车作为我国战略新兴产业在发展过程中的重要里程碑。该项目历经十年技术攻关,形成了多项关键技术创新,实现了纯电

动、插电式、混合动力共平台开发,并完成了6~18米节能与新能源客车系列化产品。其中整车节能与控制技术、高压隔离电源变换技术、高密度电驱动控制技术等方面处于国际领先水平。该项目已获授权发明专利23项、实用新型专利142项、软件著作权14项,发表论文23篇,形成国家和行业标准4项。

3. 广汽集团的"增程式纯电动轿车研发与产业化技术攻关"课题于2015年7月顺利通过科技部技术验收,广汽集团借此掌握了新能源整车及动力总成关键零部件开发、"三电"(电池、电机、电控)及控制等核心技术,形成了自主研发、试验等完整研发体系能力,这是广州乃至全国在新能源汽车领域的一次重大突破。此外,广汽集团"基于跨平台模块化架构(CPMA)的汽车正向开发技术研究与应用"项目荣膺"中国汽车工业科技进步奖"一等奖殊荣。

三 案例分析

(一)比亚迪

2015年,比亚迪全年研发投入达36.75亿元,占营业收入总额的4.59%,技术人员21356人,研发人员占比10.89%,申请专利372件,其中发明专利24件,外观设计54件,实用新型294件。在普华永道《2015研发记分牌:世界2500家公司研发投入排行榜》中,比亚迪的研发投入排在全球汽车行业的第31位,中国汽车行业第2位。

比亚迪以模仿、逆向研发起步,利用其横跨电池、IT及信息技术、汽车制造等领域的优势,大规模推进集成创新,突破合资企业在发动机、自动变速箱、四驱系统等重要汽车零部件的技术封锁,从而获得新能源汽车领域的技术创新优势。

2008年,比亚迪在深圳建立研发中心,设有汽车工程研究院、汽车及零部件检测中心和电动汽车研究所。它为比亚迪汽车提供全方位的汽车设计、汽车工程和汽车测试服务。建立了道路模拟、EMC、综合环境、发动机、变速箱等近40个大型高精技术实验室，研发手段、总体设计、车身设计和底盘设计水平均得到较大的提升。面对国内近几年新能源汽车行业的高速发展，比亚迪积极把握机遇，策略性加大对该业务的研发和投资力度，继续夯实技术优势、推出性能优越的新车型并持续扩大电池产能，满足市场对本集团新能源汽车的旺盛需求，插电式混合动力车型秦持续热销，2015年推出542战略下首款车型唐，作为拥有三擎动力、高效节能、快速反应等优势的插电式混合动力SUV车型唐，一上市即获得消费者的热捧，月销量快速提升至5000台。

（二）长城汽车

长城汽车采取技术"过度投入"策略，追求行业领先。自2006年以来，长城汽车研发已投入超百亿元，2015年全年研发投入已达25.71亿元，研发投入占营业收入的4.11%，技术人员10767人，占全部职工人数的15%。2015年全年申请专利383件，其中发明专利27件，外观设计115件，实用新型241件。在普华永道《2015研发记分牌：世界2500家公司研发投入排行榜》中，长城汽车的研发投入排在全球汽车行业的第37位，中国汽车行业第3位。

长城汽车先后成立了多个技术研发平台，设有长城汽车技术中心、长城汽车工程院和精工汽车模具技术有限公司。2006年5月，成为"博士后科研工作站"设站单位；2007年9月，被国家发改委、科技部等五部委联合认定为"国家认定企业技术中心"；2011年2月，被评为"国家级创新型企业"；2013年12月，被评为"院士工作站"设站单位。目前，长城汽车的研发团队已达6500多人。

长城汽车技术中心具备轿车、SUV、皮卡三大系列以及动力总成的开发设计能力，可同时开展十多个车型开发。整车造型、工程设计、CAE、试制试验、发动机、变速器等各个环节都形成了自主的技术、标准以及知识产权。

在研发模式上，长城汽车走出了逆向研发和正向研发之外的第三种模式，即大量剖析国际先进发动机技术，通过一系列设计工具分析出最佳的技术参数。同时其还与国际零部件供应商同步研发，吸入了供应商的很多经验，然后改进长城汽车的技术。这样就节省了研发费用，接受供应商主动提供的技术和经验。在研发标准方面，长城汽车都是以北美和欧洲的标准来要求的。哈弗 SUV 2006 年已经出口意大利，实现了自主品牌批量出口欧盟的先例。长城汽车旗下炫丽、酷熊、哈弗都获得了欧盟认证，可以在欧盟无限制自由销售。

在车型研发路线上，长城首先进入 SUV 领域，2002 年推出首款 SUV 赛弗（Safe）。当时 SUV 属于相对小众的市场，竞争薄弱。很多自主品牌包括合资品牌，对这一市场都尚未引起重视。国内很多自主品牌都从轿车这一主流市场切入。在此背景下，长城大胆选择了 SUV 市场作为切入点，这不仅需要魄力，而且需要战略眼光和耐力。在 SUV 市场，长城汽车进行了全覆盖，从小型 SUV 如哈弗 H1 到全尺寸大型 SUV 如哈弗 H9，满足了不同消费群体的需求。

凭借多年的研发投入和良好的企业战略，长城汽车取得了行业的认可和消费者的青睐。2015 年车企广义乘用车总销量排行榜中，长城汽车以 753230 辆排名第九，位居自主品牌销量第二位；在 SUV 领域，长城汽车更是独占鳌头。在 2015 年中国各大 SUV 销量排行榜中，长城汽车的哈弗 H6 以 373229 辆排名第一，领先第二名近 12 万辆；哈弗 H2 亦以 168517 辆排名第六。

四 2016年中国汽车产业研发形势分析

2016 年是我国"十三五"规划实施的开局之年，而国家"十三五"规划纲要明确提出要实施制造强国战略，其中两个重要的内容就是推动传统产业改造升级和支持战略新兴产业发展，这将成为汽车产业推进产业战略转型的重要途径和方向。具体到汽车行业，低碳化、信息化、智能化是其研发的重点方向，也是汽车企业竞夺未来行业话语权的主攻点，以上市汽车公司为代表的中国车企必将研发精力集中在此。

（一）智能汽车

随着汽车电子技术的发展，汽车智能化技术正在逐步得到应用，这种技术使汽车的操纵越来越简单，动力性和经济性越来越高，行驶安全性越来越好。目前，汽车已进入"智能"时代，将催生智能汽车研发的热潮。汽车共享化，即车联网、无人驾驶，将依托于汽车制造商、经销商与运营商，汽车电子化与智能化实现"人－车"互动，车联网实现"人－车－网络"的互动，而智能交通将实现"人－车－网络－路"的互动，共享化亦是未来汽车发展的趋势。国内的汽车厂商将借助智能汽车研发基本与世界汽车厂商同步起跑的机遇，加大力度研发智能汽车，凭借国内庞大的消费市场，占据智能汽车发展先机。

（二）新能源汽车

由于在环保方面的优势，新能源汽车代表着汽车行业未来发展的方向，受到政府优厚的财政补贴和政策支持，包括在限牌限行城市免除对新能源汽车的限制，这将激发市场对新能源汽车的需求，也成为各汽车厂商利润新增长点。2015年底，国家科技部已经发布了新能源汽车研究专项，重点围绕动力电池与电池管理、电机驱动与电力电子、电动汽车智能化、燃料电池动力系统、插电/增程式混合动力系统和纯电动力系统等6个创新链（技术方向）部署38个重点研究任务。新能源汽车的开发将成为各大汽车厂商角逐未来企业竞争力的重要抓手，也是占领汽车市场的重要手段。

（三）传统汽车技术改造

在当前汽车保有量中，传统汽车仍占99%以上的份额，包括新上市的汽车中，传统汽车仍然占据98.5%的市场。由于技术的成熟以及消费群体的消费惯性，未来20年仍然是传统汽车生产、消费的主流，传统汽车的节能减排仍有较大的潜力，传统内燃机的节能空间仍旧很大。实施汽车技术改造，依然是增强汽车企业内生增长动力、提升汽车产业核心竞争力的主要途径。当前，国家正加大力度支持传统工业技术改造，提高汽车排放标准。2015年4月，国务院提出进一步加速提高车用汽柴油质量，并明确在2017年1月1日全国采用车用五阶段柴油标准。当前环保部已开始进行第六阶段汽车排放标准的制定工作，2016年上半年完成标准草案的征求意见稿件，2016年内进行行政审查，国六排放标准可能在2016年底发布。面对越来越严格的环保要求，各大汽车厂商无疑需加大研发力度对传统汽车进行技术改造。

参考文献

《广州汽车产业发展报告（2015）》，社会科学文献出版社，2015。

胡小燕、胡立新：《我国汽车制造业上市公司研发绩效研究》，《统计与咨询》2008年第4期。

廖富阔：《我国汽车产业上市公司R&D投入状况及其绩效研究》，兰州商学院硕士学位论文，2011。

国家发展与改革委员会产业协调司：《中国汽车整车企业产品开发能力研究报告》，2009年3月。

B.5
中国新能源汽车发展现状及对策研究

陈亚鸥*

> **摘　要：** 本文介绍了我国新能源汽车产业目前发展状况，针对产业发展出现的问题，提出关于进一步完善产业标准体系、准入机制、政策措施以及配套设施等几方面的政策建议。
>
> **关键词：** 新能源汽车　政策体系　配套设施

加快发展新能源汽车，是有效缓解能源和环境压力、推动汽车产业可持续发展的重要举措，也是加快汽车产业转型升级、培育新的经济增长点、实现新的跨越式发展和提升国际竞争力的战略需要。近年来在国家政策引导下，我国新能源汽车在研发推广、技术水平等方面取得显著进步，产销快速增长。由于我国新能源汽车产业起步较晚，发展进程中还存在许多问题和困难，如何抓住当前供给侧改革所带来的机遇，针对新能源汽车产业发展出现的问题，提出相应对策措施，这是本文所要讨论的。

一　我国新能源汽车发展现状

在政府大力推动下和国家政策大力支持下，我国新能源汽车产业发展取得可喜成绩，电池、电机、电子控制和系统集成等关键技术取得重大进步，纯电动汽车和插电式混合动力汽车生产已形成一定规模。尤其在"十二五"

---

* 陈亚鸥，广州市社会科学院区域经济研究所，副研究员。

期间，新能源汽车产业完成了产业化起步阶段，开始迈向中高端发展新阶段，主要体现在四方面。

（一）市场规模迅速扩张

目前我国正处在"三期叠加"的特殊阶段，经济增长速度从2012年开始结束了近20年10%的高速增长，经济增长速度趋缓，外部需求萎缩。在经济新常态背景下，新能源汽车逆势而上，我国新能源汽车产量从2013年的1.7万辆跃升至2015年的34.05万辆，年均增幅近330%。2015年，中国汽车市场整体产销量同比增长不足5%，新能源汽车的产销量却爆发式增长。2015年，新能源汽车产销量占国内汽车市场超过1%，占全球新能源汽车市场超过60%，市场推广覆盖率领先于全球，市场规模迅速扩张，目前中国成为全球第一大新能源汽车市场。"十三五"规划已将新能源汽车产业确定为战略性新兴产业，其成为新经济在工业领域的标志性行业。

（二）产业发展政策日趋成熟

政府大力推动新能源汽车产业发展，在新能源汽车产业发展进程中，国家在科技攻关、产业布局、示范运行、鼓励政策、资金倾斜等方面给予了极大的支持，前后有12个部委相继出台政策20多项，其中有购车补贴、车辆购置税和车船税收优惠，以及新能源汽车国家科技计划重大项目、产业技术创新工程、城市公交成品油价补贴改革、充电设施建设奖励、充换电优惠电价、新建纯电动车企业管理、电动汽车综合标准技术体系等，有力的政策支撑是我国新能源汽车迅速发展的关键因素。目前在世界上，中国是对新能源汽车补贴最高的国家，这无疑是对新能源汽车产业发展最大的支持。

（三）示范城市推广范围不断扩大

新能源汽车示范城市推广计划自实施以来，起到了巨大的示范带动作用，现在全国共有88个推广示范城市，推广计划对产业发展起到了重要推动作用。累计推广量表明一个地区新能源汽车市场的成熟度。从推广量来看，2013~2015年，上海累计达到5.54万辆，位居首位，北京累计推广达到3.59万辆，深圳累计推广3.45万辆，杭州市累计推广2.2万辆，超过3万辆的还有江苏省、安徽省，超过2万辆的有浙江省、河北省、湖南省等。数据显示，长三角在新能源汽车推广上起到了带头作用。2016年，长三角30个城市将成立新能源汽车联盟，旨在建立长效机制，通过开放公平的使用环境，鼓励公平的市场竞争，加强行业监督管理，统一充电桩标准，推进新能源汽车充电模式，推进长三角分时租赁、微公交的发展，抱团共同推进长三角新能源汽车发展。

（四）新能源汽车产业规模化

目前，我国新能源汽车客车技术产业化和规模化居世界第一位，新能源汽车技术路线呈现多样化发展的特点。从技术层面来看，涵盖了插电式、增程式、纯电动式等多种技术路线，从能源补给层面来看，有慢充、快充、电池更换、在线充电、双源快充等多种方式。新能源汽车产业各种要素、资源、发展条件已经基本形成，虽然标准和水平还不高，有些方面还存在缺陷或是空白，但新能源产业加快发展的环境已经形成，基本条件已经具备，产业生态初步形成。

二 新能源汽车发展存在的问题

我国新能源汽车产业发展虽取得阶段性的成果，但也要清醒地认识到，新能源汽车技术积累较少、产品性能不够成熟、动力电池技术薄弱，标准体系尚未完全建立，公共技术平台功能有待完善，还有市场"骗补"等诚信问题。公共服务、私人领域购买使用新能源汽车配套政策有待加强，商业模式创新需要政策扶持。充电等配套设施的建设规划和管理办法有待明确，示范应用需要推广经验，规划、交通、能源、科技等方面的相关政策应进行统筹，以形成集聚和规模效应。

（一）标准体系亟待完善

目前没有统一标准是限制新能源汽车发展的重要原因。标准体系的缺失，导致汽车企业生产没有具体指导，不同企业存在不同标准，造成充电设备和设施不通用，导致社会资源的浪费，也不利于新能源汽车推广应用，充电桩就是明显案例。虽然国家标准委目前正在制定新能源汽车的相关标准，但新能源汽车的标准体系建设仍是一个突出问题，还需要进一步完善。新能源汽车的驱动方式、驱动结构、电源结构的变化以及充电桩标准、电池尺寸标准、车载充电机标准等方面，都必须要有新的标准来规范，其中充电桩标准统一对基础设施规划和建设有着重要意义。

（二）配套设施严重不足

新能源汽车能否快速推广，关键取决于社会配套设施跟进的程度。目前我国新能源汽车在产量上虽有较大突破，但相关配套设施跟不上，充电技术不成熟，充电设施分布不均衡，充电设施不能互联互通。按照电动汽车与充电设施的标配要求应为1:1，而我国实际情况，两者之间的配比超过4:1，充电桩的数量远远滞后于新能源汽车的增量，充电桩的严重不足已成为新能源汽车产业发展的阻碍，充电口标准不统一也成为新能源汽车产业发展的另一阻碍。今后，如果充电网络的投资建设速度仍达不到预期的话，将制约新能源汽车的放量增长。另外，专业充电站不足已成为电动汽车商业化运营面临的主要困难，由于基础设施的不完善，新能源汽车市场化的推进还需要政府补贴。因此，"最后一公里"的瓶颈亟待破除。

（三）核心技术需大力提高

我国新能源汽车的研发还处于起步阶段，新能源汽车多是源于传统车型开发，产品技术水平不高，各项技术性能还不成熟。作为新能源汽车技术核心的电池、电机和电控技术，部分零部件及关键技术尚未完全突破，尤其是电池技术的核心零部件与跨国企业技术相比仍存在较大差距。部分电池、电机技术是利用外包服务，或是依靠进口，难以形成核心竞争力。核心技术受制于人，新能源汽车发展面临着核心技术空心化问题。关键零部件和材料的研发开发领域里，相关科研人才相当匮乏。同时还缺乏新能源汽车示范工程所需要的试验验证、技术故障处理及运营管理的人才。

（四）产业链互动模式尚未形成

目前国内新能源汽车企业存在各自为战的局面，未能做到联合攻关、成果共享，缺乏必要的资源整合和统筹协调管理，导致大量的低水平重复建设，人力、物力和财力资源浪费严重。已建成的产业创新联盟还处在磨合过程中，联而不合、重复分散、技术共享困难等问题比较突出。产业中环节互动模式尚未形成。多数整车企业在核心零部件开发与选购上基本只选择当前的合作伙伴，无法有效带动产业整体发展，还有不少企业在新能源汽车开发中仍采取跟随方针，研发热情不高，推出的新产品往往由传统车型衍生而来，创新性不强。

三 新能源汽车发展的对策建议

加快发展新能源汽车是推动我国汽车产业转型升级，抢占国际竞争制高点，实现由汽车大国到汽车强国跨越发展的关键，也是推动绿色发展，培育新的经济增长点的重要任务。针对目前新能源汽车产业发展的"瓶颈"和"短板"，要努力突破核心技术和关键零部件的制约，提升自主创新能力和技术水平；要进一步落实和完善相关政策体系，优化配套环境，要不断创新商业模式，扩大新能源汽车的市场应用，积极培育新的市场。目前我国新能源汽车产业正处于整体提升和产业突破的关键时期，制定更加有效的政策尤为迫切。

（一）进一步完善标准体系和准入机制

不少地区为了保护本地企业的发展，往往采取地方保护主义政策，对汽车企业建厂以及零部件采购等方面设置许多地方性规定，对新能源汽车进行二次检测和实行差别定价等,皆不利于汽车行业提高自身的技术能力,也不利于整个新能源汽车产业的健康发展。按照党的十八大提出全面深化改革加快完善各方面体制机制的建设要求,新能源汽车产业发展应该在管理体制、投融资体制、财税体制、行政体制等方面进行一系列调整和改革,形成统一开放、竞争有序、监管有力的市场体系,以适应经济新常态下的产业发展。首先,要从制度和机制方面进行创新,新能源汽车在准入标准和门槛上要有所突破,让市场成为资源配置的主导力量。其次,各地区要执行全国统一的新能源汽车推广目录,加强新能源汽车的市场监管力度。最后,加强新能源汽车标准的修订工作,尽快实现全国范围内新能源汽车与基础设施的配套和标准化,促进产业相关技术标准统一,用标准法规推动新能源汽车产业的发展。

(二)继续完善相关政策措施

以新理念、新思维制定相关政策,并根据市场需要适时调整。在新能源汽车产业发展的各个阶段,采取不同政策措施以促进其发展。"十二五"期间,巨额的财政补贴成为新能源汽车产业发展的最大动力,有力推动了新能源汽车迈向产业化阶段。"十三五"期间,新能源汽车将进入快速发展阶段,国家现已出台了补贴退坡政策,表明新能源汽车产业的发展由政府主导逐步转变为以市场为主导,这就需要及时制定相应的政策措施,要从补贴消费者或生产商转向社会公共服务。培育经济长期增长的动力需要大力改善公共产品和服务的供给,社会公共政策空间很大,这也给新能源汽车发展带来契机。政策设计可考虑减免停车费及过路过桥费等,对配套基础设施建设实施优惠政策,新能源汽车用户能够享有购买的优先权、使用的优惠权等,通过对市场的促进作用来推进新能源汽车发展。要进一步落实国家公共服务领域、私人购买等配套政策,制定新能源汽车示范应用准入的地方标准规范,并加大资金支持力度。制定实施扩大政府采购、鼓励建桩、专用停车位、租赁牌照等配套政策措施。积极推动纯电动、插电式混合动力轿车和新一代电动客车等产品的上市,推动公交、环卫、公务、物流等行业率先采购和高校、园区、央企等大客户团购。

（三）加快建立研发体系

我国新能源汽车产业起步时间不长，还需要政府在其产业化发展初期和技术研发方面发挥主导作用，通过制定新能源汽车研发的路线和时间表，明确关键技术领域，加快其产业化的步伐。通过政策机制鼓励企业加大新能源汽车研发投入，建立研发专项基金引导企业提高研发投入的比重。鼓励建立跨行业的新能源汽车技术发展联盟，打造开放性技术平台，建立相关行业共享的测试平台，产品开发数据库和专利数据库，实现资源共享。鼓励高校、科研机构与企业建立合作关系，共同攻克技术难关，整合现有科技资源，建设若干国家级整车及零部件研究试验基地，构建完善的技术创新基础平台，集中力量突破一批支撑长远发展的关键共性技术，着力突破核心技术和关键零部件制约，提升新能源汽车整体技术水平。企业要加大自主研发力度，努力开发具有自主知识产权的产品和技术，把科技创新的重点放在研发快速电源、提升续航里程等方面，降低电池等关键零部件的生产成本、提高能源利用率。推动企业实施商标品牌战略，加强知识产权的创造、运用、保护和管理，构建全产业链的专利体系，提升产业竞争能力。

（四）探索商业运营模式

建立统一开放、有序竞争的全国市场，着力消除地方保护和市场分割行为，营造公平的竞争环境和营商环境，使市场能在资源配置、产业组织优化、技术路线选择和商业运营创新等方面有更大的空间。新能源汽车示范城市应加大政府投入力度，积极吸引社会资金参与，根据当地电力供应和土地资源状况，因地制宜建设慢速充电桩、公共快速充换电等设施，鼓励成立独立运营的充换企业，建立分时段充电定价逐步实现充电设施建设和管理市场化、社会化。通过整车销售、汽车租赁、电池租赁、电池快换等，鼓励商业模式不断创新。制定动力电池回收利用管理办法，建立动力电池梯级利用和回收管理体系，引导动力电池生产企业加强对废旧电池的回收利用，鼓励发展专业化的电池回收利用企业。严格设定动力电池回收利用企业的准入条件，明确动力电池收集、存储、运输、处理、再生利用及最终处置各环节的技术标准和管理要求。支持融资性租赁等商业模式创新，支持整车企业建设完善的远程监控网络服务平台和维护保养应急体系，保障汽车安全运行。

（五）完善配套设施

新能源汽车产业的发展必须与充电基础设施建设同步，充电基础设施是推广应用电动汽车的基本保障。充电基础设施包括充电桩、充电站、换电站等都是新型的城市基础设施，因此充电基础设施的建设规划要与城市建设规划和交通规划相衔接，进行科学认证和统筹制定。合理规划充电桩、站的建设与布局，力争做到适度超前建设，通过大范围普及配套设施，以加快推动新能源汽车产业化。以政策扶持为契机，加大加快大中城市充电桩的建设，改变新能源汽车市场使用环节配套体系薄弱的局面。支持各类适用技术发展，积极试行个人和公共停车位分散慢充等充电技术模式，确定符合区域实际和新能源汽车特点的充电设施发展方向。同时要加大对充电基础设施建设、运营的补贴力度，推动充电设施的有序发展，减少充电基础设施建设审批环节，加快办理速度。对于用户使用申请安装充电桩，电网企业开辟绿色服务通道，减少用户的办事流程。

参考文献

巫细波：《加快广州新能源汽车产业发展的对策建议》，《汽车工业研究》2015年第1期。
李庆文：《"十三五"我国新能源汽车七大趋势》，《中国汽车报》，2015。
《长三角的新能源汽车充电桩标准将统一》，中国工业新闻网，2016。
王青：《2016年汽车市场平稳运行的关键是改善供求结构》，《国务院发展研究中心调查研究报告》，2016。

B.6
2015～2016年广州汽车平行进口发展形势分析与对策研究

向政枝*

摘　要： 中国（广东）自由贸易试验区广州南沙新区片区在2015年正式挂牌运作，广州按照国家给予的相关政策开展了汽车平行进口试点的探索。本文回顾了2015年广州推进汽车平行进口试点工作的推进历程、主要做法和取得的成绩，分析了2016年广州汽车平行进口发展的形势，特别是面临的诸如同类口岸竞争压力较大、流通流程存在障碍、上牌存在困难、"三包、召回"保障彻底落实存在困难、汽车平行进口产业链上的服务要素配套不足、车企和4S店的联合施压等困难和挑战，预测2016年广州平行进口汽车将突破10000辆大关。为实现这一目标，本文提出广州要围绕完善汽车进口产业链、提升南沙汽车进口口岸竞争力、加快打造汽车出海大通道的任务，重点从政策创新、财政扶持、构建产业链系列功能平台、建设汽车服务集聚区、强化汽车进口业务招商宣传、深化与国内成熟汽车口岸和试点城市的合作等方面开展工作，迅速占据平行进口汽车销售市场等对策建议供决策参考。

关键词： 汽车平行进口　3C认证　三包　售后服务体系网络

---

* 向政枝，广州市市政府政策研究室，副处长。

一 2015年广州汽车平行进口试点开展情况

汽车平行进口是指未经品牌厂商授权,贸易商从海外市场直接购买汽车并引入中国市场进行销售的方式。由于汽车进口地不同,平行进口汽车有"美规车"、"中东版车"等之分,以区别于传统方式进口销售的"中规车"。平行进口汽车主要集中在两大方面:一是国内没有销售的新品以及新奇汽车,二是高价位豪华汽车。平行进口汽车进入中国的时间很早,但长期以来,由于其处于灰色地带的非总经销渠道进口身份,平行进口汽车在中国市场中一直处于比较尴尬的地位。近年来,国家相关部门相继发布了政策为汽车平行进口合法化提供了依据,首先是国家工商总局在2014年8月发布了《关于停止实施汽车总经销和汽车品牌授权经销商备案工作的公告》,随后国务院办公厅又发布了《关于加强进口的若干意见》。广州是我国三大整车进口口岸之一,在2014年整车进口量已经达到了32.9万辆,吸引了一大批整车进口、物流服务、经销企业等相关企业云集广州发展,开展汽车平行进口业务有着得天独厚的优势条件。广州市根据《中国(广东)自由贸易试验区总体方案》(国发〔2015〕18号),在南沙自贸试验片区组织开展汽车平行进口试点工作。

广州市商务委、南沙新区片区管委会联合发布了《关于在中国(广东)自由贸易试验区广州南沙新区片区开展汽车平行进口试点的通知》,首批试点企业13家。国家商务部于2015年10月13日正式函复同意13家汽车企业试点开展汽车平行进口业务,广州成为上海、深圳、天津之后,我国第4个启动平行进口汽车试点的城市。南沙自贸试验片区围绕汽车平行进口试点企业准入条件、售后服务保障体系及质量溯源管理平台等方面开展各项基础性工作。2015年,南沙自贸试验片区完成平行进口汽车200余辆,实现了汽车平行进口试点工作的良好开局。

（一）出台试点方案

广州市商务主管部门联合海关、检验检疫等部门成立联合调研工作小组，深入汽车经销商、行业协会，对广州汽车口岸进口情况、汽车经销商情况、汽车市场需求等开展调研，并征求有关部门、行业协会和重点进口汽车销售企业对开展汽车平行进口试点的意见和建议；按照"规范有序、创新监管、保护消费者权益"的原则，制定了试点企业准入条件，印发了《关于在中国（广东）自由贸易试验区广州南沙新区片区开展汽车平行进口试点的通知》和《广州市开展汽车平行进口工作试点工作方案》，对广州在南沙开展汽车平行进口工作进行了详细的安排，明确了工作目标，建立了工作机制，确定了工作分工。

（二）选定首批试点企业

广州参照上海、天津、深圳等城市的做法，结合广州自身实际情况设定了试点企业条件，主要有汽车销售和汽车进口两类企业，其中汽车销售企业必须营业5年以上、最近3年需连续盈利以及上一财务年度汽车销售额超过4亿元；而汽车进口企业需从业3年以上、具有最近2年连续盈利、上一财务年度进口汽车金额超过7000万元或进口汽车数量超过150辆。广州对企业的维修、服务、零部件供应网点与设施等配套进行较为详细的规定，无法满足该条件和要求的企业，可以选择经认定的综合售后服务体系内的达到《汽车维修业开业条件》规定的具有二类资质以上的单位提供售后服务并提供相应的合作协议。同时，广州还特别强调在南沙自贸试验片区内注册具有汽车销售资质的全资子公司或控股公司，作为汽车平行进口试点经销商。按照试点企业准入条件，广州经过认真比较核对，并在征求工商管理、海关、检验检疫等部门意见后，认定广汽商贸等13家企业作为汽车平行进口试点的首批经销商（见表1）。同时，引入金融、保险、3C认证等服务机构，为试点业务的开展提供全面服务。

表1 广州南沙自贸试验片区汽车平行进口试点企业名单

序号	试点企业名称	南沙自贸试验片区注册企业名称
1	广州汽车集团商贸有限公司	广州汽车集团进出口贸易有限公司
2	广物汽贸股份有限公司	广东广物海通汽车贸易有限公司
3	广州南菱汽车股份有限公司	广东南菱淘车汽车有限公司
4	广东鸿粤汽车销售集团有限公司	广东晨立汽车贸易有限公司
5	广东庆丰汽车集团有限公司	广州庆骏汽车商贸有限公司
6	大连金港联合汽车国际贸易有限公司	广州金港汽车国际贸易有限公司
7	广州缘喜商贸有限公司	广州缘喜商贸有限公司
8	广州市乘通用汽车贸易有限公司	广州市乘通用汽车贸易有限公司
9	广州龙粤行汽车发展有限公司	广东龙粤行汽车进出口贸易有限公司
10	广东俊诚汽车集团股份有限公司	广州市征驰进出口贸易有限公司
11	利泰集团有限公司	广州市润辉汽车贸易有限公司
12	广东新协力集团有限公司	广州市顺销汽车贸易有限公司
13	深圳大兴雷克萨斯汽车销售服务有限公司	广州广爵汽车销售服务有限公司

(三)建设售后服务体系网络

平行进口汽车区别于传统进口汽车的地方就是售后服务体系的差异,因此要推动广州平行进口汽车业务的发展,必须建立较为完善的售后服务体系。为此,广州市政府委托广州汽车服务业协会组织认定了二级以上的汽车维修厂或网点60家,推荐试点企业开展售后服务合作,打造网络化的售后服务体系。此外,其还明确了试点企业及其在自贸试验区内注册的汽车经销商履行质量保障、产品召回等相关责任,鼓励引入保险机制,部分保险机构已制定面向平行进口汽车的相应的质保责任险。

(四)加强试点企业监督管理

一是建立试点企业退出机制,强化监督管理机制。二是开发建设平行进口汽车信息化管理平台,该平台包括试点企业信息、政策信息、车辆信息、维修网络信息、业务查询等功能模块。三是制定平行进口试点企业、维修企业管理办法,出台规范试点企业和维修企业的服务办法,建立售后服务投诉解决机制。四是构建零部件全球采购渠道，引进国外零部件零售供应商，建立全球采购渠道，开展集中采购，建立国内外零部件供应商合作渠道。

（五）打造良好的进口口岸环境

南沙自贸试验片区在改善汽车平行进口口岸环境上做出了一系列努力。一是海关、检验检疫等口岸联检单位配合紧密，简化通关、检验流程，出台便捷通关措施，提高通关整车进口通关效率。海关针对汽车通关制定了"提前申报、快捷审价"、减免滞报金、舱单分拨等便捷措施，提高通关效率；检验检疫部门对平行进口汽车检验监管工作实施"入区报备、出区检验、后续监管"的管理原则，并依托"智检口岸"开发平行进口汽车的质量溯源管理平台，实现对经南沙口岸进口汽车的跟踪追溯，并提供公众进行查询。二是港口出台减免堆存费、装卸费等优惠措施提高港口竞争力。三是加快公共设施配套，南沙沙仔岛汽车码头平行进口汽车销售店将建成，南沙汽车码头多层立体仓库即将完工投入使用。四是加强与香港汽车行业联系，积极扩大平行进口汽车车源渠道。

二 广州汽车平行进口试点工作存在问题

广州汽车平行进口试点工作虽然取得了一定成绩，但作为一项在自贸实验区内的全新试点业务，也存在一些不容忽视的困难和问题，主要体现在以下几个方面。

一是竞争压力较大。广东区域汽车进口口岸有4个，分别是东莞新沙、广州南沙、深圳皇岗、大铲湾，周边省份有福建江阴、广西钦州等口岸在大力推动汽车进口业务，对进口业务的分流比较严重，竞争比较激烈。相对于成熟的整车进口口岸，南沙汽车口岸港口后方配套设施滞后，汽车仓储设施、检测设施、展销平台、改装车间等方面的产业配套设施存在不足；财政扶持力度也有很大差距，周边福建江阴、宝安均出台了财政扶持政策，南沙汽车口岸目前还没有出台系统的财政扶持政策，这在一定程度上降低了对企业的吸引力。

二是流通流程存在障碍。如在平行进口汽车"小3C"认证方面，按照国家法律规定，境外汽车生产企业在将车型引入中国市场之前，必须先在国内备案，并进行碰撞试验，碰撞合格后才能在中国质量认证中心申请该产品的国家强制性产品认证证书。目前企业的做法是在国外找一家改装厂注册成新品牌，然后进行授权并完成碰撞试验在内的3C认证，每个车型的认证费用100多万元，这对于平行进口企业是一个障碍。由于目前平行进口汽车采取"小3C"的方式，在认证书上所列的是进口商申报的改装车辆（品牌）的信息，有可能与关单、商检单上的相关车辆信息（原厂车辆信息）不一致，或部分环保数据没有被录入环保网，在地方存在上牌难的问题。

三是"三包、召回"保障彻底落实存在困难。平行进口汽车是经销商从欧美、中东等地采购再进口中国销售，目前中国品牌商对这种渠道的车辆并不承担"三包"和"召回"，虽然《试点通知》要求试点企业是责任单位，但他们履行"三包"的成本很大，"召回"保障难度也很大，目前部分是通过签订免责协议来解决，即顾客自愿放弃"三包"保障。虽然保险公司制定了质量保险，但由于销售成本的增加，目前部分企业还是采取由顾客自愿购买的方式。

四是汽车平行进口产业链上的服务要素配套不足。在企业融资、银行授信、检测服务、合规性整改等方面的产业链上的服务能力需要进一步提高，供应商仍需要进一步集聚。

五是车企和4S店的联合施压成为汽车平行进口面临的新难题。从以往的经验来看，由于省去了总经销商、大区经销商、4S店等诸多环节，且可不受厂商限制自由定价，平行进口汽车一般情况下要比中规车价格低10%～20%。汽车平行进口合法化以后，发展速度越来越快，数量和规模越来越大，这就在一定程度上触犯了传统的"中规"进口途径的利益，汽车制造商和品牌商将联合采取提升汽车排量、控制当地汽车销售总量、限制当地经销商向平行进口经销商销售车辆或加速实现在中国本地化生产等手段对汽车平行进口施压。这些问题有些是汽车平行进口面临的共性问题，有些则是广

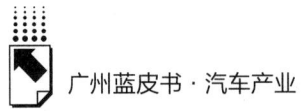

州在试点中遇到的特殊问题,都对广州汽车平行进口试点工作带来了困难和挑战,需要在今后的工作中得到重视和解决。

三 广州2016年汽车平行进口发展形势和对策

尽管目前广州汽车平行进口还面临许多困难和挑战,但作为一种汽车进口的新途径,上有国家政策支持,下有各级政府的坚定支持和积极推进,再加上巨大的市场需求,汽车平行进口有着广阔的发展空间。据统计,2015年我国平行进口汽车量约为20万辆,同比增长近1倍,约占我国汽车进口总量的10%。2020年,平行进口汽车数量有望达到40万辆,占我国汽车进口总量的20%以上。目前,平行进口汽车主要进口口岸为天津和大连,两口岸占全国平行进口市场份额的80%~90%,而且其中50%以上销往南方市场。广州作为华南地区的汽车平行进口试点口城市之一,直面华南市场,即使算上同为试点城市的深圳,市场空间也超乎想象,估计2016年广州平行进口汽车将突破10000辆大关。要实现这一目标,广州就要围绕完善汽车进口产业链、提升南沙汽车进口口岸竞争力、加快打造汽车出海大通道的任务,重点从政策创新、财政扶持、构建产业链系列功能平台、建设汽车服务集聚区、强化汽车进口业务招商宣传、深化与国内成熟汽车口岸和试点城市的合作等方面开展工作。

(一)大胆开展政策创新

目前,刚刚"转正"的平行进口车业务还没有真正走出灰色地带。虽然从国家层面为汽车平行进口松绑,但是制约汽车平行进口发展的最大障碍仍然是政策和机制。长期困扰平行进口汽车在国内市场的发展的三大难题,即上牌困难、维修保养困难、享受汽车"三包"难等仍需要通过政策创新来加以解决。建议南沙自贸试验片区充分利用国家赋予自贸试验区开展体制机制创新的机遇,围绕打通平行进口汽车流通的全流程,加强各级职能部门的沟通,逐步推动平行进口汽车在"3C"认证、车辆上牌和售后保障等方面管理的创新,解决大多数消费者望而却步的三大难题,为平行进口汽车赢得消费者信赖,进而为广州抢占国内汽车消费市场奠定基础。

(二)加大财政扶持力度

财政扶持是推进汽车平行进口加快发展的通用做法。建议在现有扶持政策的基础上,市、区两级可以参照其他成熟汽车进口口岸的做法,进一步加大财政扶持的力度,安排一定的专项扶持资金,从汽车进口数量、航线补贴、租赁仓库、"3C认证"、建设展贸平台、举办车展、支持供应链管理平台等方面给予扶持,扶持的内容应涵盖推动整车进口业务发展的关键要素,扶持力度相对珠三角周边口岸出台的政策保持足够的竞争力。可参照普遍的做法,对注册地在南沙,经南沙进口的车辆给予1000元/辆以上的扶持,甚至可以考虑在南沙汽车口岸开拓业务初期,对非注册在广州地区中规车进口业务进行适当扶持,以增强对中规车进口业务的招商力度。

(三)构建产业链系列功能平台

广州可以通过打造功能平台,完善汽车平行进口产业链。一是打造平行进口汽车展贸服务平台。由广爵汽车贸易公司利用南沙汽车码头多层仓首层打造1.4万平方米的平行进口汽车展贸平台,参照天津保税港区汽车展销中心的模式建立平行进口汽车的批发、零售平台和维修中心,争取尽快完成装修投入营业,为汽车平行进口提供支撑。二是打造进口汽车保税物流平台。协助南沙汽车码头利用汽车多层仓,完善监管设施,向广州海关申请设立进口汽车保税仓,争取尽快完成验收并投入使用,结合保税仓利用DIT国际延迟中转等监管模式实现对进口汽车保税功能。三是打造结合平行进口汽车的合规性整改中心。2015年12月28日,国家认监委出台《关于自贸区平行进口汽车CCC认证改革试点措施的公告》(认监委〔2015〕38号),允许试点企业在自贸区内设立汽车整改场所,改变以往整改场所(境外汽车进入国内市场需进行部分整改,如车灯、标识、仪表盘等)需在境外设立,监管部门需要到境外进行认证的方式,有效减少了认证的成本。南沙区要联合检验检疫部门协助有关企业，制定相关标准，争取在建设合规性整改中心方面进行先行先试。四是打造汽车金融服务平台。利用自贸试验区相关金融政策，组织区内的银行、基金研究出台针对汽车进口的金融服务产品，引进一批有经验和有实力的汽车融资企业，为平行进口企业解决在融资、信用证、付汇、关税保函等方面的金融需求。

（四）加快建设汽车服务业集聚区

汽车服务业集聚区有利于集聚产业高端要素、推动产业高端发展，南沙近年来在建设汽车服务业集聚区上已经迈出了坚实步伐，将成为提升汽车平行进口发展水平的优势条件。建议南沙重点做好海嘉码头、近洋国际汽车服务产业园、广汽商贸汽车产业园的用地报批和土地出让工作，推动项目在年内动工建设，力争在2017年建成一批码头、仓储、展贸、维修、商务办公等硬件设施，形成超过70万平方米的汽车综合服务聚集区，集聚一批与进口汽车关联的物流、代理、金融、检测服务等企业。

（五）强化汽车进口业务招商宣传

招商入驻是汽车平行进口发展的关键。从上海、天津、深圳的试点经验来看，招商入驻进展情况直接影响试点工作的成效。建议广州要进一步加大招商宣传的力度，特别是要利用区位优势，加强对香港汽车经销商的招商工作，拓展平行进口汽车的车源，同时积极开展对中规车重点客户的拜访和招商洽谈，争取年内开展中规车进口业务。加强汽车进口业务的招商宣传，结合扶持政策的出台举办政策宣讲会，结合展贸平台、保税物流平台和整改中心的建设举办汽车平行进口论坛，举办南沙汽车展，让消费者对平行进口市场的关注度持续升温。

（六）深化与国内成熟汽车口岸和试点城市的合作

天津、大连等作为传统的平行进口汽车口岸，具有成熟的平台载体公司和成熟的操作流程，在国内平行进口汽车市场中占有绝对的份额。同为汽车平行进口试点的上海、深圳、天津三地，在试点企业认定条件、操作流程等方面不太一样，试点业务发展情况也有很大差别。建议广州加大与成熟汽车口岸和汽车平行进口试点城市的交流与合作，学习借鉴其先进的经验和做法，吸取它们在推进汽车平行进口过程中的教训，形成区域互动优势，在共同开拓平行进口汽车市场中实现互利共赢。

参考文献

郑建军：《平行进口汽车行业现状及发展前景研究》，《上海商业》2015年第7期。

杨颖：《平行进口汽车发展概况及对天津港的相关建议》，《港口经济》2015年第10期。

杨再高等：《广州汽车产业发展报告（2015）》，社会科学文献出版社，2015。

专题篇
Special Reports

B.7 新常态下广州汽车产业发展若干思路探讨

葛志专[*]

摘 要: 全球经济与国内经济都进入新常态阶段,但表现截然不同。广州汽车产业发展动力和挑战并存,要抓住"一带一路"、自贸试验区、新型城镇化等机遇,做强主要汽车集团,实施创新驱动战略,奋力开拓国际、国内两大市场,并在要素流动政策等方面予以突破。

关键词: 新常态 广州 汽车产业

一 引言

2008年国际金融危机以来,全球经济持续疲软,主要经济体都进入深

---

[*] 葛志专,广州市社会科学院区域经济研究所,助理研究员。

入结构调整阶段，受其拖累效应影响及多年来自身经济累积因素，我国经济增长的阶段性转换时期加速到来，虽然战略发展机遇期依然还在，但更多表现为"倒逼"的转型压力，支撑我国经济发展的外在、内在环境和条件都出现了新变化，经济发展呈现增长速度换挡期、结构调整阵痛期和前期刺激政策消化期"三期叠加"的阶段性特征。与此同时，潜在增长率下降，人口"红利"下降，资源环境压力加大，储蓄率和投资率下降，劳动力从农业部门向非农部门转移放缓，要素成本上升，倒逼经济结构优化升级、转向创新驱动发展。由此，我国经济发展必然进入以增速变化、结构优化、动力转换、风险多变为主要特征的新常态阶段。与之相对应，汽车产业作为广州以及国内多个大中城市的支柱产业，也表现出显著的新常态特征。

二 新常态下我国汽车产业发展主要表现

（一）汽车产业发展进入新常态

2008年国际金融危机引发的经济结构扭曲至今仍在蔓延，再加上为了解决危机所带来的损失，各国出台的一系列刺激经济的政策也出现一定的副作用，这给世界经济复苏增添了很大阻力，全球经济进入了新常态。受国际经济环境影响以及我国内部经济多年高速增长积累带来的问题，我国也进入增长速度换挡期、结构调整阵痛期、前期刺激政策消化期"三期叠加"的转型发展阶段，经济增速进入中高速增长、结构性减速阶段。汽车工业作为国民经济的重要产业之一，行业发展同样进入新常态。汽车销量在2010年之后已经明显放慢速度，维持在10%以下。汽车工业增加值占GDP的比重始终未能突破2%，且汽车工业在维持了数十年的高速增长后，整体增速均高于国民经济增速的局面已经不复存在（见表1）。

表1 我国经济增速、汽车工业增加值及汽车销量情况

指标	2008年	2009年	2010年	2011年	2012年	2013年	2014年	2015年
GDP(A)(亿元)	300670	340507	397983	458217	519322	519470	636463	676708
汽车工业增加值(B)(亿元)	4101.1	5378.7	6759.7	7451.7	7940.4	8606.2	9621.7	10266.4
B/A(%)	1.36	1.58	1.70	1.63	1.53	1.66	1.51	1.52
汽车销量(万辆)	938.1	1364.5	1806.5	1850.5	1930.6	2198.4	2349.2	2459.76
增速(%)	6.7	45.5	32.4	2.5	4.3	13.9	6.9	4.7

注:表中汽车工业增加值为汽车、改装汽车、摩托车、车用发动机、汽车摩托车配件合计值。

(二)国际市场对我国的汽车需求进入新常态

在全球市场中,我国并非汽车国际贸易主要国家,汽车进出口业务规模相对较小。在新的全球经济周期中,世界经济复苏形势仍不明朗,汽车出口形势严峻。根据中国汽车工业协会的统计,2015年,我国汽车累计出口75.6万辆,比上年下降20.3%,这是继2013年以来的连续第三年下降(见表2)。在进口方面,自2008年以来,汽车进口增速开始超越出口增速,中国成为拉动世界经济增长和汽车消费的主要市场,汽车进口与出口的分化趋势越来越大,持续呈现汽车贸易逆差格局。

表2 我国汽车整车进出口数量及增速

年份	2006	2007	2008	2009	2010	2011	2012	2013	2014	2015
进口(万辆)	22.6	31.4	41.0	42.1	81.3	103.9	113.2	119.5	142	110.19
出口(万辆)	34.3	61.2	68.1	37.0	56.7	85.0	101.6	94.9	90.0	75.6
进口增速(%)	41	38	30	3	93	28	9	6	19.3	-22.7
出口增速(%)	99	78	11	-46	53	50	20	-7	-2.7	-20.3

资料来源:国家海关总署。自从2009年以来,我国汽车进口规模逐年扩大,出口规模持续减少,二者分化趋势加重,在国际市场的竞争中,我国汽车产业及产品优势微弱。

（三）生态建设要求倒逼汽车产业传统模式加速转型升级发展

推动生态文明建设，发展绿色经济已经成为全球共同关注的核心焦点，这也进一步推动了传统生产模式的全球汽车产业进入环保新常态。西方发达国家和经济体积极制定和实施促进绿色经济的政策措施，我国也鲜明地将推进生态文明建设作为"五位一体"总布局的战略之一。全球可持续发展已经快速进入以绿色经济为主驱动力的新阶段，建设生态文明是我国立足当前、面向未来的重大战略决策，也将是一个长期而艰巨的历史过程。在推进生态文明建设的过程中，汽车尾气污染是被认为是环境污染的主要因素之一，防治汽车尾气污染已经成为刻不容缓的全球性问题。然而我国人均收入与发达国家还有很大差距，我国汽车的人均拥有量也显著低于世界平均水平，汽车社会还在加速形成中，对汽车的需求还有巨大的刚性空间。与此同时，目前我国环保压力和交通压力已经很大，空气污染、交通拥堵成为城市运行的常态，部分大城市已经限购、限行多年。这一形势倒逼我们要大幅减少私家车数量，优先发展公交，提倡绿色交通，加速发展、普及环保型汽车，减少对石化燃料的依赖，需要在科技创新、节能减排等方面形成新的汽车生产方式。可以看到，生态文明建设客观要求传统的汽车产业加速转型发展，有可能在一定程度上和中短期内迫使汽车产业进入缓慢发展的新常态。

（四）我国车企突破全球既有垄断竞争固化格局困难重重

汽车产业是产业链长、价值链广、资本密集、技术密集行业，欧美的成功车企大多经过了百年以上的发展，相对而言，我国汽车企业在全球车企中起步相对较晚。迄今，在全球竞争中，欧美日等发达国家的车企已经垄断全球汽车市场，呈现典型的垄断竞争格局，与其相比，我国汽车企业的竞争力依然十分脆弱，在技术研发、市场开拓、产业链的全球构建等多个方面都还有较大差距。在世界品牌实验室发布的 2014 年《世界品牌 500 强》中，我国国内汽车品牌尚未有一家上榜。即使在国内，实践也证明，以市场换技术的策略并没有使我国汽车企业掌握汽车研发的核心技术，合资企业生产的汽车占领了绝大多数汽车整车和零部件市场，近年来众多合资品牌不断扩大产能的现象恰好反映了自主品牌汽车的低竞争力。我国汽车市场已经是大众等主导车企的全球最大市场，2015年，丰田、大众等8家外资汽车车企在我国销量达到1356万辆，丰田销量占其全球销量的11.2%，大众销量占其全球销量高达35.73%，本田的这一比重也高达24.64%（见表3）。在细分车型中，合资车企势头强劲，占据了乘用车销量排行榜的绝大多数席位。相比之下，自主品牌车企虽然整体销量占全国总销量的比重达到历史新纪录41.32%，占有率比上年提升了2.86个百分点，共销售873.76万辆乘用车，但是总体销售额、细分车型单价等都还远逊于合资车企。自主车企的技术研发、产品成熟程度、服务体系等都与合资车企存在不小差距。无论是在国际还是国内，自主车企想要跻身全球前列，还需要多年的努力。

表3　2015年世界主要汽车集团汽车销量对比

品牌	销量（万辆）	增速（%）
丰田汽车	1007.33	1.2
大众汽车	993.75	-0.7
雷诺－日产	805.98	0.1
现代起亚	799.29	1.5
通用汽车	792.39	-1.7
福特汽车	621.72	4.4
菲亚特－克莱斯勒	477.07	0.8
本田汽车	467.31	4.6
标致－雪铁龙	326.52	2.5
铃木汽车	279.46	-1.8

资料来源：车主之家，http://news.16888.com/a/2016/0224/3117133.html。

总体而言，新常态意味着我国经济发展将告别过去传统粗放的高投入、高消耗、高污染、低效益的高速增长阶段，进入高效率、低成本、高质量、低排放、可持续的中高速增长阶段，这与全球其他地方的疲弱漫长的"新常态"特点明显不同。与此同时，结构层级低、产业素质低、产品档次低、产业模式落后的"旧常态"一直是导致我国汽车产业"大而无话语权、大而无品牌"的根源所在。如何促使我国汽车产业从全球汽车产业链、价值链、技术链的低端和底部，迈向中高端和顶部，积极进入新常态已经是建设汽车强国的重大命题，每一个富有实力的、具有远大目标的车企都应将其作为必然的使命。

三　新常态下广州汽车产业发展主要表现

21世纪以来，我国人均收入快速提高，汽车消费支出、人均汽车拥有量等快速提升。虽然目前与欧美等发达国家相比还有一定差距，但是后发优势和市场空间巨大，而且在"一带一路"、新型城镇化、"工业制造2025"等重大国家战略的支持下，汽车产业发展潜力强大，广州作为国家中心城市和国家诸多战略布局的核心城市、枢纽城市、先行城市，经过近20年来的快速发展，其汽车工业体系、服务体系都有了快速成长，汽车产业作为广州全市支柱产业之一，面临着良好的内外发展机遇。2015年，广州汽车制造业持续回暖，汽车制造业工业总产值为3776.79亿元，年均增长6.0%。汽车产、销分别增长12.0%、14.9%，分别高于全国汽车产、销增速8.7个和10.2个百分点。当然，不容忽视的是，其还面临国内外的激烈竞争、汽车产业创新能力有限、城市地域发展空间有限等挑战。总体来看，广州汽车产业发展的机遇大于挑战，能够继续保持快速稳定发展，其仍将是推动广州经济增长和就业、促进先进制造业体系转型升级的重要动力。

（一）主要动力

1. 我国汽车社会加速到来，汽车市场需求巨大

20世纪90年代以来，我国居民人均收入水平快速提高，特别是北京、上海、广州、深圳等70多个大城市、中心城市的人口收入显著增加，部分城市已经达到了中等发达国家水平，这直接引发了汽车消费等高消费需求的"井喷式"增长，汽车人均保有量逐年快速增加。但与欧美等发达国家相比，我国区域发展不均衡，人均收入有较大差距，尚未改变世界最大的发展中国家的基本国情，汽车消费有效需求尚未覆盖大部分人口，特别是广大农村地区、中西部地区、山区、偏远地区的中低收入人群。未来，我国仍将保持在高基数条件下的中高速增长，逐步缩小与发达国家的差距。据公安部交管局统计，截至2015年底，全国机动车保有量达2.79亿辆，全国平均每百户家庭拥有31辆私家车（以个人名义登记的小型载客汽车）。随着我国经济社会持续快速发展，群众购车的刚性需求越来越旺盛，汽车保有量将继续快速增长。广州汽车企业需要充分抓住这一机遇和广阔的市场空间，努力扩大市场份额。

2."一带一路"为广州汽车产业"走出去"及"引进来"创造了新机遇

"一带一路"战略的实施深刻地促进了我国与沿线60多个国家和地区的经贸、文化等的全方位交流，为中国企业"走出去"创造良机，也为所有沿线国家的优势互补、开放发展创造新的机遇。国内、国际两个市场对每家车企都很重要。东南亚、南亚、西亚、中东甚至东欧地区的汽车工业还是欠发达的。截至2014年底，国家国资委监管的110余家央企中已有107家在境外设立了8515家分支机构，分布在全球150多个国家和地区，其中80多家央企已在"一带一路"沿线国家设立分支机构。[①] 广州是"一带一路"的核心城市，拥有自贸区政策、汽车平行进口等开放优势，且在沿线的东南亚、非洲等区域有长期投资的历史和相近的文化渊源，汽车产业要抓住"一带一路"战略推进的重大机遇，贸易先行，充分研究和论证当地的市场需求和消费特点，做好空间布局、市场布局。加强与欧洲知名车企合作，创新合作模式，开辟中东欧市场，引进先进技术，对有可能的企业或分支机构进行并购。

3.新技术新模式的广泛应用助推广州汽车产业转型升级

以新一代信息技术为代表的新一轮工业革命正在加速到来，智能制造、新材料、新能源等战略新兴产业快速发展，这将带动汽车产业传统生产模式、技术方式的加速变革，不远的将来，智能汽车、汽车生产定制化、个性

---

① 数据来源：新华网，http://news.xinhuanet.com/fortune/2015-07/14/c_1115923647.htm。

化将成为可能，汽车产业将与其他产业深度融合。当前，新能源汽车产业已经成为全球产业竞争的主要领域之一，新能源汽车已经在多个国家投入生产和上市，我国已经是新能源汽车的生产和销售大国。广州的汽车企业努力调整产品结构，加快技术研发，已形成了新能源整车、动力电池及其管理系统、电控系统等在内的完整的产业链，在新能源汽车领域争取突破。广州及珠三角地区是我国先进装备制造、电子信息技术、大数据、智能化设备等汽车产业链高端环节的主要集聚区域，在汽车电子化、智能化设备等领域已经有良好基础，这为广州汽车产业整合先进技术资源提供了良好条件，有利于车企的加速转型升级。

4. 持续强力的政策支持保障广州汽车产业的快速发展

我国正紧抓新一轮工业革命机遇，大力推动"中国制造2025"、"互联网+"等新兴产业发展战略，继续将汽车产业作为国民经济的重要支柱产业，特别是继续大力支持新能源汽车产业发展，为推动建设世界汽车强国，在新能源汽车电池研发、汽车电子以及汽车消费环节等领域给予政策优惠，把节能与新能源汽车作为十大重点领域之一，鼓励智能汽车等智能终端产品不断拓展制造业新领域。加快汽车行业生产设备的智能化改造，提高精准制造、敏捷制造能力。在信息化与工业化融合、"互联网+"等变革的积极推动下，基于自身关联度高、带动性强、涉及产业链广的产业特点以及发展和产业优化空间较大的优势，我国汽车产业将继续保持平衡发展。同时，为促进汽车服务业的转型升级发展，广州市政府出台了《关于加快发展广州市汽车服务业工作方案》，引导汽车服务业集聚发展，做大做强汽车服务业，并且提出到2016年汽车服务业销售收入达到5500亿元的目标，使广州成为我国汽车服务业的领头羊和风向标。

（二）主要问题

1. 国内外汽车产业竞争激烈

在国内市场，全球主要汽车企业均已在我国生产或销售汽车，并且在乘用车领域占据明显的主导优势。由于外资车企在企业实力、创新技术、产品质量、市场开拓等方面的领先优势，国内自主车企主要依靠中低端产品占据市场，竞争优势弱、利润空间小、话语权弱。作为广州龙头车企的广汽集团，其自主品牌并无明显优势，产品品牌少、销量有限、市场同类同质产品多。从表4可以看出，2015年汽车销量排名前10位的企业集团主要为合资车企，而广汽集团中销量好的也主要是合资品牌。

表4　2015年广汽集团与国内汽车厂商销量对比

排名	企业	销量（万辆）	排名	企业	销量（万辆）
1	上海大众	180.56	9	长城汽车	75.32
2	上汽通用五菱	179.76	10	神龙汽车	71.07
3	上汽通用	172.50	13	广汽本田	58.01
4	一汽大众	165.02	18	广汽丰田	40.31
5	长安汽车	111.33	27	广汽传祺	19.01
6	北京现代	106.28	44	广汽三菱	5.63
7	东风日产	102.61	47	广汽菲克	3.95
8	长安福特	86.87			

资料来源：全国乘用车市场信息联席会，http://www.cpca1.org/index.asp。

在国际市场上，根据中国汽车工业协会统计数据，2015年，全国共出口整车75.55万辆，同比下降了20.25%，降幅比2014年扩大了20.17个百分点，这也是2012年以来出口突破百万辆后连续第3年大幅度下降，出口总额达到124.37亿美元，同比下降9.92%。相比国内市场，中国汽车出口总量仅仅是总销量的3%。就广州而言，在乘用车出口方面，广州车企出口总量尚不足1万辆，还未进入国内出口车企前10名，前10名企业中比亚迪的出口量最少，只有1.3万辆，且出口地区和国家主要以发展中国家、不发达国家为主，主要包括智利、科威特、尼日利亚、巴拉圭、卡塔尔、伊朗、黎巴嫩、阿联酋、朝鲜等，极少面向欧美等传统意义上的汽车大国。

2. 新技术新产品新模式的创新能力有限

目前，广州汽车的技术研发和创新能力还比较落后，自主品牌主要依靠购置国外技术，技术对外依存度较高，发动机、变速箱、底盘等关键零部件及配套企业的自主创新能力和核心技术竞争力较弱,广汽研究院等专业汽车研发机构较少且专业研发人才紧缺,汽车产业工人主要为工厂生产线、组装线一线从业者。主要自主品牌汽车企业在品牌品质、技术创新、营销管理、企业文化、人力资源管理等多个方面与国际强势品牌相比还有不小差距。在新产品开发方面,目前广州的自主品牌屈指可数,仅有广汽传祺。在新能源汽车领域,国内比亚迪、北汽等车企已有整车上市,特别是比亚迪已经形成研发产销的完整产业链,在全球具有一定的影响力。迄今,仅广汽集团刚成立了新能源汽车分公司,产业链的系统集成能力还较弱,且产品品质尚未得到市场较强认可。在发展模式方面,广州合资品牌均为日系车企,广州三大日系车企广汽本田、广汽丰田和东风日产产销量占全市产销量的92%以上,品牌地域性过于集中,受政治风波影响的风险较大,从而对广州国民经济的影响也较大。合资车企主要以生产制造为主,第三产业尤其是汽车金融、汽车保险、融资租赁等服务业发展还不成熟,还需要在品牌多元化和产业链高端环节优化等方面加大力度。

3. 主要汽车集团竞争力依然相对薄弱

目前,广州主要的汽车制造企业中仅广汽集团已经进入世界500强行列。但与其他进入世界500强的国内外车企相比,广汽集团的整体实力仍然较为薄弱,在2015年财富世界500强排名中位居362位(比2014年上升4位),在分行业榜整车与零部件企业中,全球共47家企业入围,广汽集团位列第27位,实现营业额33237.4百万美元,相当于大众公司的1/8、丰田公司的1/7.5、上海汽车集团的1/3、一汽集团的1/2.4(见表5)。

表5 世界500强汽车整车及零部件生产部分企业排名

2015年排名	2014年排名	公司名称	营业收入(百万美元)	国家
8	8	大众公司	268566.6	德国
9	9	丰田汽车公司	247702.9	日本
21	21	通用汽车公司	155929	美国
59	61	日产汽车	103459.6	日本
60	85	上海汽车集团股份有限公司	102248.6	中国

续表

2015年排名	2014年排名	公司名称	营业收入（百万美元）	国家
99	100	现代汽车	84771.7	韩国
107	111	中国第一汽车集团公司	80194.5	中国
109	113	东风汽车集团	78978.6	中国
207	248	北京汽车集团	50566	中国
242	246	起亚汽车	44730.7	韩国
254	287	印度塔塔汽车公司	42975.4	印度
268	258	沃尔沃集团	41230.1	瑞典
362	366	广州汽车工业集团	33237.4	中国
429	449	马自达汽车株式会社	27593.9	日本
477	466	浙江吉利控股集团	24986.4	中国

资料来源：财富中文网，http://www.fortunechina.com/。

广汽集团的增长点主要来自日系丰田、本田合资品牌，从表6可以看出，2015年，广汽丰田、广汽本田产量合计达到963880辆，占集团汽车产量的75.66%；同样，这两个合资品牌销量达到983156辆，占集团汽车销量的79.34%。而自主品牌产销量分别仅占集团产销量的14.8%、15.0%，且价格低廉、利润较薄。

表6 2015年广州汽车集团股份有限公司主要投资企业产销情况

企业	产量（辆）	同比增幅（%）	销量（辆）	同比增幅（%）
广汽本田汽车有限公司	560372	9.59	580068	20.83
广汽丰田汽车有限公司	403508	6.27	403088	7.75
广州汽车集团乘用车有限公司	188851	36.92	134716	44.85
广汽菲亚特克莱斯勒汽车有限公司	40056	-42.02	39488	-42.01
广汽三菱汽车有限公司	56366	-15.52	56317	-10.89
广汽吉奥汽车有限公司	9909	-63.48	11438	-55.43
本田汽车（中国）有限公司	12394	-45.83	12182	-46.30
广汽日野汽车有限公司	2241	-25.20	1666	-44.61
广州汽车集团客车有限公司	208	-72.81	279	-64.37

同时，从国内重要汽车集团的"十三五"期间发展目标也可以看出，广汽集团的整体实力与其他汽车集团相比还是有不小差距，产能规模偏小。

表7　国内主要汽车集团"十三五"期间发展目标对比

上汽集团：自主品牌的销量提至100万辆，新能源销量达60万辆。到2017年底，上汽集团将推出13款自主品牌新车，集团整车销量将达到700万辆，合并销售收入将达到7000亿元。在"十三五"期间，上汽集团计划实现整车出口占总销量的20%～30%。
东风集团：到2020年，东风自主品牌销量约300万辆。在品牌发展上，立志成为乘用车国内一流、商用车国际一流的企业，市场份额达到18%，海外销量将达到东风集团整体销量的15%。
一汽集团：到2020年，整体销量将超过400万辆，自主品牌突破200万辆，共投放18款自主产品；力争2020年新能源汽车占据全国15%的市场份额。
长安集团：在2017年，合资和自主品牌年销量达到350万辆，其中自主品牌要占到180万辆。到2020年的目标销量为450万辆，其中自主品牌达到230万辆。
北汽集团：到2020年，围绕北汽集团旗下三大品牌模块实现市场突破：北汽自主品牌力争跻身国内自主品牌乘用车市场前三名；北京奔驰争取位列国内豪华车市场第一位；北京现代力保国内乘用车市场前四。
广汽集团：力争"十三五"期末完成汽车产销量达240万辆，年复合增长率约12%，营业收入超4000亿元，利税总额超500亿元。

资料来源：搜狐网，http://mt.sohu.com/20160127/n436051657.shtml。

4. 汽车制造业市域发展空间有限

从市域土地空间看，广州已经很难有足够的土地空间用以大规模发展汽车整车制造及零部件制造业。根据2016年2月国务院批复的《广州市城市总体规划（2011～2020年）》，到2020年，广州市域常住人口控制在1800万人以内，市域建设用地控制在1772平方公里以内，其中城镇建设用地控制在1559平方公里以内。据统计，1990～2011年，广州建设用地面积从408.27平方公里增加到1682.46平方公里，平均每年增加60.67平方公里，这意味着到2020年，其还可新增建设用地89.54平方公里，仅相当于以往一年多的开发建设量。主要整车汽车企业所在地的周边区域几乎没有剩余土地可用以完成新产业环节的投资建设。例如位于番禺区的广汽乘用车公司、位于花都区的汽车城周边都已经几乎无建设用地。

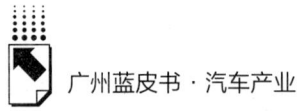

四 新常态下广州汽车产业振兴发展基本思路

(一)壮大主要汽车集团,打造有国际竞争力的汽车产业链

在很长一段时间内,汽车产业具有拉动广州国民经济发展的责任和任务,汽车产业是广州国民经济的支柱产业,《广州制造2025战略规划》已经明确要重点发展节能与新能源汽车产业,围绕现有的番禺、花都、南沙、增城、从化等板块,到2020年,实现自主品牌汽车总产值超过3800亿元,到2025年,新能源汽车年产量100万辆,实现总产值达到6500亿元。企业是实现这一宏伟目标的具体主体,打造具有全球竞争力的主要汽车集团是广州汽车产业持续发展的核心。

一方面,这要求主要汽车企业能够抓住新一轮工业革命的浪潮,围绕广州打造全国重要的高端装备制造业创新基地的定位,全面升级转型和革新当前的汽车产业生产方式、管理模式、发展理念,打造全新的、与信息化和智能化时代相匹配的汽车产业链,运用广州电子信息良好的产业基础,促进与汽车产业的双支柱产业融合共进发展,优化汽车产业链的各环节布局。同时,要大力培育汽车行业"专、精、特、新"的"小巨人"企业和产业链配套企业,促进主要的汽车企业建设数字化车间和智能工厂。

另一方面,在当前传统的汽车流水线生产模式尚未改进的条件下,企业依然需要逐步升级,保障主要汽车企业的可持续发展,例如要确保一定比例的土地指标用于汽车制造业项目、研发创新类项目等,形成边生产、边升级、边改造、边创新的循环渐进发展路径,而非"休克式"的放弃市场需求的跨越式超前发展,这可以降低创新风险。

在合资品牌不断下探、部分本土品牌降价竞争的环境之下,广州主要汽车集团要打造独有的生产与运营方式,培育精益求精的工匠精神,提升产品品质、塑造产品品牌。需要大力发展自主品牌,促进自主品牌的多元化、高端化发展，不断创造出行业"标杆"产品，尽快赶上世界第一梯队的车企，使同类产品拥有较强的或不相上下的市场竞争力。

（二）推动创新驱动发展，提升研发创新能力

面对全球新一轮科技革命与产业变革的重大机遇和挑战，面对经济发展在新常态下的趋势，面对广州作为国家创新中心城市奋斗目标的任务和要求，创新是推动广州汽车产业发展的重要力量，必须加快实施创新驱动发展战略。

一是要加大企业研发投入，攻克关键技术环节。要以企业为主体，促进汽车企业加大研发投入，打造世界级车企，制定中长期研发创新计划，在产品技术、产品质量等关键领域取得重大突破，提升传统汽车与新能汽车、智能汽车的共性环节的研发能力，瞄准新能源汽车发展趋势，着力突破动力系统、信息化系统、中试和检测平台。同时，要促进企业在营销管理、品牌建设、文化融合、人力资源和运营管理等方面打造国际一流的品质和经营模式。

二是要改革发展，集聚全球汽车产业创新资源。一方面，要补齐人才梯队短板，注重培养、用好、吸引各类高端汽车产业人才，强化激励机制，对外籍人才、国际人才实行更具竞争力的人才吸引制度，如率先探索规范和放宽技术型人才取得外国人永久居留证的条件，探索建立技术移民制度。加强汽车企业与广州乃至全国范围的相关高校、专业院校形成技术人才联合培养和优先就业方式。另一方面，要发挥金融资本对汽车产业创新的助推作用，促进金融工具对新能源汽车、智能化设备、新一代电子信息企业等领域的创新型、成长型企业发展融资的支持。加快有潜力的汽车关联企业上市融资，扩大服务实体经济覆盖面，支持有实力的汽车关联企业开展国际融资、并购。支持符合条件的汽车企业发行企业债券，募资用于加大创新。

三是要加强汽车产业创新政策统筹。广州主要汽车集团以国有企业为主导，为了更好地发挥政府推进创新的作用，要完善国有企业创新驱动导向评价体系，健全国有企业技术创新经营业绩考核制度，加大技术创新在国有企业经营业绩考核中的比重，对国有企业研发的投入和产出进行分类

考核，把创新驱动发展成效纳入对国有车企领导干部的考核范围。同时，及时梳理和废止有违创新规律、阻碍新兴汽车产业环节发展的政策规定，广泛听取企业和社会公众意见，定期对政策落实情况进行跟踪分析并及时调整完善。

（三）借助"一带一路"战略，推进汽车产业国际化

一是主动加快市场对接，开辟更广阔的国际市场。围绕"一带一路"沿线60多个国家正处于成长发展阶段的基本情况，广州可以发挥国际航运航空枢纽的优势，以沿线国家和地区的港口城市为纽带，进一步拓宽营销网络，大力推动汽车产能合作，推动汽车产业优势环节加快"走出去"，深度挖掘发展中国家、新兴国家的潜在市场，努力扩大发达国家的销售网点，进军欧美等成熟市场。

二是大力开展招商引技，升级汽车产业链。沿"一带一路"国家和地区，以技术领先地区为导向，突出汽车产业链招商，在车型研发、新能源技术研发、电子信息技术、智能制造等环节重点招商，升级广州汽车产业链，同时，大力促进国际市场车型在广州生产研发，实现引进该国别汽车人才的广州本土化研发，形成"广州研发+广州制造+国际销售"路径。鼓励国际汽车研发企业、服务企业、金融投资企业前来自贸区南沙片区注册开展业务，促进其与广州车企合作开发国际市场。

三是发挥自贸区片区优势，促进汽车贸易规则对接，进一步开放贸易政策。要充分利用广东自贸区南沙片区在航运、贸易、金融等领域的优势，率先推动与"一带一路"沿线国家和地区的经贸规则对接，以南沙片区为中心，推动国际金融资本与广州汽车行业的跨境投融资，推进广州车企在国际销售市场的人民币结算。推动广州合资车企与本品牌的国际车型平行进口汽车的国际互认。

（四）借助新型城镇化，奋力拓展国内市场

新型城镇化是国内市场的最大潜在内需，而且目标市场与广州车企的产

品高度匹配。这是广州乃至全球车企都在奋力争取的市场，广州车企要抓紧布局，系统谋划。一是要加快渠道下沉，建立覆盖城乡的多级销售网络。广州车企主要布局在华南板块，急需多元化、多层次地扩大布局，强化自主战略，特别是要到中部地区市场空间还远未饱和的地方，将销售网络与产品后续服务延续下沉到更深的腹地区域。二是要加大产品开发力度，适应新型城镇化市场的广阔需求。随着新型城镇化的快速演变，中西部欠发达区域的交通基础设施、城市建设水平等都将快速升级，客流、货流将持续增加，对各类汽车产品的需求必将大幅增加。广州主要汽车企业已经拥有多类型的汽车细分市场产品，在乘用车、客车、货车、摩托车等领域有很好的产业基础，有必要抓住新型城镇化这一机遇，发挥既有优势，推出与新型城镇化更加适销对路的汽车产品。三是深化区域间产业合作与行业重组，增强对产业链控制力。目前，国内外汽车企业已经布局在中西部地区的市场，但广州车企在中西部地区的市场渠道有限，北京、上海、天津、重庆、长春等其他中心城市持续加大对汽车产业的扶持力度，广州更应时刻关注其他城市的政策安排，及时采取措施，与更多的企业进行产业合作，延伸产业链，或对整车企业、下游渠道等进行并购整合，优化全流程设计，扩大市场份额并提升效率。

参考文献

葛志专：《新型城镇化背景下广州汽车集团发展策略研究》，《广州汽车产业发展报告2014》。

白国强、巫细波等：《新常态下广州汽车产业发展形势分析与展望》，《广州汽车产业发展报告2015》。

国务院：《中共中央国务院关于深化体制机制改革加快实施创新驱动发展战略的若干意见》，中国政府网，2015年3月。

B.8
基于自主创新战略打造自主品牌竞争实力研究

欧阳惠芳 李新宇*

摘 要： 2015年，中国汽车市场产销低迷，同比实现微增，而中国品牌汽车取得了优异的市场表现，总销量同比增长超过15%，市场份额达到历史最高水平。广汽集团自主品牌传祺更是实现了同比超过63%的高速增长，总销量达到19万辆规模。本文基于自主创新战略的思考，从自主研发体系、自主知识产权体系、自主制造技术体系、自主品牌塑造能力等四个方面探究中国品牌汽车质量三连冠得主广汽传祺品牌的成功之道。

关键词： 自主创新战略 自主品牌 广汽传祺 竞争实力

中国汽车工业协会发布的数据显示，2015年中国的汽车销量为2459.76万辆，同比增长4.7%，其中乘用车销量达2114万辆，同比增长7.3%，而自主品牌乘用车市场表现优异，总销量达到873.76万辆，同比增长15.3%，市场份额攀升至41.32%，同比提升了近3个百分点，创造历史最高水平。广汽集团自主品牌传祺在2015年更是取得了累累硕果，传祺乘用车总销量突破19万辆，同比增长达63%，连续5年实现优质高速增长。其中明星车型传祺SUV GS4实现了上市3个月销量破万辆，半年破2万辆，9

---

* 欧阳惠芳，广州汽车集团股份有限公司，教授级高级工程师；李新宇，广州汽车集团股份有限公司，助理工程师。

个月破 3 万辆，成为中国车市销量增长最快的车型之一。J. D. Power 亚太公司发布的 2015 年中国新车质量研究（IQS）报告显示，广汽传祺已经连续 3 年获得中国汽车品牌第一，超越众多合资品牌名列第八。在国家认定企业技术中心 2015 年评价中，广汽集团国家认定企业技术中心获得全国各行业 1100 多家国家级企业技术中心前 1% 的优秀评价，排名第 12 位，标志着广汽集团的整体研发实力不断提升，达到了国内领先水平。广汽传祺这些成绩的取得，是企业基于自主创新战略的内涵，不断突破进取，求实创新，打造自身多方面的竞争实力的结果。

一 自主创新战略的内涵

自主创新指通过拥有自主知识产权的独特核心技术以及在此基础上实现新产品价值的过程。自主创新的类型有原始创新、集成创新、引进技术再创新。自主创新成果具有多种类型，比如新的科学发现、自主知识产权的技术、产品及品牌等。十六届五中全会首次明确了自主创新的内涵，指出我国不仅要实施科教兴国和人才强国战略，还要把不断提高自主创新能力作为发展的战略基点。自主创新是广州汽车自主品牌崛起的根本。

二 中国汽车产业自主创新的历程和现状

我国汽车产业的发展历程大致可以分为三个阶段：1953～1978 年的全面复制阶段、1979～2000 年的大规模合资合作阶段以及 2001 年至今的合资合作与自主创新并存阶段。经过 60 多年的发展，我国产业发展日益成熟，在技术创新、产业机构、生产规模、品种数量等方面都有了很大的提高和改善。在 2000 年以前，我国汽车企业以合资为主，真正意义上的创新活动非常有限。随着我国连续 7 年成为全球最大汽车市场，我国汽车产业已经发展到合资与自主创新并重的全新历史阶段，特别是新能源汽车产业的快速发展，使得一批自主品牌汽车企业不断强化创新驱动战略，通过掌握核心技术不断缩小与发达国家的差距。

2009年，我国已经成为世界上第一大汽车产销国，大规模的产销只是表面繁荣，中国汽车工业大而不强，缺乏自主研发和自主创新能力。具体体现在：一是企业投入的自主创新资源不足，如经费投入不足和科研人员的质量和数量不够；二是汽车企业自主研发能力不足，在整车产品和零部件方面的研发能力与发达国家相比还有不少差距；三是自主品牌汽车的质量不高，部分自主品牌企业的生产工艺落后，车辆耐久性和稳定性较差；四是自主品牌汽车品牌价值不高。因此，中国汽车自主创新、自主研发能力的提升，自主品牌竞争实力的打造，已成为将中国建设成为汽车强国的重要战略任务。

三 广汽集团自主品牌传祺的竞争实力研究

广汽集团自主品牌传祺起步晚，发展速度快，仅5年时间，整车销量实现从2011年的1.7万辆到2015年突破19万辆，创造了国内汽车业的"传祺速度"。2015年，传祺第三次荣获J.D.Power新车质量中国品牌第一，排名相比2014年提升了6位。同时，以广汽研究院为核心的广汽集团国家认定企业技术中心，在2015年全国各行业1100多家国家级企业技术中心评价中获得排名前1%的优秀评价，排名第12位，比2013年上升了5位，标志着广汽集团的整体研发实力不断提升，达到了国内先进水平。

对于一个2006年才开始进行自主品牌研发，2008年才开始建设自主品牌工厂的汽车企业而言，在短短几年就能取得这样的成绩，源于广汽集团基于自主创新战略内涵的深层理解，不断在自主研发、自主知识产权、自主制造技术和品牌塑造等方面的突破，形成了强大的自主研发体系、自主知识产权体系、自主制造技术体系和品牌塑造能力等方面的竞争实力。

（一）竞争实力之一：强大的自主研发体系

自主创新型企业与技术使用型企业的一个主要区别体现在研发活动上。技术使用型企业的研发活动较少，而是把主要精力用在技术引进和使用上。

自主创新企业因为需要掌握自身的核心技术体系、知识产权体系，就必须有大量的研发活动，因此具备完整的研发机构、研发体系和研发流程。

1. 真金白银的创新经费投入

汽车产业实现自主创新的核心条件是加大创新资源投入，创新资源投入的不足将会影响企业创新活动的开展。广汽集团确定自主品牌发展战略后，立即筹集大笔资金投入到研发基地和生产基地建设之中，广汽集团对自主品牌项目进行了两轮投资，投资总额超过100亿元。建成的广汽研究院化龙基地（一期），拥有包括整车、动力总成、新能源等15类实验室和1个含焊接、涂装、总装、机加工的试制工厂，以及1条汽车调校专用试验场，具备国内一流、国际先进的研发软硬件设施装备，拥有强大的技术力量，具备同时主导开发三款整车和多款发动机、变速箱等核心部件的能力。广汽集团年均支出的自主创新研究经费都超过10亿元，巨额的投入大大提高了自主品牌研发与生产的自主创新竞争能力。

2. 海纳百川的创新人才战略

创新资源投入的另一个表现就是创新人才的引进和培育。在短短几年内，广汽研究院的员工数量从最初的50多人快速增加到2400多人，其中本科及以上学历的比重达90％，并由来自海内外的高端汽车技术专家团队来领军。这些领军专家分别享有中组部"千人计划"／"外专千人计划"人才、"中国汽车工业优秀科技人才""广东省引进领军人才""广东省引进创新科研团队"及其带头人、"广州市创新领军人才""广州市高层次人才"等称号。目前在具体的产品研发中，从造型设计、内外饰设计、结构分析、整车集成及试验论证等，各个方面都有国际顶级专家主持，每个专业领域都有数位具有世界水平的专家担当开发任务。海纳百川的人才战略，形成了广汽集团自主品牌独具特色的人才竞争优势，为广汽集团世界级自主品牌汽车的生产提供了有力保障。

3. 市场导向的正向开发技术

广汽集团从开始启动自主品牌项目就采取高起点的技术创新战略，坚持正向开发。在首款车的成功经验上，借鉴同行先进的开发流程，创立了既符合自身实际情况，又符合整车开发一般科学规律的整车开发流程及其体系化标准。历经传祺GA5、GS5、GA3、GA3S、GA6、GS4等系列车型的正向开发技术的不断实践，广汽研究院提出了"基于跨平台模块化架构（CPMA）的汽车正向开发技术"，构建起广汽传祺家族化的跨平台模块化共享架构（G-CPMA），能够有效地降低开发制造成本、技术应用风险、丰富车型谱系、缩短产品开发周期，从而提高广汽集团自主品牌汽车产品家族的市场竞争力。

G-CPMA是广汽研究院自主正向开发汽车系列产品战略和开发思路的高度凝练，能够大幅度提升各车型实现技术与零部件模块的共享程度，目前广汽传祺基于这一平台的车型零部件共享率达55%。此外，"基于跨平台模块化架构（CPMA）的汽车正向开发技术研究与应用"项目荣膺"中国汽车工业科技进步奖"一等奖殊荣。

4. 兼容并蓄的全球研发网络

广汽全球研发网络是广汽集团整合全球资源搭建的汽车技术开发战略平台。全球研发网络的目标是以广汽集团为主导，把世界上大型的研究机构变成自己的网络，同步开发商作为终端，构建强大的全球研发网络。经过多年积累，广汽集团目前已形成具备研发、人才、配套三方面的全球化体系。

全球研发即研发合作网点全球化。广汽集团正在构建底特律（美国）、都灵（意大利）研发分中心，吸取国外先进人才及研发技术，不断提升自主品牌研发能力。广汽集团还在欧美等发达国家和地区建立了长期稳定的技术合作网点。其中，包括与汽车界素以"严谨、高标准"著称的英国MIRA公司合作进行制动试验；联合国际知名的底盘调教合作伙伴，深入开展完整的全车型底盘性能优化，实现了底盘操控与舒适的完美平衡。

全球人才即研发人员全球化。广汽集团的研发人员除吸纳国内优秀人才以外，还注重引进海外归来的人员和外国人才。为了缩短起步晚的时间差距，广汽集团实施海纳百川的人才战略，努力网罗全球优秀人才，积累世界级的人力资本，为广汽集团打造符合中国市场需求的世界级汽车产品提供保障。

全球配套即零部件供应商全球化。广汽集团全球研发网络整合全球领先的技术及配套供应商，与其建立深度合作的同盟关系，建成了"国际视野、高品质、低成本"的业内领先全球供应链体系，其中40%是欧美系，20%是日韩系，40%是国内顶级的零部件供应商，也就是说广汽乘用车已经有60%以上是国际化的零部件供应商。当产品需要改进时，广汽集团凭借广汽传祺产品研发与供应商的零部件研发之间良好的合作研发和互动关系，得到这些供应商的支持。

5. 稳步推进的新能源发展战略

新能源汽车市场是目前增速最快的汽车细分市场，也是最有潜力促进企业实现跨越式发展的市场。自主品牌事业起步之初，广汽集团就将新能源汽车作为企业发展的核心战略之一。通过源源不断的资源投入，已经形成了系列成果。

在乘用车方面，广汽研究院研发的增程式纯电传祺 GA5 REV 已上市并在珠三角示范运行，以该车型为成果的广汽集团首个国家"863 计划"项目"增程式纯电动轿车研发与产业化技术攻关"课题顺利通过科技部技术验收。新一代基于传祺 GA3 开发的先进增程式纯电动轿车和基于热销 SUV 传祺 GS4 开发的纯电动车型将于 2016 年上市，其他级别的混合动力、纯电式、插电式、增程式等新能源车型也将在 2017 年前后推向市场。在新能源乘用车动力总成方面，广汽集团已自主建成可适用于混合动力、纯电式、插电式、增程式车型等多种新能源动力方案的四驱混合动力总成架构。

在商用车方面，2011 年开始，广汽集团陆续投入数千辆新能源客车，为广州市顺利完成国家四部委开展的"十城千辆"新能源汽车示范工程做出突出贡献。2013 年，广汽集团承担的国家首个国家级科技支撑计划项目——"广州市节能与新能源汽车示范运行支撑关键技术研究"顺利通过国家科技部验收。2015 年 10 月，广汽比亚迪新能源客车有限公司生产的首辆 12 米纯电动客车 K9 在广州从化工厂已经正式下线，同时也获得了广州市政府 400 辆纯电动公交客车的订单。

（二）竞争实力之二：强大的自主知识产权体系

自主知识产权是自主创新的核心支撑和最终表现形式。当今企业之间的竞争除了产品竞争、市场竞争之外，更多的是技术的竞争，而技术竞争的实力来源于企业所掌握的品牌、专利等自主知识产权。自主创新型企业的重要标志是企业不但具备自主研发能力，而且掌握了一系列行业内关键技术的知识产权。

1. 快速积累扩展知识产权存量

广汽传祺建立的时间虽然较短，但是随着传祺轿车的成功上市和开发工作的全面铺开，广汽研究院近几年取得了一大批技术创新成果和专利技术，为知识产权体系的建立打下了坚实的存量基础。2011年，广汽集团首次获得国家科技支撑计划项目和国家科技部"863计划"项目各一项，开创了广汽集团获得国家级科技项目的先河。"自主开发的'传祺'系列中高级轿车及其技术"项目、"GS5 GAC6470系列中高级SUV车型自主研发"项目、"基于跨平台模块化架构（CPMA）的汽车正向开发技术研究与应用"项目是广汽集团历史上先后首次获得的广州市科技进步一等奖、广东省科技进步一等奖、中国汽车工业一等奖。广汽研究院自主研发、广汽乘用车生产的传祺GS5车型还获得首届轩辕奖，此奖项不仅体现了汽车业界对传祺GS5车型品质的认可，而且体现了广汽技术创新对中国汽车行业发展的影响力。

广汽研究院在进行车型开发技术积累的同时，不断进行专利的申请工作，专利的申请量逐年递增，截至2015年底，累计有效专利申请达1802项，其中发明494项，发明专利申请比例达27.4%，高于汽车行业20.6%的平均水平。传祺GS5整车外观设计专利、传祺GS5车型应用的高桥拱形前纵梁碰撞安全技术发明专利先后获得第15届、第16届中国专利奖优秀奖。从外观设计到关键技术上连续获得中国专利奖，是国家知识产权局对广汽研究院坚持创新技术的保护和专利技术转化运用相结合的工作的肯定。

2. 布局未来构建专利与标准体系

广汽研究院自主技术在专利授权方面虽然起步较晚，但在专利布局上成熟得很快，已积极开展整车控制、发动机系统、碰撞安全和电池管理系统几大技术领域的专利布局，未来几年除了在已有的技术领域进一步加强专利布局外，还将重点开展变速器等方面的专利布局。目前，每年有效申请的专利数量为300~400项。广汽研究院在自主技术专利布局上，重质量不求数量，高度关注专利质量和布局策略和方法。广汽研究院通过深入研究行业专利，并对比竞争对手专利与自身技术的特点，找出一套行之有效的专利挖掘方法和专利主动布局方法，使专利预警、专利利用、专利挖掘与布局等专利工作始终贯穿于研发项目活动的整个流程。

在技术标准体系方面，广汽研究院提出"标准体系双促模型"和"标准完整性识别模型"并推广应用，用以梳理技术标准体系架构和管理标准体系架构，主动识别并提出技术标准空白点近百项，在新能源、工艺等领域的技术标准实现重大突破，识别出研发流程空白90余项，填补了NVH、造型、工艺等方面的空白，提升了专利质量体系的完整性。

（三）竞争实力之三：强大的自主制造技术体系

汽车工业具有产值大、产业链长、关联度高、技术性强等特点，是衡量一个国家工业综合实力和创新能力的重要标志，汽车制造技术则是把汽车设计理念和图纸模型变成安全可靠产品的过程，它涉及多个环节，一系列工艺方法和设备，是关联度极广、极为精密的复杂系统。制造技术的水平直接决定了最终产品的品质，是汽车企业核心竞争力的主要来源。广汽传祺连续3年夺得J. D. Power新车质量中国品牌第一源自广汽乘用车强大的自主制造技术体系。该制造技术源于日本等合资的跨国汽车集团，通过长期的技术吸收和积累，广汽集团已经具备了制造技术的开发能力，在开始建设乘用车工厂时，就着手创立自主的制造技术体系了。通过广汽研究院和广汽乘用车的联手开发，随着广汽乘用车多个车型的逐步量产，一个具备广汽DNA的自主制造技术体系正在逐步成型。

1. 世界水平的广汽传祺工厂

位于广州番禺的广汽传祺工厂是广汽集团自主品牌产品制造体系的技术

核心源点，经过22个月的建设，于2010年9月建成投产。该工厂全面向广汽本田、广汽丰田全球标杆工厂看齐，不仅融合了本田汽车、丰田汽车的精华，而且加入了广汽集团自主设计的特色布局与技能。四大工艺车间均选用国际先进水平的设备，自动化水平具备国际水准，极大地保证了产品的各项质量指标。在投资水平上，广汽传祺具有良好的成本控制力，首期10万年产能的工厂投资19亿元，后期增加的9亿元就累计实现了20万年产能，但其投资成本仅相当于其他自主品牌的70%、合资品牌的一半。

2. 精益求精的广汽生产方式

通过整合本田汽车精益管理、丰田汽车精益生产方式，结合自身实际情况不断优化生产、物流及装配方式，创新打造、逐步完善并全面推广，广汽集团形成了高品质、高效率、低成本的"广汽生产方式"，即广汽集团的GPS生产方式（GAC Production System），其主要内容包括在公司和市场实施6大措施：标准作业、自工序完结、变化点管理、关卡迁移、速断速决和持续改善。这一生产方式工艺更先进简洁，操作更轻松，并通过持续的改进与改善，彻底消除浪费现象，实现低成本、高品质、高效率。GPS的本质是以顾客为导向的一种生产方式，一切都是为了满足顾客的需要，从产品的开发到生产的组织、物料的转变、物流等，整个公司的生产经营活动都围绕着客户的需求展开。发布生产计划的时候，以市场（订单）为导向来决定物料匹配和生产准备，设备以及人员的准备。市场需要多少就生产多少，不超出市场需求进行生产。其核心理念是准时化生产，即在需要的地方、需要的时间提供需要的量，从而打造了具有传祺特色的最优价值流体系，形成了传祺制造的核心竞争优势。

3. 日益完备的自主配套体系

为增强对关键、核心零部件的掌控，优化整车—零部件产业结构，做大做强广汽零部件产业，广汽研究院在广汽传祺整车开发的同时也开始自主品牌关键零部件的相关研究工作，目前已取得初步成效。多款发动机、T-BOX等已量产，空调、网关控制器等正在按计划推进中。在发动机方面，先后完成VTML、DCVVT、1.8/1.6/1.3T发动机的开发，已形成G、GS两大系列发动机,多款机型正在开发中,并将依序量产,核心部件国四升国五已完成,保证了广汽传祺在售全系车型都满足国五排放标准。在变速器方面,自主开展了5MT、6MT、7WDCT的研发,5MT即将量产,7WDCT已完成概念设计。在其他关键部件方面,T-BOX车载通信模块在GS5、GA3S、速博及GA6等车型上量产;Telematics一体机产品逐步成熟,正在进行DV&PV实验;远程监控模块完成开发,增程式纯电传祺GA5 REV投入使用;空调控制器项目开发已接近尾声;网关控制器正在开发中,正在进行DV试验;XCU已实现整车项目量产配套;电池、电机、电控均已有样件并开展了相关测试。

此外,广汽零部件集团坚持把零部件研发能力建设列在企业发展的重要位置,组建并不断扩充产品研发团队,初步建立了研发管理体系和研发项目管理流程、标准信息数据库和产品情报平台数据库、项目研发的基础设施,建立汽车座椅、起停电机、换挡器三个研发平台,部分产品已经完成搭载整车验证,并已获得多项实用新型专利。广汽部件的基础研发能力已初步形成。

广汽传祺发动机工厂由缸体、缸盖、曲轴三条加工线和一条整机装配线组成,发动机工厂新设备的安装和调试集合多家世界顶级设备供应商,使用全球先进的高精度生产设备和严格的检验标准,已建成的广汽传祺发动机工厂具备世界级水平,确保每台下线的发动机产品品质超凡。传祺自主变速箱和其他关键自主零部件的产业化工作也在有序推进中。

(四)竞争实力之四:强大的自主品牌塑造能力

广汽集团在谋划自主品牌建设的可研论证中,选择从中高端切入的产品战略。自2010年12月首款轿车传祺GA5走中高端路线上市以来,5年多时间(2010年12月~2016年1月),量产8款车(轿车包括传祺GA5、GA3、GA3S·视界、GA6;SUV包括传祺GS5、GS5·速博、GS4;传祺GA5 REV新能源车),每款车都具备挑战合资品牌产品的实力。目前,产品畅销国内外市场,受到国内外消费者的认知和喜爱,已具备强大的广汽集团自主品牌市场竞争实力。

1. 比肩世界级品牌品质理念

通过与日资汽车企业多年的合资合作，广汽集团积累了丰富的汽车设计、制造、质量控制和管理等经验。在品质管理上，广汽传祺深入学习和借鉴先进成熟的企业质量管理经验，以不断提升顾客满意度为核心目标，创建了具有广汽特色的质量保证体系，通过控制流程链接体系中各个领域的信息传递，确保质量保证体系的运行高效可靠。借助质量保证体系，制造世界级品质的自主品牌产品，塑造优秀的自主品牌形象。

2. 着眼世界的品牌推广策略

广汽传祺起步即定位要做世界级的中国第一品牌，品牌推广国内、国际两条线路并行。国内品牌推广活动有参加国内车展（北京、上海、广州、成都等）、赞助亚运会、世乒赛、东盟博览会等国际赛事，赞助"校花与学神"等综艺节目，牙克石冰雪试驾，心驰圣地、没有弯道的传祺世界第五季六大品牌事件传播以及深入开展体验式品牌推广活动。此外，作为中国汽车品牌的杰出代表，广汽传祺自成立以来便积极践行企业社会责任，在教育、人才培养、低碳环保、可持续发展等问题上，持续向社会各界传递正能量，树立品牌正形象。

在国际品牌推广活动方面，2014年传祺汽车作为国产汽车唯一合作伙伴参加好莱坞大片《变形金刚4》的拍摄，极大地扩大了传祺的国际品牌效应。2015年1月，传祺受邀参加2015年北美车展，凭借世界级的产品力，传祺GS4被19家海外主流媒体高度关注，国内媒体纷纷跟踪报道，并被雅虎财经授予"未来创新奖"，称其奠定了中国汽车的全新基准，具备与全球对手同等的水准。此后，在2015年11月举办的迪拜国际车展上，传祺2.0时代明星车型受到471家海外媒体的报道，在全球引起了强烈反响。

3. 独具特色的集群营销模式

在建立世界级工厂以及世界级供应商体系的同时，广汽集团创新性地提出以"4S+S"集群网络营销为特色的世界级销售服务渠道新模式，4S店和卫星店同步部署、逐次布局，逐步扩大网络覆盖范围，鼓励有条件的经销商实现区域专营，做大做强，实现最低成本、最快速度、最大限度地覆盖市场。避免建设过多、成本过高的4S店，降低消费者的购车成本以及产品良好的市场表现赢得了经销商的信任。

广汽传祺通过与经销商和供应商构建三位一体的战略伙伴体系，对4S店开展严格的服务岗位培训，建立信息实时跟踪收集制度，定期派员到4S店访问，听取反馈意见和建议，切实加强对产品品质问题的改善，确保产品品质的进一步提高。广汽传祺世界级的销售渠道最大化地给车主带来维修保养的便利性，为消费者及时提供了安全、环保、高性价比、高品质的汽车产品，满足了社会各层次消费者对精品汽车的需求，实现了消费者、经销商、企业利益的全面保障。

四　总结

广汽集团一贯坚持自主创新战略，开展包括原始创新、集成创新和引进技术再创新等多种形式的技术创新，不断突破进取，从自主研发体系、自主知识产权体系、自主制造技术体系、自主品牌塑造能力等方面，通过拥有自主知识产权的独特核心技术，不断研究、开发新产品，不断创造先进的生产工艺和关键技术，并在此基础上实现自主创新成果的产业化，市场竞争能力不断增强，取得了可喜的成绩。2015年，广汽传祺乘用车总销量达到19万辆，同比增长63%，连续5年实现优质高速增长，其中明星车型传祺SUV GS4成为中国车市销量增长最快的车型之一。J. D. Power亚太公司发布的2015年中国新车质量研究（IQS）报告显示，广汽传祺连续3年获得中国汽车品牌第一；在国家认定企业技术中心2015年评价中，广汽集团获得国家级企业技术中心前1%的优秀评价。这标志着广汽集团整体研发实力不断提升，产品研发和制造能力达到国内领先水平。广汽集团坚持自主创新战略，积极开拓自主创新实践的成功之道，值得制造行业借鉴。

参考文献

马冬、陈伟程、尹航：《节能减排背景下我国自主品牌汽车发展策略研究》，《企业经济》2016年第3期。

程静：《我国自主品牌汽车国际化发展策略研究》，《中国商论》2015年第30期。

杨再高等：《广州汽车产业发展报告（2014）》，社会科学文献出版社，2014。

B.9
广州智能汽车发展情况及对策研究

唐锡禧[*]

> **摘　要：** 随着互联网及智能技术在汽车领域的深入发展，我国的智能汽车迎来快速发展期，这也成为汽车产业发展的一个重要方向。本文在智能汽车产业发展现状的基础上重点分析广州智能汽车产业发展概况、存在问题，结合广州汽车产业发展实际提出促进智能汽车产业发展的对策建议。
>
> **关键词：** 智能汽车　车联网　广州市

一　智能汽车概念及发展趋势

（一）智能汽车概念

智能汽车指将传感器、执行器、控制器等智能装置搭载在传统汽车之上，借助网络通信技术，实现汽车与互联网的链接，使汽车具备环境感知、智能决策等功能，从而实现安全高效和舒适节能行驶。智能汽车分为驾驶辅助（DA）、部分自动驾驶（PA）、高度自动驾驶（HA）和完全自主驾驶（FA）四级。目前，对智能汽车的研究主要致力于提高汽车安全性、舒适性及良好的人车交互。从智能汽车的定义可以看出，智能汽车的技术支撑体系非常庞大，拥有相互依存的庞大的技术链和产业链，因此加快智能汽车发

---

[*] 唐锡禧，广州市工业和信息化委员会工业发展处，副处长。

展,能够带动大量相关产业互动发展。智能汽车具有庞大的产业链,是汽车未来发展的重点,主要包括车联网产业链、智能传感器产业链、汽车电子产业链等。

(二)发展趋势

汽车电子是智能汽车系统的关键组成部分,从汽车电子的发展趋势可以大概了解智能汽车产业的发展趋势。目前,汽车电子占汽车成本比例不断增大,越来越多的企业对汽车电子投入大量资源进行研发。上海大众帕萨特汽车电子产品已占整车成本的18.7%,上海通用别克达25%,奥迪A6则达28%。未来的智能网联汽车将占69%以上。另外,在中国市场,中国汽车电子制造企业近3000家,其中外资企业占20%,本土企业占80%。在市场份额上,外资企业约占67%,本土企业约占三分之一。2014年,全球汽车电子市场规模已经达到1800亿美元,2015年则接近2000亿美元大关,到"十三五"期末的2019年将有望达到2800亿美元。中国的汽车电子市场增速高于全球的平均水平。2015年,中国汽车电子市场规模约4090亿元,2019年将超过7000亿元,平均增速是15%,明显高于全球9%的增速。此外,高端配置向中低端车型渗透的趋势明显,新能源汽车快速增长也将带动汽车电子产业发展。

二 广州智能网联汽车发展现状

广州市广汽集团、东风日产和百度(广州分公司)都开展智能网联汽车技术研发及应用,其中广汽集团是国内最早进入智能网联汽车研究领域的汽车企业。

广汽集团下属汽车工程研究院通过多年的研究和实践,在车联网技术、电子电器、车载计算机、新能源等方面都有一定的技术积累,取得了一定的成果。在车联网技术方面,2013年广汽研究院就完成了核心技术Telematics(指应用无线通信技术的车载电脑系统)远程控制系统的自主开发,并首先搭载于传祺 GA3/GA3S 等上市车型,成为国内最早实现 Telematics 自主开发与商品化应用的汽车企业。广汽集团自主研发的智能驾驶车辆的三大核心系统主要包括智能感知、智能决策和线控执行系统,目前都已经搭载到传祺 GA5-REV 新能源汽车上应用并开展道路试验。该车型是国内首家由车企推出的自动驾驶汽车,具备全天候自主行驶能力,可完全实现从 A 点到 B 点自主行驶(含高速公路、城市道路、混合道路等),技术总体上达到国内先进水平。广汽集团正在番禺自主品牌研发生产基地打造一个小规模的,集风能发电、太阳能发电、储能、电网交互等能量交互云平台及连通手机、互联网、卫星信号、智能交通等信息交互云平台于一体的智能低碳交通示范园区,以探索引领未来智能汽车发展的新道路。

东风日产主要依托日产智能汽车技术,把一些车型应用到日产汽车公司的单项技术如碰撞预警等上。目前,东风日产的新天籁、新奇骏、新楼兰和新逍客等新车型已经逐渐导入了 AVM、MOD、LDP、EAPM、FEB 和 IPA 等安全驾驶辅助和半自动驾驶装备,并且在市场上取得了很好的效果。在自动驾驶技术的普及和推广上,东风日产与广州市花都区科技经济交流协会签订了合作协议,双方将基于"汽车电子识别技术"的车联网技术研究方向,通过在广州市花都区建立交通互联及涉车、涉驾的网络大数据库系统软课题调研及演示平台项目,来探索智能驾驶、智能网络、车路协同、便捷停车和智能管理等关键技术应用的软课题,为未来进一步发展自动驾驶技术提前做好准备。

三 广州发展智能汽车存在的主要问题

(一)广州智能汽车产业缺乏统筹规划

北京、天津、重庆、上海等城市已开展智能汽车示范试验及示范区建设。2015 年,上海汽车城建设首个"智能网联汽车示范区",由"两园"示范区(同济科技园即同济大学嘉定校区、上海汽车博览公园)、部分市政道路和汽车城核心区三期构成，示范区首期示范面积约5平方公里，示范道路总长3.6公里。2016年1月，工信部、重庆市政府签订了《工业和信息化部、重庆市人民政府关于基于宽带移动互联网的智能汽车与智慧交通应用示范合作框架协议》，共同推动构建4.5G/5G、智能汽车与智慧交通融合发展的产业生态；计划用3~5年时间，引进一批新项目，集聚一个车联网新产业。广州市对智能汽车发展缺乏统筹规划、引导和政策扶持，也没有建立相应的试验示范园区，未对相关法规及技术标准开展研究。

（二）广州智能汽车产业化基础还比较薄弱

对比国内外先进汽车企业，广州市智能汽车技术还需要在跨界领域协同创新、整合建立信息云、能量云平台，实现智能新能源汽车的示范运营，关键零部件的产业化等方面进一步加强。国际上技术比较领先的日产在2015年已经实现了在日本和美国高速路上进行的半自动驾驶技术的路试实验。谷歌基于64线激光扫描系统的汽车行动驾驶技术比较成熟，在2012年便开始了行动驾驶车辆上路试验，谷歌计划于2017年推出无人驾驶智能汽车。特斯拉将很快开始为较新的Model S配备半自动驾驶功能。我国车联网技术在2014年进入快速发展期，主要整车制造商与IT企业近年都已展开行动，其中百度无人驾驶汽车于2015年12月10日在北京进行全程自动驾驶测跑、上汽集团与阿里巴巴达成"互联网汽车"战略合作协议。

（三）广州还未形成发展智能汽车协同工作机制

2013年以来，百度推出CarNet，腾讯发布路宝盒子，阿里巴巴与上汽达成"互联网汽车"战略合作协议，东风汽车与华为签署在汽车电子、IT/CT信息化建设、智能汽车等领域协同创新的跨界战略合作协议，长安汽车与华为开展跨界合作，北汽集团与乐视围绕汽车智能化展开合作。而广州市智能汽车产业主要依靠的是企业自身的投入，有限的资源难以得到统筹，汽车企业、科研院所、信息企业、互联网企业及其他相关机构还没有形成产业融合的合作机制。

四 促进智能汽车发展的对策建议

根据《中国制造 2025 重点领域技术路线图》（以下简称《中国制造 2025》），中国汽车无论是车载信息还是智能装置的装备率都将呈上升趋势，这一技术路线图也提出了较为明确的发展目标，其中远程通信互联终端整车装备率到 2020 年将达 50%，而驾驶辅助、部分自动驾驶车辆市场占有率到 2020 年有望达到 30%。广州汽车产业也将要对接《中国制造 2025》，加快产业转型升级，按照"汽车电动化、轻量化、智能化"要求，加快推进"互联网+汽车"的发展。

（一）制定广州新能源汽车及智能网联汽车产业发展工作方案

2015 年，广州汽车产量 220.99 万辆，同比增长 12%；规模以上汽车制造业工业总产值 3776.79 亿元，同比增长 6.0%，占全市规模以上工业总产值的 20.18%，继续居三大支柱工业的首位。但随着我国汽车产业增速进入拐点期，汽车产业出现增速下滑、产能过剩、价格激烈竞争、效益下滑、库存增加、限购城市增多等问题。广州在新能源汽车、智能汽车产业发展方面缺乏统筹规划，因此，广州汽车产业要借助新能源汽车、智能汽车发展实现转型升级，对接《中国制造 2025》，制定广州新能源汽车及智能汽车产业发展工作方案，明确工作任务，提出有力的政策措施，促进新能源汽车和智能汽车技术研发及产业发展，抢占产业制高点。

（二）建设智能网联汽车测试与试点示范运行基地

参考美国和上海经验，考虑在广州大学城或南沙区选址，投资创建一个相对封闭的面向全国甚至全球的国际化的、先进的、大规模的智能网联汽车测试与示范运行基地，可采取基地内部道路与社会道路相结合的方式，形成开放式的测试及示范运行的综合性场地，开展示范运行以及法律法规和技术标准等方面的先导研究，以抢占智能网联汽车的发展先机。

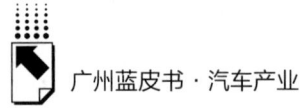

（三）推动智能网联汽车产业链培育

加大财政资金对智能网联汽车产业的扶持力度，建议设立市级智能网联汽车重大专项，支持智能网联汽车的技术研发及产业推广。通过重大科技专项立项资助、制定可实操的研发费用加计扣除所得税办法等多种方式，围绕核心技术和关键配套部件，推动企业与科研机构针对智能汽车方面的难题进行联合攻关。积极实施引智工程，吸纳全球专业性高端人才集聚广州发展。成立广州智能网联汽车产业联盟。加强相关企业的资源整合，积极推动智能汽车核心技术的研发，协同交通、信息、电子等相关领域，推进智能网联汽车基础数据交换平台和产业化服务平台建设，积极打造广州的智能联网汽车产业链。

参考文献

吴忠泽：《智能汽车发展的现状与挑战》，《时代汽车》2015年第7期。

陈慧、涂强、范正帅、王琳：《互联智能汽车关键技术与发展趋势》，《中国集成电路》2015年第6期。

杨再高等：《广州汽车产业发展报告（2015）》，社会科学文献出版社，2015。

B.10 广州汽车4S店空间布局特征研究

巫细波*

摘　要： 从总体上看，广州汽车服务业的空间分布呈现从中心城区向外围区域扩散的趋势，汽车4S店主要分布在白云区新市黄石、天河区广园路沿线、番禺大道沿线等区域，这些区域的汽车服务业需要进一步整合和提升；而南沙、增城、从化等外围区域需要集中力量进行大力开发，合理引导中心城区汽车服务业朝外围区域扩散。

关键词： 汽车服务业　GIS　空间分析　广州

对很多城市和地区来说，缺乏规划引导而自发式地发展起来的汽车服务业过于分散，难以形成规模和品牌效应，整合并提升现有汽车服务业成为很多城市汽车服务业的发展重点，而研究城市汽车服务业空间分布特点对于解决汽车服务业分布杂乱的问题有重要意义，尤其是要深入汽车4S店的空间分布情况及成因。由于汽车服务业企业的类型和数量都较多，传统的现场调研方法已经显得无能为力，因此需要创新研究方法。自2006年以来汽车制造业一直是广州经济社会发展的强大支柱，进一步做大做强汽车产业对广州建设国家中心城市具有重要意义。随着广州汽

---

* 巫细波，广州市社会科学院区域经济研究所，副研究员。

车产业链的不断发展和完善，汽车服务业已经成为广州汽车产业发展的重要板块和可持续发展的重要保障和支撑。然而，目前广州汽车服务业企业分布过于零散，需要进一步整合和提升现有汽车服务业。因此，需要进一步摸清广州汽车服务业的发展概况，为整合和提升汽车服务业提供决策参考。由于汽车服务业的企业类型多样，许多小型的汽车维修保养企业没有被纳入工商监管范围，相关数据难以掌握，为了研究广州市的汽车服务业空间分布特征，需要选择一种有代表性的类型，而汽车4S店是最为典型的汽车服务业企业。汽车4S店是在欧美国家和地区发展起来的一种汽车营销方式，自20世纪90年代中期由欧洲传入我国以后，逐步得到了我国汽车市场和消费者的认可。目前，国内专家学者对汽车4S店的研究主要集中于经营管理与内部结构设计，而对其在城市中的空间布局研究还较少。随着广州市汽车产业的快速发展和城市规划的变化，现有汽车4S店的空间布局难以适应广州新一轮的经济社会发展，因此研究广州市汽车4S店的空间分布具有一定的理论和实践意义。从总体上看，广州汽车服务业的空间分布呈现从中心城区向外围区域扩散的趋势，汽车4S店主要分布在白云区新市黄石、天河区广园路沿线、番禺大道沿线等区域，这些区域的汽车服务业需要进一步整合和提升；而南沙、增城、从化等外围区域需要集中力量进行大力开发，合理引导中心城区汽车服务业朝外围区域扩散。

一 汽车服务业相关研究综述

本研究通过回顾国内外专家学者对汽车服务业、小尺度区域分析、空间分析相关方面的研究，总结已有研究的特点并指出其中的优势和不足，在此基础上提出本研究的研究思路。

（一）国内外研究现状

国内汽车制造业的持续快速发展，带动汽车服务业不断发展和繁荣，使得汽车服务业成为我国汽车产业的重要组成部分，加快发展汽车服务业对以合资模式主导的国内汽车产业发展具有重要意义，因此汽车服务业相关问题引起了很多国内专家学者的注意。目前，国内学者们针对汽车服务业的研究多是从工商管理、市场营销两大角度入手，从空间视角对汽车服务业的研究不多，而且研究数据的获取方法过于传统，没有利用大数据平台的优势，在汽车服务业空间集聚成因分析方面仍然采用大尺度的区域分析方法，难以有效揭示汽车服务业局部集聚的内在因素。本课题试图在总结广州市汽车服务业发展历程及现状的基础上，借助百度大数据平台创新研究数据的获取方式，分析广州市汽车服务业的空间布局特征，探讨影响广州汽车服务业布局的重要因素，为促进国内大城市整合和提升汽车服务业提供思路。纵观近年来国内外学者将GIS分析技术应用于经济学等社会科学领域的研究工作，大部分集中在城市规划、人口迁移、地区差异等问题，鲜有运用GIS分析技术对汽车服务业的空间布局进行相关的研究。

由于汽车市场的成熟度存在差异，国内外学者对汽车4S店的关注也明显不同。国外学者关于汽车4S店的研究主要集中在汽车销售营销体系、销售管理、营销模式等方面。国内专家学者关于汽车4S店的研究重点主要集中在国内外汽车4S店的发展现状比较、汽车4S店的现状营销模式以及营销渠道、汽车4S店的现状问题与对策等方面。

（二）相关概念界定

汽车4S店是由汽车生产企业或其销售公司与经销商签订合同，授权汽车经销商在一定区域内从事指定品牌汽车营销活动的专营店，是以整车销售（Sale）、零配件销售（Sparepart）、售后服务（Service）、信息反馈（Survey）四个方面为核心的汽车特许经营模式（如图1）。虽然电子商务发展迅速，但汽车作为一种大宗商品，需要与本地售后服务、维修等进行紧密结合，因此4S店仍然是国际上及国内比较流行的汽车营销模式。

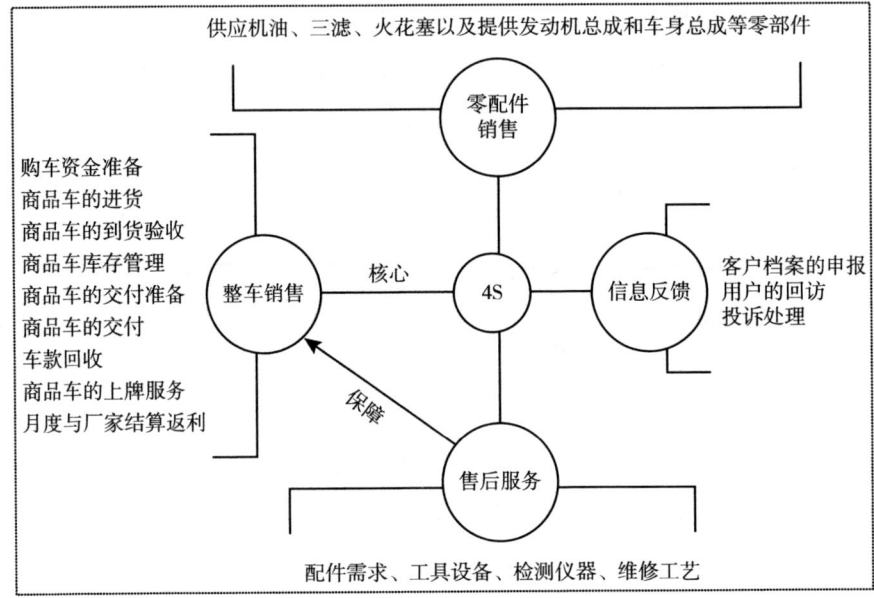

图1　汽车4S店构成示意图

二　研究方法和数据

（一）研究方法

（1）文献搜集法。搜集汽车服务业、空间分析、区域分析等相关期刊专著以及网络文献，对资料进行归纳、整理、分类、分析，得出相关的研究成果，为本课题的研究奠定理论基础。

（2）实地调查法。积极到广州市各区的汽车配件市场、4S店开展调研分析。

（3）定性与定量分析法。本文采取的定性方法是对广州及国内汽车服务业的发展历程和动态进行分析；定量方法是采用统计分析和空间计量，分析广州汽车服务业空间分布特征及成因等（见图2）。

地址转换为空间坐标。要将空间要素纳入广州汽车服务业企业空间特征

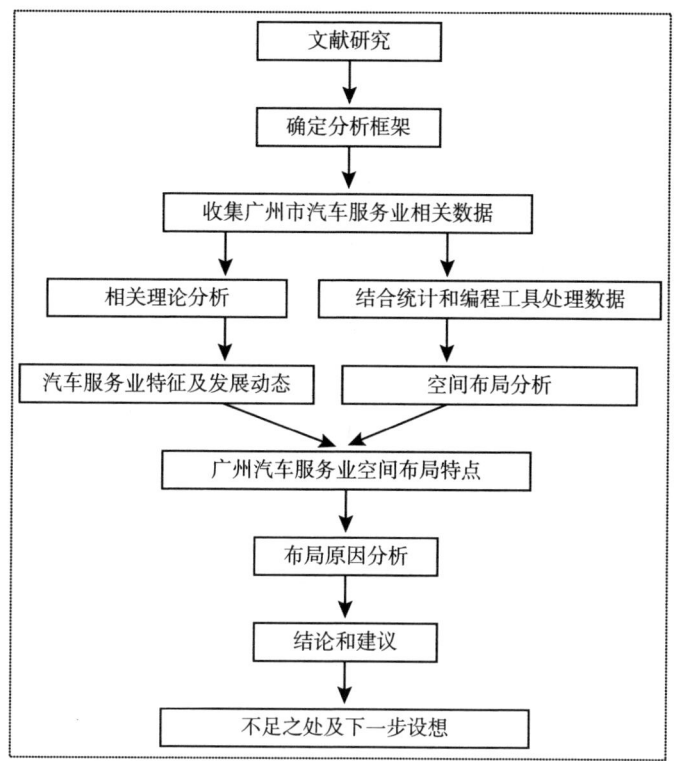

图2 研究技术路线

的分析中，空间坐标信息必不可少。目前，广州的汽车服务业企业没有现成的空间坐标信息，如何将企业的中文地址转换成空间地理坐标信息是本文的一个研究难点。虽然用GPS设备可以准确获取各企业的坐标信息，但这样做的工作量太大。借助目前流行的地图服务，通过程序设计可以将地址转换成地理坐标。

目前常用的地图服务主要有Google地图和百度地图，本文采用微软的C#程序设计语言开发一个能够将地址直接转换成坐标的程序。通过研究发现，Google地图服务器不稳定，难以批量处理，而且有些中文地址得不到结果，而百度地图服务很稳定，中文地址的转换率也很高，程序运行的情况如图3所示。

图3 地址转换成坐标

（二）数据来源

本课题研究的对象为广州市范围内的汽车4S店，其主要信息来源于国内大型的汽车媒体网站——汽车之家，主要的信息为汽车4S店的名称、地址、经营汽车品牌等。最初从汽车之家获取的信息（见图4）、需要编写程序进行处理，将需要的信息提取出来，最终获取351条信息。

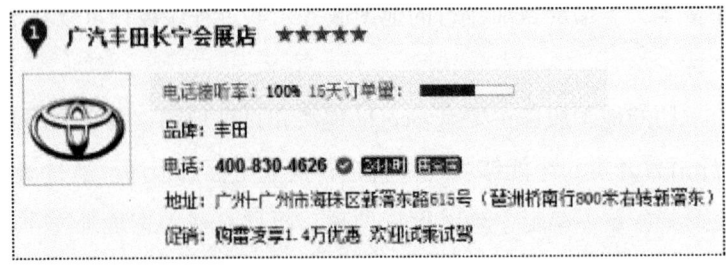

图4 汽车之家4S店相关信息

三 广州汽车4S店发展概况

随着广州汽车制造业的持续快速发展，带动起来的汽车服务业同样呈现快速发展的趋势。作为汽车产业链条中的重要环节，近年来广州汽车服务业迅速发展，汽车4S店建设日趋繁荣。目前，广州有汽车4S店351家，经营的汽车品牌几乎涵盖主要的品牌类型81个。拥有赛马场汽车城、广物汽贸市场、花都南国国际汽贸城等3个大型的汽车城，6条汽车销售一条街：黄埔大道—中山大道汽车销售一条街、番禺迎宾大道汽车销售一条街、白云大道—机场路—黄石路汽车销售一条街、广汕路汽车销售一条街、芳村花溪龙溪大道汽车销售一条街、广州大道南—新滘东路汽车市场集聚区、大昌行—喜龙二手车市场等7个二手车大卖场，"三城六街七场"构成了广州汽车市场发达的销售商圈，涵盖了合资国产、自主品牌、进口车、二手车、商用车等81个品牌的车型，辐射范围延伸至珠三角区域。

从汽车品牌性质看，广州地区的汽车4S店主要以合资汽车品牌为主。其中，合资汽车4S店有264家，占比高达75%，而自主品牌汽车只有87家，占比25%。从汽车品牌的构成看，广州地区的汽车4S店主要以丰田、本田、大众等为主，这些汽车品牌的4S店数量超过20家，丰田品牌的4S店数量最多，有27家，占全市的比重为7.69%，其次是23家的本田品牌。超过10家4S店的汽车品牌有8个，这些品牌的4S店数量总数达到132家，占全市的比重为37.6%，汽车品牌结构相对较为集中。广州作为国家中心城市，汽车消费层次较高，豪华品牌不但种类多而且数量也达到了71家，占全市4S店比重为20.2%，主要以奥迪、宝马、凯迪拉克、雷克萨斯、路虎等品牌为主，这些品牌的4S店数量均超过5家，奥迪品牌的4S店数量最多，达到11家（见表1）。

表1 广州主要的汽车4S店数量及比重

汽车品牌	4S店数量(家)	比例(%)	品牌类型
丰田	27	7.69	普通品牌
本田	23	6.55	普通品牌
大众	20	5.7	普通品牌
日产	19	5.41	普通品牌
福特	12	3.42	普通品牌
奥迪	11	3.13	豪华品牌
别克	10	2.85	普通品牌
现代	10	2.85	普通品牌
宝马	9	2.56	豪华品牌
奔驰	9	2.56	豪华品牌
比亚迪	9	2.56	普通品牌
起亚	8	2.28	普通品牌
雪佛兰	8	2.28	普通品牌
标致	7	1.99	普通品牌
马自达	7	1.99	普通品牌
三菱	7	1.99	普通品牌
东风风行	6	1.71	普通品牌
广汽传祺	6	1.71	普通品牌

四 广州汽车4S店空间布局特征分析

（一）总体分布特征

1. 汽车品牌区域分布情况

从各区汽车4S店的分布情况看，广州的汽车4S店分布较为集中。大部分品牌汽车4S店分布在越秀、天河、白云、海珠、荔湾等中心城区，外围的从化、南沙、萝岗等地区的数量很少（见图5）。

具体到各区的情况（见表2），各区汽车4S店的分布呈现3种不同的类型：密集区、次密集区和稀少区。汽车4S店分布密集的区包括白云区、天河区和番禺区，其中白云区的汽车4S店最多，达到96家，占全市品牌汽车4S店总数的27.35%。白云、天河、番禺3个区的汽车4S店数量总数达到230

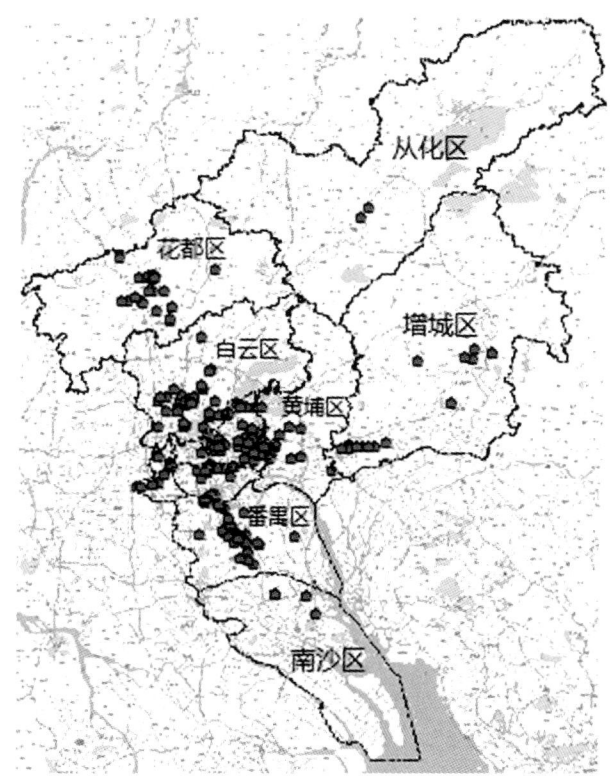

图 5　广州 4S 店空间分布总体情况

家，占全市的比重为 65.52%。花都区、海珠区、荔湾区和增城区为次密集区，这 4 个区的品牌汽车 4S 店数量为 103 家，占全市的比重为 29.35%。黄埔区、萝岗区、南沙区、从化区、越秀区 5 个区为品牌汽车 4S 店稀少区，这些地区外围人口较少，加起来只有 18 家品牌汽车 4S 店，占全市的比重仅为 5.11%。

表 2　广州市各区汽车 4S 店数量

区名	数量（家）	比例（%）	区名	数量（家）	比例（%）
白云区	96	27.35	黄埔区	9	2.56
天河区	72	20.51	萝岗区	3	0.85
番禺区	62	17.66	南沙区	3	0.85
花都区	30	8.55	从化区	2	0.57

续表

区名	数量(家)	比例(%)	区名	数量(家)	比例(%)
海珠区	28	7.98	越秀区	1	0.28
荔湾区	24	6.84	广州市	351	—
增城区	21	5.98			

用ArcGIS空间分析软件将各区汽车4S店的数量绘制在地图上，可以明显地看出汽车4S店的空间分布总体情况，大致呈现三个分布圈层（见图6）。越秀区作为广州的核心城区，由于土地开发较早，租金较高。对于需要大量用地的汽车4S店来说，显然难以布局在越秀区，因此越秀区只有一家宝马品牌汽车4S店。

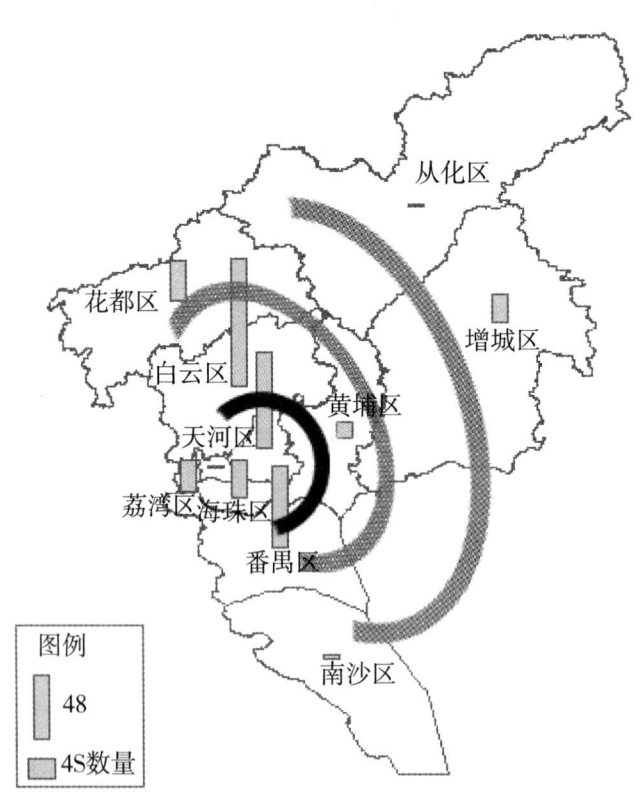

图6 广州各区4S店空间分布总体情况

2. 汽车品牌类型分布情况

为深入了解广州汽车4S店的空间分布情况，有必要分析合资汽车品牌和自主品牌、豪华汽车品牌和普通汽车品牌的总体分布情况。总体上看，广州的汽车品牌主要以合资汽车品牌为主，超过75%的4S店为合资汽车品牌，而自主品牌汽车4S店只有87家，占比不足25%，表明广州的汽车品牌4S店以中高档为主，而且豪华汽车品牌4S店的数量不少。从汽车品牌4S店的空间分布来看，广州的汽车品牌4S店主要分布在中心城区，比例超过65%。

合资品牌4S店有175家分布在天河、白云、荔湾、海珠等中心城区，占合资品牌4S店总数的66%；在广州地区的87家自主品牌4S店中有57家分布在中心城区，占自主品牌总数的65%。从总体上看，广州的汽车4S店主要分布在商贸活跃、人流密集和汽车相关服务业较为发达的中心城区。

豪华汽车品牌4S店集中在中心城区发展的特征非常明显，有55家分布在中心城区，占豪华汽车品牌4S店总数的77%，而外围的从化、增城等区域目前还没有豪华汽车品牌在此设点。普通汽车品牌4S店也主要分布在中心城区，但朝外围扩散将成为新趋势，有181家普通品牌汽车4S店分布在中心城区，占普通品牌汽车4S店总数的64%。

（二）局部分布特征

从汽车4S店的局部分布情况看，广州全市351家汽车4S店呈现分布相对集中的7个密集区域（见图7），包括白云区新市黄石集聚区、天河广园路集聚区、番禺大道集聚区、花都建设路集聚区、增城新塘集聚区、海珠沿江集聚区和荔湾集聚区，这7大集聚区共有282家品牌汽车4S店，占广州全市的比重超过80%。

1. 白云新市黄石集聚区

位于白云区新市街道和黄石街道，为广州汽车4S店最多的区域。约有89家品牌汽车4S店，其中59家为合资品牌，本田、丰田均有4家，大众、

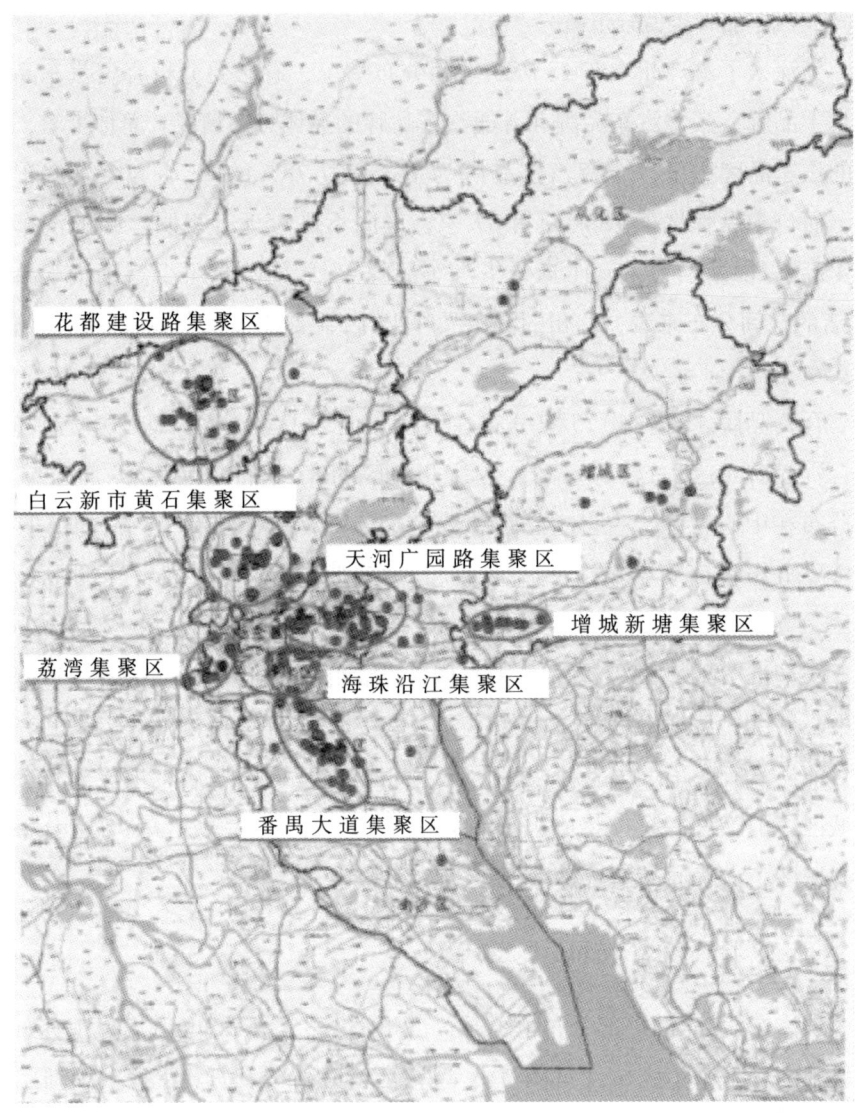

图 7 广州 7 个汽车 4S 店集聚区分布

现代、三菱、福特、日产等品牌均有 3 家；豪华品牌 4S 店数量达到 17 家，其中凯迪拉克、雷克萨斯、奥迪、沃尔沃、奔驰等品牌各有 2 家。这个集聚区承接了大部分早期位于市中心城区的汽车 4S 店。随着白云新城的开发建设，这个集聚区的土地成本将上涨，此区域的汽车 4S 店将往北部的花都汽车城及新黄埔区北部迁移。

2. 天河广园路集聚区

位于天河区的广园路两旁，为广州豪华汽车品牌4S店集中分布区，广州的高端豪华汽车品牌均分布在此。集聚区内约有61家汽车4S店，其中55家为合资品牌，本田、丰田、大众、现代等品牌均有4个品牌店，豪华品牌4S店较为集中，数量达到25家，雷克萨斯、宝马、奔驰等品牌均设有2家以上，而玛莎拉蒂、兰博基尼、莱斯莱斯、迈凯伦等高端豪华品牌这个集聚区均有设点。依托良好的交通区位、高收入人群集聚、各类汽车服务业云集等优势，该区吸引了众多汽车品牌云集发展。

3. 花都建设路集聚区

位于花都区建设路沿线，大约有30家汽车4S店，其中21家为合资品牌，丰田、本田、大众等品牌均有2家以上；此区域主要以普通汽车品牌为主，豪华汽车品牌只有奥迪和宝马。随着花都汽车城的深度开发，这个集聚区未来将成为广州北部最重要的汽车服务业集聚区。

4. 番禺大道集聚区

位于番禺区，番禺大道沿线集聚了约42家汽车4S店，其中31家为合资汽车品牌，有9家为豪华品牌，雷克萨斯、路虎、奔驰、沃尔沃、奥迪、克莱斯勒、讴歌、宝马、MINI等豪华品牌均有设点。依托地价、交通及人口密集等多方面优势，这个地区承接了大部分来自中心城区的汽车4S店，汽车品牌类型较为齐全。

5. 海珠沿江集聚区

位于海珠区，汽车4S店主要分布在珠江沿岸，约有24家汽车4S店，其中17家为合资品牌，2家豪华品牌，为奥迪和奔驰品牌。海珠区作为老城区，可供汽车4S店发展的建设用地较少，虽然高端消费人群较多，但较高的租金导致只有少量汽车4S店在此设点。

6. 增城新塘集聚区

位于增城区新塘镇，约有12家汽车4S店。此区域离中心城区较远，汽车相关服务业发展相对滞后，缺乏高端消费人群，难以吸引豪华品牌和合资品牌在此布局，因此增城新塘集聚区的主要品牌汽车4S店多为自主品牌，有7家，其中比亚迪有2家，没有豪华品牌4S店布局在此处。然而，新塘镇作为广州东部发展的重镇，随着东部新城建设的加速，汽车消费层级将得到提升，这个集聚区未来有望成为广州东部最重要的汽车服务业集聚区。

7. 荔湾集聚区

位于荔湾区，主要集中在中南街道和东郊街道，约有24家汽车4S店，其中17家为合资品牌，本田、丰田等品牌均有2家以上；豪华品牌有4家，为宝马、路虎、奥迪和MINI。荔湾同样作为广州的老城区，可供汽车品牌4S店发展的建设用地较少，虽然人流密集，但较高的租金导致只有少量品牌汽车4S店在此设点。

（三）空间布局相关因素分析

从总体上看，影响汽车4S店空间分布的因素主要有以下几个。一是土地成本，以汽车为服务对象的4S店一般具备销售、展示、维修保养等功能，对土地面积要求较大，一般功能齐全的4S店面积超过5000平方米，这使得4S店的分布受土地成本影响非常明显。正因为如此，整个越秀区只有一家汽车4S店，这与土地成本密切相关。二是市场区位与人口集聚，虽然广州中心城区商铺的租金和地价都比较高，但仍然有很多品牌汽车的4S店选择布局在中心城区，尤其是豪华汽车品牌的4S店大多选择在珠江新城一带。中心城区商业区位优越，人流量较为密集，特别是中高端消费人群较多，使得经销效益要明显好于其他区位，因此布局于中心城区的汽车品牌4S店普遍以经营利润较高的中高档汽车为主。广州外围的南沙、从化等区域，由于人口较少，汽车品牌4S店分布相当少，从化只有本田和日产两个品牌两家汽车4S店。三是关联产业布局，4S店是汽车服务业的重要载体，汽车服务业的发展与上、下游关联产业密切相关，广州汽车生产制造业规模的不断发展必然能推动汽车服务业的发展。此外，广州居民收入不断提高也与广州汽车服务业的快速发展有密切关系。以花都汽车城为例，在东风日产这个龙头整车企业的带动下，越来越多汽车品牌集聚发展，目前在花都汽车城已有东风日产、北京现代、上汽通用、广汽本田等多品牌4S店。四是集聚效应，广州汽车服务业目前已经形成了7个规模较大、相对成熟的汽车4S店集聚区，此外还有多个发展迅速的集聚点，集聚效应已成为影响广州汽车服务业空间布局的重要因素。

五　结论和建议

（一）结论

广州中心城区开发强度的不断提升，导致土地价格不断上涨，对需要大量土地面积的汽车4S店来说，经营成本逐年攀升，这成为汽车4S店由中心城区外迁的根本原因，目前中心城区汽车4S店存在不断减少趋势。此外，随着广州交通网络的不断完善以及互联网的不断普及，区位对经营汽车4S店的重要性在下降，未来广州市政府需要在外围重点布局汽车服务业集聚区，引导汽车服务业企业集聚发展，如在花都汽车城、增城新塘、南沙黄阁、萝岗北部等区域。随着广州市民拥有汽车数量突破250万辆规模，汽车服务业对广州汽车产业的影响会愈发显著，其空间布局还受汽车文化、汽车休闲、汽车金融等汽车产业相关行业和广州城市规划的影响而发生变化。

（二）建议

促进制造业与服务业融合发展是现代产业发展的必然进程。广州要进一步促进汽车产业发展壮大，就必须加快汽车服务业发展，而汽车4S店又是汽车服务业发展的重点，因此必须树立世界眼光、战略思维，加快出台汽车服务业发展规划，合理引导汽车4S店合理布局，加速汽车生态圈的形成，促进汽车服务业新一轮的大发展。

参考文献

曲衍国、陈北强、王保卫:《汽车服务业的发展策略探讨》,《道路与运输》2006年第2期,第36~37页。

甄峰、余洋、汪侠、赵霖:《城市汽车服务业空间集聚特征研究:以南京市为例》,《地理科学》2012年第10期,第1200~1208页。

刘卫东、薛凤旋:《论汽车工业空间组织之变化——生产方式转变的影响》,《地理科学进展》1998年第2期,第1~14页。

张旭明、李辉:《中国汽车工业的产业集群研究》,《汽车工业研究》2004年第6期,第2~6页。

王连芬、高丽:《我国汽车服务业的现状及对策》,《湖湘论坛》2007年第3期,第79~80页。

金宁运、刘朝明、夏永等:《我国汽车服务业的现状与发展潜力分析》,《生产力研究》2008年第4期,第80~81、134页。

盖国凤、申健:《汽车服务业整合发展战略研究》,《财经问题研究》2009年第9期,第42~45页。

聂邦军:《汽车服务业集群发展研究——对南京大明路汽车服务业集群实证研究》,东南大学,2006。

蹇铀:《成都市汽车服务业集群发展实证研究》,四川省社会科学研究院,2008。

林琳、肖玲、陈淳:《广州市汽车服务业布局实证研究》,《热带地理》2009年第6期,第550~554页。

周珂慧、甄峰、余洋等:《汽车服务业空间布局演化研究:基于潍坊市奎文区的实证分析》,《经济地理》2011年第1期,第107~113页。

王磊:《我国汽车行业发展的新趋势——汽车服务业》,《中国证券期货》2012年第1期,第102~103页。

刘雪峰:《浅析汽车服务业对汽车产业发展的影响》,《现代营销》(学苑版)2011年第12期,第167页。

申健:《汽车服务业整合发展战略研究》,东北师范大学,2010。

张春雷:《我国汽车服务业连锁经营模式及发展策略研究》,吉林大学,2008。

B.11 广州新能源汽车发展面临的瓶颈及对策研究

江彩霞 邱志军*

摘　要： 近年国家不断出台鼓励新能源汽车发展的政策，扶持力度不断加大，使得国内新能源汽车产业得以高速发展，但同时面临的问题也不少。为了更好地了解广州新能源汽车的发展现状，本文通过借鉴国外经验、国内城市比较、实地访谈、问卷调查等方式，分析研究广州新能源汽车发展中存在的一些问题，找差距并提出建议。

关键词： 国际经验　城市比较　调查访谈　问题　建议

新能源汽车包含纯电动汽车、混合动力汽车、氢能源汽车、天然气汽车和液化石油气汽车等，而本文的研究重点是纯电动汽车和可插电式混合动力汽车，在目前和将来电动汽车应是大力推广和应用的新能源汽车种类。

一　推动新能源汽车发展的意义和作用

1. 破解能源危机

随着石油开采技术的日益进步及开采量的加大，石油资源终会趋于枯

---

* 江彩霞，广州市社会科学院经济研究所，副研究员；邱志军，广州市社会科学院经济研究所，助理研究员。

竭。而对于传统汽车来说，石油则是一种必需品。因而，使用电力等新能源代替石油作为汽车动力，是世界各地都在高度关注和着力实施的。目前，世界许多国家都在加大对新能源汽车尤其是纯电动汽车的研究和推行力度。

2. 缓解严重的环境污染问题

当前中国正面临严重的环境污染问题，如多数地方空气质量难以达标，频频出现雾霾等，深究其原因，汽车尾气排放所造成的污染占有一定的比例，所以电动汽车的推广可逐步减轻燃油汽车所造成的污染，即以电力代替燃油，能够为环境保护做出极大的贡献，并可缓解国家甚至全世界都面临的石油危机。

3. 相较于其他能源，以电能为主的新能源汽车优势凸显

一是纯电动、可插电混合动力等新能源汽车目前的发展技术相较于其他种类的新能源汽车来讲较为成熟，而且新能源汽车消耗的是电能，可缓解石油紧缺问题；二是各国对于电池技术的研究都在进行之中，电池技术将不断提高，更有助于新能源汽车的发展；三是氢能汽车目前的相关技术不成熟，能耗多、难度大，还存在环保问题；四是天然气汽车虽为清洁能源，目前也有所发展，但其动力性较低，建立供气系统难度大，并且其使用时排放出的二氧化碳会加剧温室效应；五是液化石油气汽车所用原料依然来自原油，从根本上不能解决石油危机问题。

二 美国、日本等国家新能源汽车发展现状

早在20世纪70~90年代，在新能源汽车的应用和商业化开发方面，西方国家就投入大量资金，并严格执行汽车尾气排放标准。而研制和开发新能源汽车则成为21世纪的世界新潮流，并实现新能源汽车商品化和产业化。

日本四大汽车制造商共同成立了"日本充电服务"公司，目前日本已拥有四万个充电桩，数量已经超过传统的加油站，承担起在商业设施等地设置充电桩的成本及充电桩的维护费用。近年来电动车的普及速度加快，日产旗下的聆风电动车自销售以来，在日本国内的销售量突破5万辆，实现全球

销售总量16.1万辆,几乎每家大型出租车公司都拥有一辆聆风电动车。目前,日本针对电动车发展续航难的问题,实施针对新能源汽车技术专项研究,如氢能利用技术、锂电池技术、质子膜燃料电池验证研究及氢气安全利用等技术开发。

美国新能源汽车生产、销售起步较早,汽车工业是美国的支柱产业。为解决能源、环境以及资源问题,美国近几年投入了大量的人力和物力,三大汽车公司巨头(通用、福特和克莱斯勒)协商,共同推进各种型式新能源汽车的研制开发,国内受消费者关注的特斯拉即为美国制造。困扰美国新能源汽车发展的其中一个问题为电池成本过高。目前,美国主要实施八项计划:PNGV计划、CAR计划、EV电池利用计划、2亿美元代用燃料示范项、氢燃料研究、公共汽车氢燃料演示项目、绿色校车示范项目及AVP计划。

法国政府鼓励充分利用便宜的电力资源,开发新能源汽车,并要求政府机关带头使用新能源汽车。目前,法国运行新能源汽车的城市达到十多个,充电站等服务设施也比较完善,新能源汽车的拥有量和普及程度,都位列世界前茅。此外,在电池、电机和电子控制等技术上,法国也位列世界前茅,曾轰动全球的可变轴距微型新能源汽车"Zoon",即雷诺公司研制的。为鼓励用户使用新能源汽车,政府采用两大措施:一是企业购买新能源汽车第一年可以免税;二是对汽车生产企业进行补贴,标准是每生产一辆新能源汽车,汽车生产企业将得到1万法郎的补助。

三 国内新能源汽车发展的城市比较

(一)国家政策落实

从国家层面看,2001年,我国启动了"863"新能源汽车重大科技专项工程,把新能源汽车提到战略高度。近几年,许多政策出台,共同推进新能源汽车产业化。例如,2012年,国务院发布《节能与新能源汽车产业发展规划》，进一步明确以纯电动车为新能源汽车发展的主要战略取向，从而实现汽车工业转型。2013年，财政部也发布了《中国2013～2015年继续推进新能源汽车补贴政策》。尤其是在2014～2015年，国家对新能源汽车的扶持力度不断加强，2015年对新能源汽车的补贴标准也不断提高①（见表1）。

表1 2015年新能源汽车国家补贴标准

车辆类型	纯电续驶里程R(里程)	补助金额(万元/辆)
纯电动乘用车	80≤R<150	3.15
	150≤R<250	4.5
	R≥250	5.4
插电式混合动力乘用车(含增程式)	R≥50	3.15
纯电动专用车	按电池容量每千瓦时补贴1800元,每辆车补贴总额不超过13.5万元	
纯电动客车	车长L(米)	补助(万元/辆)
	6≤L<8	30
	8≤L<10	40
	L≥10	50
插电式混合动力客车(含增程式)	L≥10	25
超级电容、钛酸锂快充纯电动客车定额补贴15万元		

（二）"北上广深"四城市新能源汽车扶持政策比较

1. 新能源汽车补贴标准

北京、广州和深圳基本按照国家标准1∶1比例补助，上海有所调整。相对北京、广州和深圳，上海增加了对纯电续驶里程R在80＜R＜150公里范围的纯电动乘用汽车补贴标准，补贴的额度为4万元/辆，其他里程的纯电动乘用汽车补贴标准比北京、广州和深圳要稍低一些，甚至插电式混合动力乘用车（含增程式）补贴标准也比北京、广州和深圳低（见表2）。

---

① 根据国家出台的政策整理。

表 2　2015 年"北上广深"四城市新能源汽车补贴标准比较

单位：万元/辆

车辆类型		纯电续驶里程 R（公里）			
		80 < R < 150	150 < R < 250	R > 250	R > 50
纯电动乘用车	北京	3.15	4.5	5.4	—
	上海	4	4	4	—
	深圳	3.15	4.5	5.4	—
	广州	3.15	4.5	5.4	—
插电式混合动力乘用车（含增程式）	北京				3.15
	上海				3
	深圳				3.15
	广州				3.15

2. 其他优惠政策和相关措施比较

为更好地促进新能源汽车产业发展，北京、上海、广州和深圳等城市都相继出台建设充电设施的相关规定和政策，在各项利好政策的推动下，新能源汽车的销量不断增加。

（1）上海

一是在个别区购买新能源汽车可再享受区政策的优惠（浦东新区补贴价格为 2 万元/辆，闵行区 2 万元/辆，嘉定区 1.5 万元/辆，其他区域不明）。

二是新能源汽车享受政策扶植，例如，2014 年以前购买电动车免摇号、免费直接上沪牌，在上牌阶段享受新能源汽车专用牌照、三级补贴再加免征汽车购置税政策，星星充电更为每位新能源车主免费配置专属充电桩到户。但从 2015 年起，对上牌照实行了新规定：必须提供充电桩安装证明，才能在上海购买新能源汽车，才能拿到新能源乘用车专用牌照。这在一定程度上抬高了购买新能源车享受优惠的门槛。

三是除了针对个人的补贴外，对于直接或组织员工一次性购买新能源汽车超过 10 辆的法人单位，上海市再给予 2000 元/辆的财政补助。①

---

① 《上海加码补贴新能源车生产商》，政府网。

(2) 北京

一是大力建设充电设施。充电设施主要分为三类：公共专用、社会公用和私人自用电桩。至2014年底，北京市全市累计已有约1500个社会公用充电桩，50%布局在四环路以内，其余的布局在五环路以内。在公共领域有充、换电场站234座（含换电场站5座），3676个充电桩，日服务能力超过1.7万车次。①

二是为方便用户识别、查找和使用社会公用充电桩，北京市政府和百度合作，发布"北京市新能源汽车社会公用充电设施分布图"，电动车车主可通过网站、手机APP、微信等方式随时随地查找附近的充电设施，方便"出行补电"。②

三是改变新能源汽车准入方式，改变以前必须要进入严格的北京市新能源汽车目录才可销售、上牌的方式。目前主要采用车型备案制，这意味着所有国产纯电动汽车都可以到北京销售和上牌，并享受财政补贴。③

(3) 深圳

一是充电桩建设。首先，对充电桩采用特许经营管理的办法，吸引社会资本形成有序竞争。设定：在社区电费的服务费不高于0.45元；购买新能源汽车的车主，免2个小时的停车费；在办公区域附近建设临时停车位，做一个柜子形状的新能源汽车充电宝。其次，对投资集中式充电站、充电桩及充电装置，给予30%的财政补贴。最后，鼓励在已建成停车场（位）等现有建设用地上建设充电设施，鼓励各区重点在客运交通枢纽、体育场馆、路内临时停车位等建设快速充电桩。

深圳是目前新能源汽车发展较快的城市。所建的充电站数量较多，如比亚迪新能源汽车充电站、混合动力罗田充电站、中国南方电网深圳机场新能源汽车充电站等，充电桩数量也在不断增加。截至2015年上半年，深圳累

---

① 《北京打造新能源汽车推广应用典范城市》，汽车环球网。
② 《北京"充电桩地图"发布可查最近充电点》，中国青年网。
③ 《北京取消新能源汽车目录车型只需备案》，环球网。

计建设快速充电站 81 座、慢速充电桩近 3000 个。① 并要求在 2015 年底前全市新增 1800 个快速充电桩，其中宝安、龙岗、南山不低于 300 个，福田、罗湖、龙华不低于 200 个，光明、坪山不低于 100 个，盐田、大鹏不低于 50 个。②

二是统筹设立 50 亿元的推广示范扶持资金，在公共交通、公务车和私家车三大领域，新能源汽车应用推广规模居全国前列。除了对新能源车购置给予补贴外，个人和企业在使用环节也给予每辆车最高 6 万元的优惠。

三是对燃油出租车更新为纯电动出租车的，另外给予应用推广补贴每辆 5.58 万元。对出租车运营企业，2015 年到期更新为纯电动出租车的，更新车辆数以同产权 1∶1 比例置换，再给予置换数 10% 的纯电动出租车指标奖励。③

（4）广州

一是每个月有 1000 个节能车摇号指标，实际上，消费者只要申请节能车指标，完全可以 100% 中签。经摇号方式获得指标，注册登记、上牌，方可申领每辆车 1 万元的财政补贴。

二是对充电设施运营模式实施商业化探索。高效利用城市现有场地建设充电设施，支持和鼓励社会资本建设充电站（桩）。充电设施按用户类型分为个人自用、单位专用公车以及面向社会提供充电服务三类，并明确投资建设充电设施可获得市级财政补贴。对前期建成的项目，给予投资额 30% 的财政补贴。目前这个标准与北京、上海（30%）相当。

三是在充电站建设上，截至 2015 年上半年，广州全市只建成 1500 多个充电桩。目前在广州大学城和广州亚运城分别建有新能源汽车充电站，但在老城区对外开放的电动车充电站不多。为此，政府提倡鼓励先在市政府大院，机关、企事业单位，建设一定数量的充电桩，但离 2015 年需要规划建设各类新能源汽车充电站 105 个、充电桩 9900 个的目标，距离还相当大。

---

① 《深圳今年拟投 50 亿扶持新能源汽车》，央广网。
② 《国内销售新能源车 4 成深圳造》，《南方日报》2015 年 11 月 27 日。
③ 《扶持新能源汽车深圳今年拟投 50 亿》，汽车环球网。

从上述城市比较情况看，广州新能源汽车发展明显落后于北京、上海、深圳等城市。一是在推广和应用上，1万元的现行补贴政策与其他城市相比幅度偏低，对于新能源车型偏高的价格来说不足以打动消费者；二是在充电设施规划、建设方面也远远落后于许多新能源试点城市，设施使用的局限性在一定程度上也影响了厂商在广州推广新能源汽车产品的热情。

四 实地调查访谈[①]

（一）充电站调研

通过对充电设施（充电站、充电桩）的调研，我们了解到广州市现有的充电站并不多，充电桩数量也不多；市内新能源汽车服务主要投入使用的还只是在公共领域，且数量也不多；私家车领域使用新能源汽车的也不多见。

1. 广州亚运城充电站。位于亚运城的广州新能源汽车充电站，自亚运会之后就几乎闲置了，现在只供公交车充电，但就我们调研的情况看，这个充电站目前并无技术人员常驻，也几乎没有电动车（电动公车）在此充电。根据在那里看守的保安所说，那些设备都要由专业人员来操作，由于业务少，技术人员没有常驻在此，但可以预约充电，如有需要，他会联系技术人员前来。保安告诉我们，今后亚运城充电站有计划改成通用性充电站。

2. 广州三汽大学城充电站：属于三汽旗下的充电站，不断改造升级，目前有插电快充和更换电池两种充电方式，不对外开放，仅供公司内部车辆充电使用。随着电动公交车的发展，该充电站可以为市区内的电动公交车充

[①] 注：由于受时间、人员所限，调查访谈覆盖面不够全面，对生产企业及政府主管部门没有进行调研。此次只是对部分设施、部分人员的调研访谈，结论也是相对访谈对象而言的。

电使用。据员工介绍，三汽在广州城区内共有4个充电桩，面积均在700平方左右。认为在新能源汽车的推广中，充电站仍然不普及是一个很大的制约因素，但对目前电动车的发展仍较乐观。

3. 特斯拉充电站：位于广州市太古汇地下层停车场的特斯拉充电位，该停车场有三个特斯拉充电位，但是仅供特斯拉汽车使用。我们在该停车位旁停留了一段时间，并未看到有特斯拉汽车来充电。经了解，广州现有九处特斯拉充电位。

（二）电动公共汽车司机访谈

位于大学城内的科学技术中心总站，所停的公交车都是属于广州第三公共汽车公司的。我们从该站休息的司机处了解到，纯电动公交车跟传统公交车相比，行驶比较平稳，比较安静，感觉还不错，但就是换电池比较麻烦，再者就是上坡时动力略有不足。我们通过观察大学城的公交车发现，还有多路公交车是插电式混合动力新能源公交车，即新型插电式LNG混合动力公交车，如556路公交车等。同时，我们还发现大学城中所属三汽的环线2路公交车为纯电动公交车。

（三）花都区电动出租车使用情况调查（新能源汽车试点区）

我们对花都区在出租车领域新能源汽车的使用情况进行调查。走出花都区的地铁口，周围停靠许多车辆，其中不乏电动出租车的身影，顶部都有"启程"的标志。经了解，花都区所投入使用的电动出租车都为东风日产所生产的"启程-晨风"电动车。

花都区作为新能源汽车试点，目前大概有100辆电动出租车在使用。出租车是以个人名义租赁的，而电动车的充电则由公司统一安排，有固定的充电时间。从与几位新能源汽车司机访谈中，我们整理出推广新能源汽车存在的优势和存在的问题。

推广新能源汽车存在的优势：①推动新能源汽车发展，是配合政策宣传、相应环保号召的需要；②新能源汽车加速快，像自动挡汽车一样行驶灵活且容易加速;③驾驶时舒适平稳,启动时十分安静,没有燃油汽车启动时的嘈杂声;④购买新能源汽车,有政府补贴,消费负担会减轻,且能百分百中签,上牌快;⑤从2014年9月起,在花都区购买新能源汽车并且有个人停车位的情况下,会获得一个慢充插口;⑥司机们看好花都区新能源汽车的未来发展,司机认为花都区地多,较容易建停车位和充电站,容易规划,前景可观。

推广新能源汽车存在的问题:①成本较高,现在一台新能源汽车大约要30万元(不含政府补贴);②维修费用较高,尤其是电池,一旦损坏,维修花钱耗时,因而不宜在路面太差的路上行驶;③充电和收费问题不完善,花都区仅一家出租车充电站,由南方电网垄断;④充电站太少,由于电池性能限制,续航里程不够长,无法开长途,只能在花都区内,司机们希望在机场路增设一个充电站;⑤纯电动出租车的运营时间是上午8时至晚上8时,一天需要充两次电,每次充电40~60分钟,所以司机的驾车时间和收入都有所减少;⑥新能源汽车的售后服务、维修补贴等还不够完善;⑦新能源汽车在私家车领域还未得到推广。目前在广州中心区,混合动力汽车在私家车领域有一定的应用,但是纯电动汽车还很少。

(四)调研问卷分析

为了解消费者对推广新能源汽车的看法,我们主要针对年龄、性别、学历、收入以及是否了解新能源汽车、是否支持推广新能源汽车、是否愿意购买新能源汽车、愿意购买的原因及购买的品牌等问题,设计了纸质调研问卷表,在生物岛和天河北路对路人进行随机派发,根据回收的50份(愿意配合做问卷调查的人不多)问卷表,分析结果如下。

1. 从年龄段看,16~30岁群体占受访者比例为55%(见图1),他们对新能源汽车的接受程度也比较高。作为新能源汽车市场消费主力群体的年轻人,对后续政策实施效果有较乐观的预期。

2. 受访人员学历普遍较高,大学本科及以上学历占84%(见图2)。大部分人对电动车缺乏了解,69%的人只是听说过新能源汽车,5%的人表示

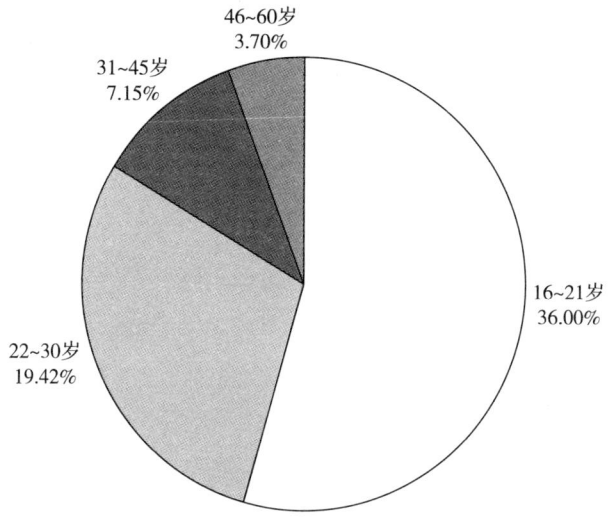

图 1　问卷调查对象的年龄结构

不知道（见图 3）。可以说在一定程度上，广州对于新能源汽车的宣传和普及仍要加强。

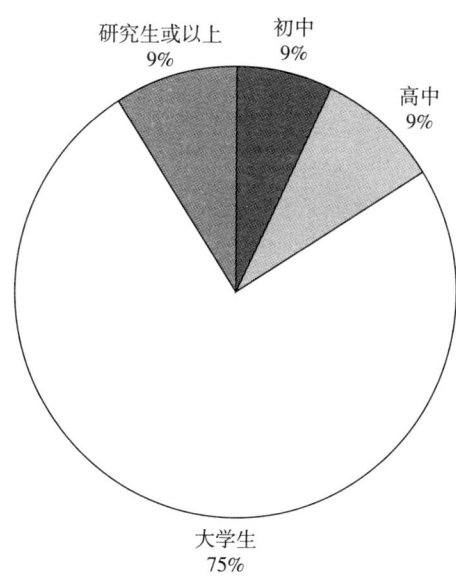

图 2　问卷调查对象学历情况

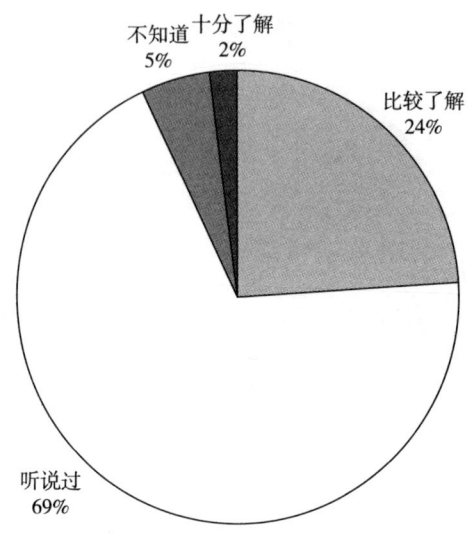

图3 对电动汽车了解程度的占比情况

3. 购买新能源汽车的原因,响应国家环保号召仍然是主要因素,占比达到78%(见图4),说明年轻人的环保意识较高,对国家的环保政策也有良好的支持态度和接受程度。但仍有23%受访者对于电动车的发展前景表示担忧,不支持推广(见图5)。

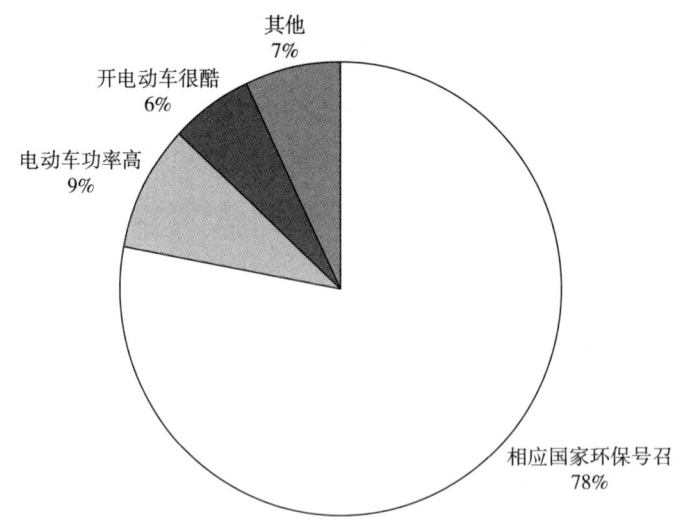

图4 购买新能源汽车的主要因素

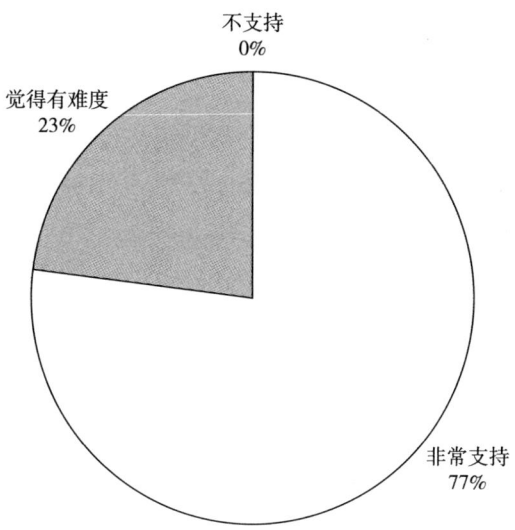

图 5　对国家推广电动车的支持度

4. 新能源汽车在受访者中的接受程度比较高，购买热情也较高。假如有机会购车，有意愿购买新能源汽车的受访者占51%。不过消费者也普遍担心目前充电设施的不足会影响新能源汽车的日常使用，这在一定程度上会影响未来新能源汽车市场的发展。性别和购车意愿之间没有很明显的关联性，此次调查中女性所占比例为64%，男性为36%。

5. 国内品牌效应尚未得到很好体现。在对新能源汽车品牌的选择中，选择国外品牌特斯拉的人数占24%，选择中外合作品牌东风日产的人数占27%，选择国内品牌比亚迪的人数只有11%，而选择其他国内品牌的人数如荣威、奇瑞的更少（见图6）。目前，大众对国内新能源汽车尤其新能源汽车品牌的了解较少，还是比较偏向国外品牌。新能源汽车市场潜力仍非常庞大，今后在新能源汽车领域，应鼓励如比亚迪等国内新能源汽车龙头产业加大发展，树立国内汽车品牌。

6. 对于电动车的价位选择和市面上大众对传统汽油车的价位选择没有太大的区别。在一定程度上，年轻人对于电动车的购买热情取决于其价格和国家的相关优惠政策。此外，受访者中能接受价位在10万~20万元的

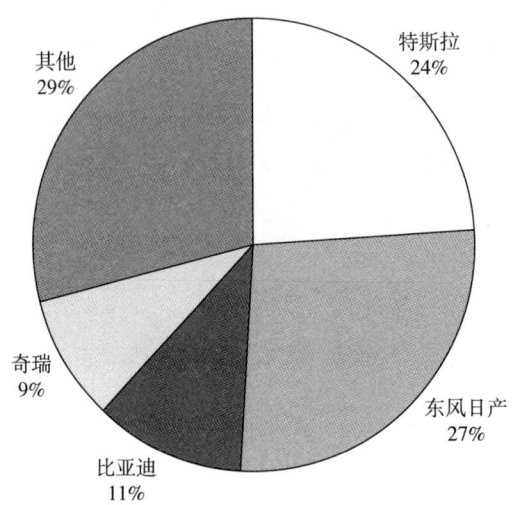

图6 新能源汽车品牌被选择的占比情况

占比为55%（见图7），而收入在5000~10000元之间的占比为54%（见图8），这在一定程度反映了收入与接受新能源汽车价位之间没有很大的关联性。

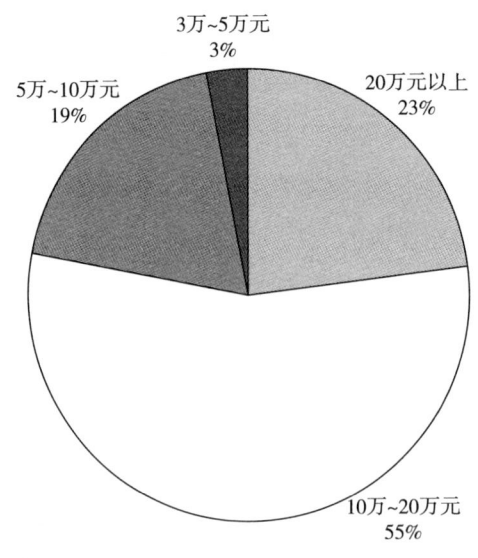

图7 能接受不同价位的人数比例

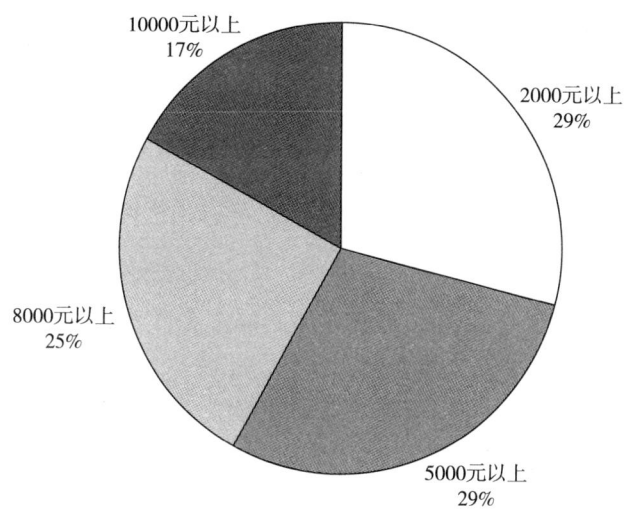

图8 每月各层次收入人数比例

五 新能源汽车发展存在的问题

1. 宣传推广力度不够

目前,广州仍以传统汽车企业为主,政府对于新能源汽车的宣传也尚未普及,目前民众对于新能源汽车的了解程度不高、认识不足,对汽车还存在一些定式思维。民众还存在着对新能源汽车这一新产业的担忧,市场基本未打开。而深圳市政策落实到位,发展速度较快,充电站建设多,拥有新能源汽车龙头企业,私家车领域发展较快。

2. 充电设施不够完善

广州市目前已建成的充电站、充电桩,空间布局不够,数量不足,仅面向公共领域,公用充电设施收费标准也不明确。而充电站、充电桩面向的市场小,导致其运营困难,从而引发充电不便问题。品牌规格不一也给充电桩建设、电池更换等带来难题。

3. 技术及售后服务有待加强

电池技术不够完善,规格不统一,一旦损坏,维修价格昂贵,且售后维修服务政策未能具体落实。充电时间长,续航里程短,影响使用的便利性,这在一定程度上影响出租车行业的实际盈利。受续航里程问题和充电问题影响,当前国家难以在大范围推行纯电动汽车。

4. 政府补贴也难抵偏高的价格

购买新能源汽车费用仍比较高,同时保修费用昂贵。虽有政府补贴,但总体上新能源汽车(可插电式混合动力、纯电动汽车)的价格相对于传统汽车来说要偏高,如比亚迪、北汽等品牌的多数车型价格要高于20万元(一辆),凯美瑞混合动力版的售价也要25.98万元起。

5. 公交汽车领域推广应用力度不够

广州目前新能源汽车在公交车中的应用依然存在问题,如一些线路由原来的电动车改回燃油车,在所有公交线路中,规划新能源汽车的线路只占一小部分。公交汽车由政府全权管辖,公交车司机对新能源汽车推广及一些线路改造关注度不高,热情不足,归属感不强。

6. 出租车领域试点少,运营方式单一

在出租车领域,新能源汽车的推广范围很小,如广州仅以花都区作为试点,而其他区几乎难以见到电动出租车。而花都区作为试点,出租车的运营方式是公司制度。公司单方对司机具有监督和管辖的权力,司机每个月上交份子钱,在这个过程中,司机保障度不够。在对出租车司机的访谈中,司机认为开电动车是市政策要求及完成公司的任务,其本身的积极性不高。

六 广州新能源汽车产业发展的几点建议

(一)加大宣传力度

1. 宣传推广应用新能源汽车主题活动。以居委会等基层单位为主,与相关部门通力合作,采用环保宣讲会、环保知识竞赛、派发环保小册子、发布公益广告等多种方式,将环保意识传递到每一个人身上。

2. 政府在宣传推广应用新能源汽车活动时，应着重于潜在的消费者，明确未来主要受众群体，推出环保进校园、校内环保论坛等活动来促使环保观念能够最大限度地影响年轻一代。

（二）完善基础设施建设

1. 规划引导。政府在关于城市用地方面，规定各类停车场预留充电设施建设条件的要求和比例，从公用充电桩和私用充电桩两者的角度出发制定法规，引导城市规划。鼓励利用原有加油站、停车场的位置，改建或加建充电设施。

2. 加强合作。企业可以利用与相关企业集团合作的形式，合资建设充电桩，并统一充电设施规格标准，如电池规格与材料、充电桩型号等。

3. 他山之石。政府可借鉴北京免费派发充电桩地图或上海启用 APP 来查询、预约充电桩模式、与百度等网页合作等手段，来提高充电站、充电桩的利用率。为解决充电难题，品牌企业可借鉴特斯拉品牌自主建设充电桩的运营模式（深圳市电动车发展有可能仿照特斯拉的运营模式，依托大型线下实体是目前解决充电难的一个主要方向）。

（三）完善技术

1. 提高新能源汽车技术质量。企业应该细化汽车零部件生产领域，专业生产各部分零件，提高整车的质量。同时加大质量监督力度，提高产品合格标准，尽量与国际标准接轨，淘汰不合格的产品，让更多民众放心地投入新能源汽车市场。

2. 加大研发力度，提高电动汽车本身的性能，保证质量。加强技术合作，鼓励各地研究机构与电动汽车企业合作，加强电池技术的研究和创新，从而提高电池性能。同时，鼓励企业在引进国外先进技术过程中找到创新点，如借鉴日本、瑞典、西班牙正在开发的利用石墨烯、镁和碳纤维材料的研究技术以及加拿大的锂硫电池技术。

（四）加大品牌建设

鼓励更多新能源汽车企业打造自主品牌。一是企业需要明确自身产品定位与主要的市场选择，通过参加重要车展来向市场展示自己的产品。二是企业要加大公关投入，在线上线下同步开展宣传，运用新媒体、微电影等新型广告方式进行宣传。三是提高服务意识，售后配套服务要完善，让消费者买得放心，用得舒心。四是响应国家号召，除花都区外，政府再规划1~2个区域作为新能源汽车应用推广试点。

（五）完善相关法律法规

一是国家层面应尽快拟定及出台相关法规，对新能源汽车从生产到报废全过程实行污染监控，对破坏环境行为实行相关处罚。二是政府应明确废弃电池的回收规定及加强回收监管力度。三是加强整顿目前稍显杂乱的电动车市场，通过制度等手段稳定市场秩序，明确低速电动车不在推广的新能源汽车范围内。

参考文献

燕来荣：《混合动力蓄势待发，科技创新引领未来》，《交通与运输》，2014。

张海燕：《未来5年混合动力车将达百万辆》，《中国质量报》2012年10月23日。

张玉磊：《基于SMN的电动汽车产业技术管理研究》，广东工业大学硕士论文，2011。

电动汽车资源网，http://www.evpartner.com/。

B.12
国际化大都市背景下广州新能源汽车发展思考

陈桑桑 钟瑞玲*

摘　要： 新能源汽车发展是抢占城市产业发展制高点的重要砝码。"十三五"时期，国家赋予广州更多国际化的重任，从国际化大都市的背景出发，探寻符合广州的新能源汽车发展思路，以"开放""创新""智慧""协同"四个必需要素引领产业发展，以求在激烈的竞争中保持优势并抢占先机。

关键词： 国际化　都市　广州　新能源汽车

迈入"十三五"新时期，新能源汽车在国家层面的战略地位愈发凸显。作为先进制造业的重要内容，新能源汽车产业是全国主要城市争先发展，欲以抢占城市经济发展制高点的重要抓手。当前，国家对新能源汽车产业的利好政策不断，传统车企、新能源车企乃至互联网企业投入该领域的热情不减，全国各地积极规划发展新能源汽车产业。广州作为全国一线城市，在国家"十三五"规划纲要草案中，承担着"加快提升超大城市国际化水平"的"国际化"任务，角色突出、地位重要。因此从国际化大都市的视角，探寻符合广州的新能源汽车发展思路，对广州在该产业领域的激烈竞争中保持优势并抢占先机，具有重要意义。

---

* 陈桑桑，广州花都汽车城发展有限公司，研究实习员；钟瑞玲，广州花都汽车城发展有限公司，办事员。

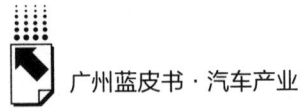

一 国际化大都市背景下广州新能源汽车发展必需要素

（一）借助战略定位增强"开放"要素

根据《广州市城市总体规划（2011～2020年）》，国务院对广州做出了"作为我国重要的中心城市、国际商贸中心和综合交通枢纽"的全新定位，将广州城市层级从省会、华南层面，上升到全国乃至国际层面。作为国家中心城市、国际商贸中心，广州承担着参与国际交流与竞争的使命。与国内大部分城市相比，在举办如广交会等享誉全球的国际性活动中，广州具备更多与国际接轨、对外开放的良好时机和平台开放宣传优势。战略定位的高度提升，强化了广州市场的开放力度，也增强了新能源汽车市场面向社会的开放接纳能力。

（二）借助文化内涵发展"创新"要素

作为岭南文化的中心，广州在国际大都市的建设道路上，首先凸显的城市独特性就是岭南文化。岭南文化经过对中原及海外文化的不断吸取和融汇，逐渐形成以"敢为人先的创新精神"为特点的岭南精神。创新是产业发展的重要推动因素，将其融入广州新能源汽车发展，具体表现在四个方面。一是产品创新。商业模式以产品的特性为基础开展推广和应用，因此产品的设计理应配合商业模式，厂商须以国际化的视野在产品和商业创新上，以集成创新突破传统思维惯性，实现新能源汽车第三条路的发展，提高产品的竞争力。二是政策创新。目前许多城市的补贴政策仅是出台给予新能源汽车制造企业前端补贴的供给侧发力政策，导致产业市场存在许多企业刻意钻取政策漏洞的骗补乱象。借鉴国际经验，中国新能源汽车的产业政策，必须对现有政策进行调整和重新设计，只有从固定的普适性的支持政策，变为精准的扶持性政策，才利于国家优势产业的健康、长远发展。三是品牌创新。有别于合资车企对新能源汽车发展的态度，自主品牌企业将新能源汽车发展作为弯道超车的重要筹码，成为新能源汽车发展的主力军。然而自主品牌的知名度还未完全打开，辐射能力较差，导致产销难以扩大并形成规模，无法打开新能源汽车生态圈发展的新局面。四是服务创新。完善新能源汽车服务市场。通过引进和培育金融、保险等服务类企业，不断完善新能源汽车服务功能布局，进一步形成有利于新能源汽车推广的市场环境。

（三）借助城市共性融入"智慧"要素

城市化进程的不断推进，给经济发展和社会生活带来了一系列问题，其中最为凸显的是在交通拥挤及环境污染两大方面。从城市发展的共性看，智慧城市是城市未来发展的必然趋势，智慧出行、智能交通是建设智慧城市的应有之义。当前，应用"互联网＋"概念可对城市公共服务进行尝试性的提升，通过大力发展分时租赁业务，开启智慧出行的创新引擎，结合城市交通大数据及智能应用，优化城市公共服务，打造新能源汽车智能出行示范区，为智慧城市建设提供更为优质的服务。

（四）借助都市圈概念体现"协同"要素

在全球城市发展中起引领作用的并非单个城市，以纽约都会区、大东京圈、巴黎大都会等都市圈为代表的成熟城市群成为国际区域经济发展的重要主体。广州正在加快提升国际化水平，如国家统计局公布2015年全国GDP百强城市中，珠三角城市群中的广州、深圳、佛山、东莞、惠州、中山、江门等7个城市入选，以广州为核心区域的珠三角已经逐渐成长为比肩国际一流的都市圈。国际化的都市圈概念体现了"区域协同发展"的要义。当前，广州正在建设国际性综合交通枢纽，通过向周边辐射，打造珠三角1小时生活圈。其中，城际铁路直接进入中心城区、加快建设广清、广佛肇、穗莞深及琶洲支线和南延线、佛莞城际、广中珠澳、广佛江珠、广佛环等城际轨道项目。随着广州与周边城市一体化进程加快，在发展新能源汽车过程中，应统筹考虑周边城市发展，增强跨区域高水平服务功能，推动与周边地区特别是珠三角区域协同发展，提升区域经济的竞争力。

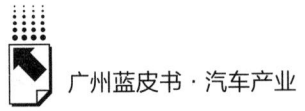

二 广州新能源汽车产业发展现状

2015年,广州量产的新能源汽车主要有广汽传祺的混合动力GA5和东风日产的启辰晨风,销售不足3000辆,占全国整体市场的份额非常有限,但随着广汽比亚迪纯电动大巴的量产下线,广州的新能源汽车产业链逐步丰富,已形成包括新能源整车、动力电池及其管理系统、电控系统、电动空调等在内的完整产业链,车型涵盖轿车、客车、专用车等各类车型,其中,新能源客车年产能达到5000辆,新能源轿车年产能约3万辆。统计截至2015年12月,全市共示范推广新能源汽车达7000多辆。

(一)产业发展现状

一是整车生产领域。目前,广州共有两个自主品牌的新能源轿车,包括东风日产的启辰晨风及广汽传祺;此外,广汽比亚迪新能源客车项目已在广州从化区建成投产,年产可达5000辆;北汽(广州)汽车有限公司也将于2016年6月规划导入纯电动轿车产品,广州已具备了多品牌新能源整车生产能力。二是关键零部件配套生产领域。东风日产动力电池项目在广州花都落户,广州力柏能源科技有限公司、广州鹏辉能源科技股份有限公司、广州天赐高新材料股份有限公司正在推进锂离子动力电池及其管理系统和关联新材料的研发与产业化。三是技术研发领域。广汽集团首个国家"863计划"重大课题"增程式纯电动轿车研发与产业化技术攻关"顺利通过国家科技部验收。四是公共检测领域。中国电器科学研究院、广州市质量监督检测研究院、广州市能源检测研究院建设的新能源汽车关键零部件检测平台已投入运营,成为华南地区重要的新能源汽车检测基地。

(二)推广运营现状

一是示范推广应用工作。广州市从2013年开展示范推广工作,计划至2015年底推广新能源汽车10000辆,截至2015年12月,全市已推广应用新能源汽车7000多辆。二是充电设施建设。通过引导和发挥社会力量投资建设充电设施并加强管理，政府财政支持政策、电价及充电服务费等政策鼓励党政机关加快单位内部停车场充电设施建设。目前广州建成各类充电设施4000多个，广汽、东风日产等整车企业，普天、特锐德、科力等充电设施企业及广州供电局都积极参与充电设施建设。三是政策补贴现状。自2014年起广州市先后出台《广州市新能源汽车推广应用管理暂行办法》、《广州市电动汽车充电设施建设专项资金管理办法的通知》《广州市推进电动汽车充换电设施建设与管理暂行办法》《广州市新能源中小客车车辆购置补贴实施细则》等文件，完善推广应用工作的政策环境。2013～2015年，广州财政共安排约10亿元财政资金支持新能源汽车推广应用，其中，车辆购置补贴7.1亿元，充电设施补贴约2.5亿元。

三 目前存在问题分析

（一）产业规模存在较大差距

2015年，我国累计生产新能源汽车34.05万辆，同比增长3.3倍。其中，纯电动汽车25.46万辆，同比增长4.2倍；插电式混合动力乘用车8.58万辆，同比增长1.9倍。相比之下，广州新能源乘用车产量占比不到1%。东风日产的启辰晨风纯电动车销量为1100多辆，广汽传祺增程式混合动力轿车（GA5 REV）销量为1200多辆，与比亚迪、北汽、奇瑞、上汽等国内企业相比，仍存在较大差距。

（二）充电设施建设相对滞后

一是充电设施紧缺。目前，新能源汽车与充电桩的比例只有3∶1左右，距离2020年规划的1∶1，尚有较大的发展空间。由于投资项目早期效益低，普遍亏损的现象是造成新能源充电设施产业难以发展壮大的主因。此外，充电桩经营企业缺乏完善的经营收入政策及扶持政策，投资企业不敢贸然前行，与巨大的市场潜力和空间相比，充电桩等设施领域的投资主体数量过少。二是充电桩建设协调难度大。在私人领域，居民小区建设充电桩困难重重，主要是因为小区物业难协调、充电车位管理难协调、公共充电设施收费政策不明确等。在公共领域，充电桩及设施建设遇到设计、施工资质和征地、安全评价等系列难题。三是建设管理技术难题多。目前，快速充电、换电和常规充电都面临技术难题，充电网络互联互通虽然已出台统一的规范和标准，但并没有要求强制执行，不同投资主体之间建设的充电桩、采用的充电控制系统仍然有差异，这既限制了新能源汽车，又束缚了充电桩自身。四是商业模式不确定。虽然跨界、互联网众筹等模式初显活力，但从总体上看，投资充电桩的企业尚处探索中，商业模式单一、服务内容单一，严重限制了充电设施的盈利能力、发展能力。充电设施、充电网络面临着商业模式创新的严峻挑战。

（三）示范推广领域相对集中

新能源汽车的推广主要集中在出租车、公务车、商业租赁等领域推广，较少涉及私人领域。由于推广领域过于集中，新能源电动车的示范推广影响被约束在一定范围内，不能发挥推而广之的示范效果。私人领域范围最广，是新能源汽车最具潜能的市场，应提早着手研究推广计划及措施，释放私人领域的能量。此外，随着国家车改政策的不断明确，公务车由购车变为购买租赁服务，当前北京、上海等地公务车租赁发展迅猛，成为国内新能源汽车进入公务车领域的标杆案例，广州在此领域尚未进行规模化探索和应用。

（四）政策配套亟待调整完善

在新能源车和市场政策方面，国家和地方政府针对产品和商业模式都出台了相应政策，但伴随着国家和省市补贴政策的出台，在产业市场靠钻研政策漏洞或游走的灰色地带，以获取补贴为目的的运作手法与政府制定政策的初衷背道而驰，越来越多利用政策漏洞的"骗补"现象层出不穷；消费市场呈现两头大、中间小的哑铃状的发展模式，公交大巴、小微型电动车等低速车大行其道,新能源汽车仅活跃在政府的公交与租赁等集团采购的市场,大众的消费市场反响寥寥。随着2016年"两会"的召开,中央层面的新能源汽车发展多项利好政策频频出台,各地纷纷进入新能源地方补贴政策的密集出台期。针对新能源汽车发展的困境,相应的政策调整,明确规划新能源汽车产业的下一步发展方向是广州目前亟须解决的问题之一。

四 下一步发展对策建议

基于新能源汽车产业发展的现实问题,结合国际化大都市视角下广州新能源汽车发展的必需要素,特提出发展建议如下。

(一)全面统筹,协同发展

无论是从国家战略还是从城市的发展趋势看,城市群发展将是今后城市发展的重要形式。在珠江三角洲城市群发展中,广州位居龙头地位。广州在推动"城市群区域性产业发展布局一体化"等一体化建设中,需充分考虑产业发展布局,与周边城市实现错位发展、资源互补。目前,深圳是全国新能源汽车发展的明星城市,在产业链发展和推广应用方面,深圳模式值得广州充分借鉴,同时广州应创新发展模式,突出发展重点,与深圳等周边城市互促共进。当前,结合国际经验和产业发展方向,广州应以发展纯电动汽车为主,以发展混合动力车为辅,有重点地推进产业发展。

(二)加强创新,健全产业链

一是建立产业技术联盟,推动技术发展。联合产业链整车及上下游关键零部件企业、科研机构、大专院校等团体,建立产业技术创新联盟,进行资源共享整合,加快产学研转化成果,推动产业协同发展和技术进步。二是加强自主品牌打造。加强对东风日产启辰、广汽乘用车、北汽新能源汽车等新能源乘用车的扶持力度,同时加强广汽比亚迪新能源客车建设,推动新能源汽车产品体系完善、技术研发及相关产业链的引进和培育,协调各个自主品牌项目的发展，形成各个自主品牌在各自区域范围内的初步产业聚集，并向广州、珠三角乃至全国辐射，合力带动广州新能源汽车产业在私人和公共领域的发展，打造广州新能源汽车产业品牌聚集效应。

（三）加大开放，推广应用

一是开放社会资本，加快充电桩建设。创新投融资模式，鼓励社会资本进入公共充电桩投资建设领域，加快充电桩在全市的网络布局，增加在停车场、商场、小区等领域的布点。二是开放多渠道推广，加大推广应用力度。借助广州国际化活动举办的契机，把新能源汽车作为活动用车，设立新能源汽车体验活动，发挥宣传示范作用；借助白云国际机场，考虑在机场范围内开辟电动出租车专用通道，机场内部车辆使用纯电动车，在机场适当位置布局若干快充站点等，打造白云机场电动汽车综合示范项目；借助公务用车，借鉴深圳、上海等经验，在公务领域开展分时租赁探索；继续巩固花都等地新能源汽车的示范推广成果，加大出租车示范运营力度；鉴于花都在示范推广方面的经验较为丰富，可在花都先行先试，以新能源汽车为主要载体，申报国家级智能出行示范运营区，通过结合全区交通资源，联网全区智能交通和大数据网络等，进行智能出行示范运营布局。三是从后服务市场入手，打造新能源汽车发展环境。充分发挥各区域汽车城特有的汽车文化优势，大力发展以新能源汽车运动为主的文化产业链，渲染新能源汽车运动发展氛围，发展基于新能源汽车的大数据信息技术，新能源汽车会展、嘉年华、自驾游项目，构建新能源汽车保障体系，适时引入新能源汽车核心部件、维修保养、金融保险、抢险维修、道路救援等，培育新能源汽车新型消费环境。

（四）供需双向，政策扶持

国家和地方政府对新能源汽车推广应用给予的财政补贴是实现新能源汽车飞跃的动力，目前国内新能源汽车市场依然是一个政策市，而且短期内也无法直接撤开政策扶持，单纯依靠市场推动新能源汽车产业发展。通过调整并设计新的扶持政策，打击"骗补"等乱象，理顺市场行为，推动产业健康发展，是当前更为现实的选择。为此，可从需求方面，探索"以奖代补"方式调整现有扶持政策，如出台针对消费者的补贴政策，比如免收过桥费、过路费、停车费、充电费等；可从供给方面，借鉴美国加州零排放汽车积分交易机制，设计建立新能源汽车积分交易机制，推动新能源汽车发展朝着市场驱动转型。

参考文献

杜萍萍：《以用户为主的中国新能源汽车时代已来临》，新华网，http：//news.xinhuanet. com/auto/2016 - 01/24/c_ 1117874416. htm。

段郴群：《电动汽车广州领跑》，《广州日报》2016 年 3 月 24 日。

广州市发改委：《广州市新能源汽车产业发展情况存在问题和对策措施》，《政务专刊》。

B.13
广州交通拥堵与治理举措的评估分析

姚 阳[*]

摘 要: 本文运用西方国家公共政策分析范式来对广州市城市交通拥堵的现状与问题进行分析,从公共问题的确定、公共政策的选择,到公共政策的评价标准和选择,选取最适合广州的机动车管理和交通治理政策。为广州建设国际性综合交通枢纽在机动车管理和交通治理方面提供政策建议。

关键词: 公共政策分析 国际性 综合交通枢纽 广州 交通拥堵

一 背景和问题的提出

广州在"第十三个五年规划"中提出了"构建大交通综合枢纽",中央"第十三个五年规划纲要"提出建设北京、上海和广州等国际性综合交通枢纽。从伦敦、纽约、新加坡、中国香港等世界城市的发展经验看,世界城市基本都是集海陆空等枢纽于一体的国际性综合交通枢纽。这些国际性综合交通枢纽城市一直致力于解决城市内部的通达性。本政策分析将集中在建设国际性综合交通枢纽背景下广州缓解交通拥堵问题上。基于对发达国家具有国际性交通枢纽功能的世界城市应对交通拥堵的"最佳实践"以及相应策略的深入研究,本文将提出一系列应对城市机动车化和缓解交通拥堵的政策选择,依据判断公共政策的评价标准,得出一个最佳的政策选择,并给出一个

[*] 姚阳,广州市社会科学院广州汽车产业研究中心,副研究员。

全面的政策建议。

交通拥堵是世界上每个特大城市都面临并亟待解决的问题。当交通需求达到或者超过道路系统的最大容量时，交通拥堵就会发生。交通拥堵大致分为两大类型：一类是几乎每天都会发生的经常性交通拥堵；一类是由于交通事故、车辆故障、极端天气、特殊事件或者道路系统的临时中断造成的非经常性交通拥堵。[①]

随着城市化和汽车化的进程，交通拥堵给中国各大城市，特别是北京、上海、广州这些特大城市的交通管理带来了巨大的挑战。高德大数据团队根据海量交通出行数据撰写的《2015年度中国主要城市交通分析报告》选取了中国45个城市，以高德地图交通大数据发布平台、数据开放平台、阿里云ODPS及相关数据挖掘支持为基础，分析城市交通现状和趋势。交通拥堵正全面威胁着中国的各大城市，从图1可以看出，一、二线城市及各省会城市是交通拥堵最严重的地方，经济越发达、人口越密集的地区交通拥堵程度越高，京津冀、长三角和珠三角等地区堵车热力度最高。

从城市看，2015年最拥堵的城市分别是北京、济南、哈尔滨、杭州、大连、广州、上海、深圳、青岛、重庆（见图2）。广州在全国最拥堵的城市中排名第六，高峰平均车速为23.69km/h，全天平均车速为26.3km/h，自由流速度为44.29km/h（见表1）。在研究监测的45个城市中，对比近2年各城市高峰期拥堵变化规律和发展趋势发现：2015年全国交通拥堵加剧最严重的城市是广州，交通拥堵指数涨幅高达20%。与此报告分析结果一致的是2016年广州首次发布的"交通拥堵年历"，报告指出2015年广州"中度拥堵"天数达到123天（2014年仅为3天），其中122天集中在4月以后；晚高峰达到"严重拥堵"的天数为83天（2014年仅为9天），其中82天集中在4月份以后；全年后9个月的月均拥堵指数同比涨幅为48%，

---

① 姚阳：《美国汽车社会的公共治理对广州的启示》，《广州汽车产业发展报告（2010）》，社会科学文献出版社。

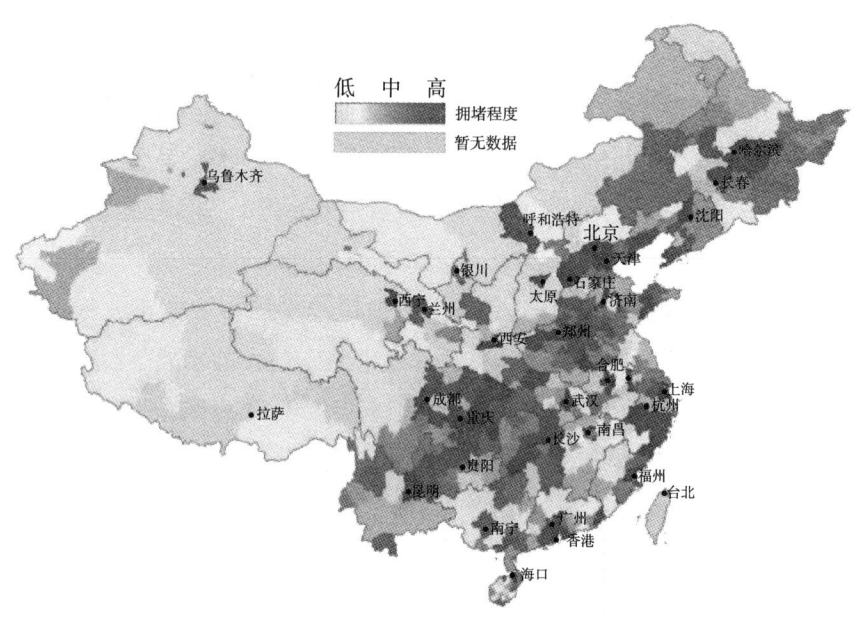

图 1 中国主要城市堵车热力 *

＊高德软件有限公司高德交通团队：《2015年度中国主要城市交通分析报告》，2016。

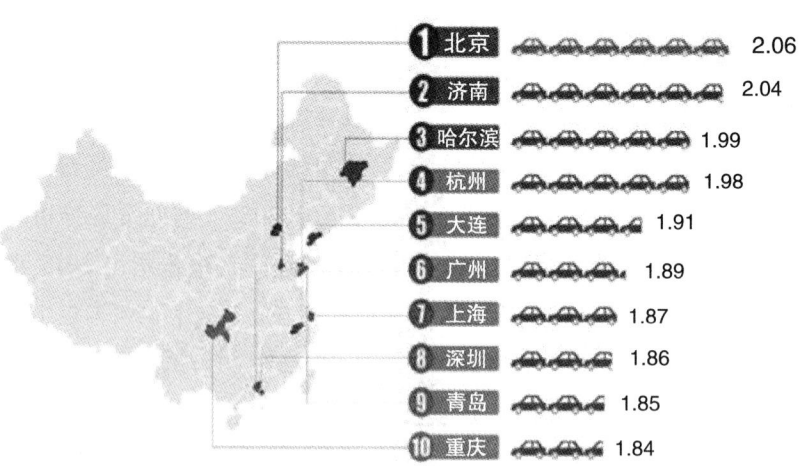

图 2 2015年中国主要城市拥堵排名 Top 10 *

＊高德软件有限公司高德交通团队：《2015年度中国主要城市交通分析报告》，2016。

是前3个月的4倍。从经济角度看，交通拥堵既浪费了时间又造成财富损失，给通勤的人带来了极大的不便，也造成了能源和各种资源的浪费。同时，交通拥堵也对广州的城市环境造成了很大的破坏，特别是造成了空气污染。最重要的是，交通拥堵成为广州建设国际性综合交通枢纽目标的巨大挑战，它破坏了汽车社会带给人们"通行的便利性"的初衷。

表1 2015年中国主要城市交通拥堵情况

拥堵排名	城市	高峰拥堵延时指数上升	全天拥堵延时指数	高峰平均车速（km/h）	全天平均车速（km/h）	自由流速度（km/h）
1	北京	2.056	1.678	22.81	27.98	46.89
2	济南	2.039	1.689	21.23	25.63	43.29
3	哈尔滨	1.989	1.709	21.19	24.56	42.05
4	杭州	1.984	1.717	21.61	25.92	41.21
5	大连	1.907	1.593	21.61	25.92	41.21
6	广州	1.885	1.678	23.69	26.30	44.29
7	上海	1.867	1.568	24.69	29.40	46.10
8	深圳	1.863	1.591	25.44	29.73	47.40
9	青岛	1.851	1.573	24.80	29.18	45.90
10	重庆	1.845	1.567	24.89	29.30	45.92

资料来源：《2015年度中国主要城市交通分析报告》。

二 证据收集

一系列在其他地区采用的治理交通拥堵方法也在广州得以实施。但是不断增长的道路系统供给总是落后于社会对道路的需求。这一现象是因为广州的人口增长和汽车化进程的发展速度更快。综合分析，广州的交通拥堵主要由两个大类七个方面造成：第一大类是由交通事故、恶劣天气、道路施工、特别活动等影响交通的事件造成的拥堵；第二大类是交通瓶颈、不合理交通信号灯、不合理交通基础设施等造成的拥堵。

第一大类影响交通的事件包括方面。一是新手上路、不良的开车习惯、汽车故障、绿化带遮挡行车视线等引起的交通事故扰乱正常的交通流导致了一部分交通拥堵。新手上路不熟悉车况和路况，行车缓慢影响正常车流以及不熟悉交通规则导致交通事故造成的暂时性交通拥堵时有发生。频繁变道、插队等不良的开车习惯也导致交通事故致堵。近年来，广州加大了城市道路绿化面积，但是由于绿化带设计不合理、遮挡视线造成的交通事故时有发生。二是恶劣天气状况影响交通流的变化，根据历史降雨量记录，广州2015年5月的降雨量达804.5毫米，一个月的降雨量与往年半年的降水量相当，拥堵指数的上涨与恶劣天气的影响有较大关系。三是广州新建地铁、各种管网施工、道路建设等造成的交通阻塞。广州交警部门公布，广州中心城区道路在建施工路段约90处，在施工类型中，地铁站和轨道交通多达34处，其次是路桥、水务、电力等。施工路段需要封闭，车辆被迫绕道或变道，形成新的交通瓶颈，成为塞车的黑点。如花都的地铁9号线工程，由于工期一拖再拖，临时性施工堵塞已经成为常态。四是节庆、赛事、商场促销、广交会、演唱会、特殊活动造成的交通堵塞。周五、节假日、圣诞节等节假日也成为拥堵指数大幅上升的日子。商圈密集的天河城、北京路、友谊商场每次开展商场促销活动都会造成周边道路不同程度的堵塞。大型赛事及重大活动也会造成周边道路拥堵加剧，交通压力增大。2015年，从天河体育场周边2公里内道路状况来看，明星演唱会、恒大足球以及亚冠赛都会造成严重的堵车。其中，2015年6月13日汪峰演唱会成为天河体育馆周边道路全年最拥堵的一天，演唱会当天体育场周边道路拥堵延时指数高达2.36（严重拥堵）。

在第二大类交通物理特征带来的交通拥堵中，最突出的问题是交通瓶颈。一是广州的几大堵车黑点均存在交通瓶颈问题。如天河路岗顶段，BRT专用车道占用了两条社会车道，在西往东方向的地中海酒店门前直到中山三院门口，形成了三条机动车道（车道宽度仅为正常的三分之二）的瓶颈。只有四车道的东风路直通高架相对于东风路双向八车道来说也是严重的瓶颈，这使得上农林高架、东濠涌高架等高架前，常年堵车和各种"加塞"。

二是交通信号灯在时间分配上与道路情况不匹配造成道路堵塞。一些新建道路区域,如白云区新通车的空港大道,由于新设红绿灯多,且设置不合理,造成周边道路比该路段未通车前更拥堵。三是基础设施不完善造成的拥堵。如停车场不足、道路设计不科学,导致车辆被迫占道、变道,影响行车速度,阻挡车流造成堵塞。

以上是造成广州堵车的几大重要方面。根据广州市交警的分析数据,造成广州2015年拥堵指数大幅度上涨的主要原因,是互联网"专车"和"快车"及大规模地在本地使用外地车。目前在广州本地行驶的外地车数量约有35万,出行强度非常大。一方面,互联网"专车"的兴起,导致出行结构发生变化,出行者从选择公共交通转向个体交通。2015年4月,全市公共交通客运量为4.86亿次,降低了约4%。另一方面,由于互联网"专车"缺乏规范的管理,在用车量大的区域存在严重的"车等人""违章停车"及"人为低速行驶"等现象,恶化了路网的通行环境,导致全市路网的交通承载力大幅下降11.8%。广州实施"限牌"政策三年以来,被抑制的汽车消费增量约为100万辆,但随着本地车上外地车牌的情况持续增加(见图3),限牌政策的实施效果已基本被抵消,而且消耗了交通承载力对应

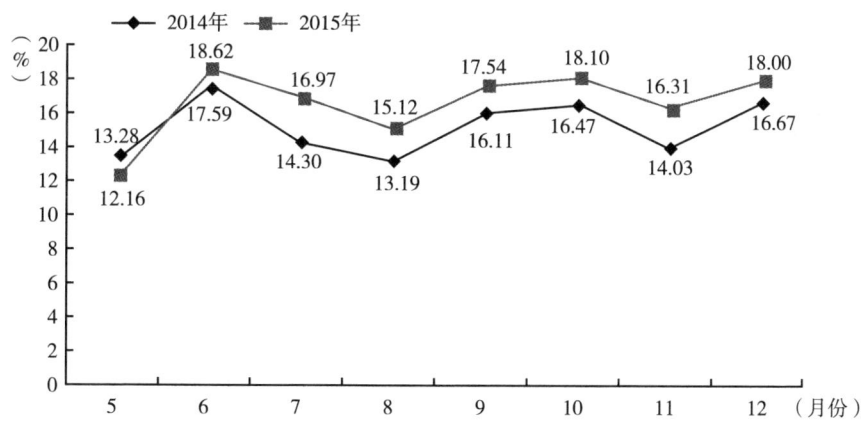

图3 广州中心城区主干道外地车比例变化情况＊

＊《广州首发交通拥堵年历去年"中度拥堵"123天》,《广州日报》2016年1月8日。

汽车保有量的剩余空间。同时，由于缺乏对外地车的管理，本地化外地车交通违章现象更为严重，从而加剧了交通路网环境的恶化。

三 构建政策选择

从20世纪60年代汽车社会来临开始，世界各国大城市都在致力于缓解交通堵塞。美国为减轻交通堵塞采用了一系列的策略，美国联邦公路管理局的研究报告[①]将这一系列策略分为三大类：鼓励减少交通拥堵的出行方式和土地利用方式、增加更多通行能力和通过精细化管理来实现治堵（见图4）。可以看到，这一系列策略的总体思路不在"限制需求"，而是将重点放在了"扩大供给、提供多元化交通出行方式和提高管理服务水平"上。

"十二五"期间，广州市针对交通现状和存在的问题，提出了《广州市关于改善中心城区交通状况的工作措施》，对中心城区治理交通拥堵工作做出了统筹部署和要求，从广州目前实施的治理交通拥堵政策看，可以总结为以下几个方面。

措施一：城市规划控制和调节交通

一是通过规划引导中心城区人口和新增人口向外围新区转移，达到疏解中心城区交通拥堵的作用。广州提出构建东部山水新城和南沙宜居滨海新城两个新城区，提升花都、增城和从化三个外围城区。同时，注重加快外围区域教育、医疗、行政等公共服务功能的配套和商业配套等城市服务功能，以及与居住人口相应的高质量就业机会，避免远距离通勤造成的潮汐车流量。通过完善各个新城区的功能，使之成为相对独立运行的组团，减少新城区居民对中心城区功能性的依赖，降低长距离交通出行量，改善中心城区交通状况。二是严格控制和科学调节中心城区建设总量增量和开发时序。受建成区

---

① Cambridge Systematics., Inc & Texas Transportation Institute (2005). *Traffic Congestion and Reliability: Trends and Advanced Strategies for Congestion Mitigation*. Washington, D. C.: Federal Highway Administration.

广州交通拥堵与治理举措的评估分析

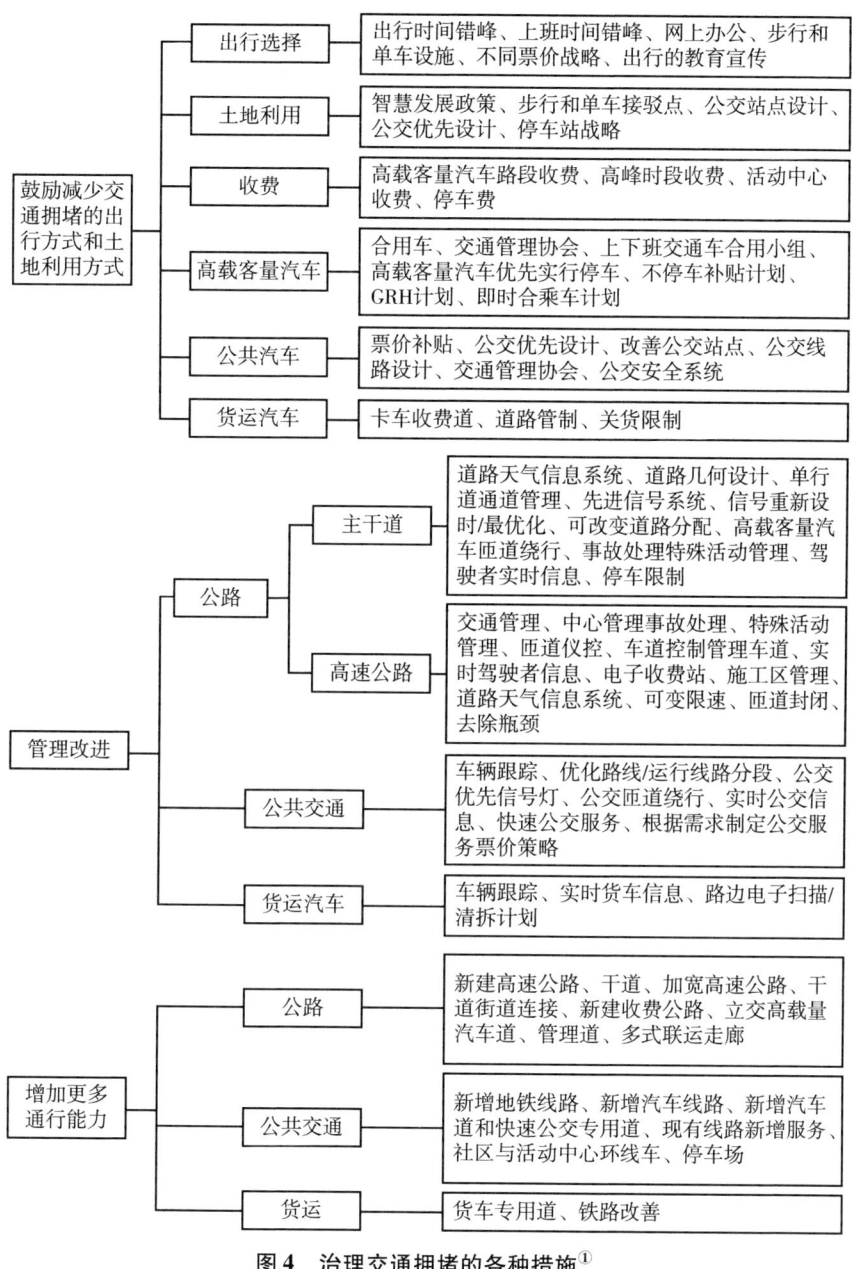

图 4 治理交通拥堵的各种措施①

---

① 姚阳：《美国汽车社会的公共治理对广州的启示》，《广州汽车产业发展报告（2010）》，社会科学文献出版社。

的影响，中心城区道路交通容量存在承载限值。通过完善新项目审批制度和加大对新建项目的交通影响的评估，严格控制建设项目总量增量，避免新增项目诱增的交通量加剧中心城区的交通拥堵。三是中心城区部分功能外迁，如货运市场、批发市场等。四是加快市区外围轨道交通枢纽换乘站点建设，加强换乘接驳，建设停车场，科学调节和引导市民进入中心城区的交通出行方式。

措施二：提高交通容量和效率

一是通过打通断头路、拓宽瓶颈道路、改造重要交通交叉口等措施，减少其对区域整体路网运行效率的限制作用，释放现有道路的通行潜力。二是通过加快建设城市内部高速路和快速路建设，增加交通容量。三是完善道路网结构和布局，特别是与中心城区主干道、次干道相匹配的支路微循环系统，改善中心城区路网级配不科学、部分道路功能紊乱的现象。四是完善人行过街设施的建设，实现"人车分离"，保障人行交通安全的同时，提高机动车行驶的速度和效率。五是优化中心城区单行道设计，提升支路功能，提高交通流运转效率，简化交叉路口的交通组织。

措施三："公交优先"战略

一是从道路路权、交通信号两方面保障常规公交车辆优先通行，设置分时公交专用道，建设公交站场和港湾站，加大公共交通优先发展的财政投入。二是加快地铁交通网络的建设。三是利用SCATS系统，优化交通信号，确保公交优先且兼顾社会车辆通行，进一步提高常规公交的运行效率。四是加大公共汽车、地铁、出租车的运力投放力度，解决公共交通拥堵和等候时间过长等问题。五是加强公共交通和其他交通方式的无缝接驳。

措施四：经济手段调节流量

广州积极研究通过多种经济手段，科学调节中心城区交通流量。一是通过停车场差别化收费调控进入中心城区的交通模式。利用价格杠杆，引导私家车选择使用公共交通道进入中心城区，特别是在行政办公、教育、医疗、休闲娱乐、商业功能区域。二是学习国外先进城市运用经济杠杆收取拥堵费的经验,探索符合广州的经济调节措施的可行性。

措施五:对车辆的管理

一是加强对货车的交通管制,通过对货车的交通管制分离过境交通,不断扩大货车交通管制范围,引导货车在中心城区外围的高速公路通行。二是通过公务车改革,减少大部分公务车的使用。对仍在使用的公务车通过加装GPS提高管理。三是探讨制订特殊路段或特殊时期的临时性交通限行。广州在亚运会期间,为保障交通顺畅实施的限行措施效果显著。四是限牌政策,抑制购车需求。

措施六:智能化交通

大力推进移动互联网、物联网、大数据、云计算等新一代信息技术在交通运营、服务、管理方面的深度应用,全面提高城市交通智能化水平。一是建设交通仿真基础数据公共管理平台,全面掌控交通实况,引导市民科学合理地选择出行方式和路线,均衡交通流分布。二是加快停车场智能化改造,实现停车动态信息的资源共享,充分挖掘实时停车资源信息,提高停车效率,减少停车巡泊带来的大量无效交通流。三是建立实时交通信息发布系统,通过交通信息屏引导车辆提前分流。四是加快"智慧广州"建设,大力推进电子政务、电子商务、电子办公,减少交通出行需求。通过智能化改造以提高整个交通管理水平和运行效率。

措施七:对拥堵点的治理

一是针对经常性交通拥堵点,认真研究并提出改善意见,开展综合整治,对整治效果进行评估,补充完善相关措施。二是对临时性交通拥堵点的现场疏导。成立交通秩序整治专业队伍,使其成为快速疏导交通的机动力量,对交通事故等应急事件,做出快速现场疏导和救援,提高管理效率。

措施八:对驾驶人的管理和教育

一是加强对车辆违法占道停车及占用公交专用道的处罚力度。二是开展文明交通活动宣传,提倡文明驾驶行为。文明驾驶能够减少很多交通事故,并大大提高道路交通的通行效率和速度。

四 评价标准

以建设国际性综合交通枢纽为目标,我们选取流动性、成本效益、可获得性、可靠性、公平性、可持续发展、可操作性等标准来评价广州治理交通拥堵出台的政策措施。

(一)流动性

流动性是评价交通拥堵治理政策最核心的标准之一。流动性也是交通拥堵治理政策实施后期待到达的效果。流动性通过两个指标来衡量:日平均出行速度和日平均出行延迟。日平均出行速度是指任何一种出行模式的出行者每天的平均每小时行走公里数。日平均出行延迟是指在实际出行时间和在没有交通拥堵发生情况下预计的出行时间差。

(二)成本效益

成本效益是指该交通拥堵治理措施所需的投入支出和所带来的通行效率提高的水平比例。由于政府财政资源有限,每项政策措施的成本评估都应该是严格的。有限的财政资源应该被安排到更有效的方案上。成本效益试图分析花费的每一笔钱、每个措施的实际效果。这个预计的效果包括节约的时间、能耗的降低、汽车使用成本的减少和安全性的提高等。

(三)可获得性

可获得性是从出行者使用交通系统的角度,衡量出行便捷度的指标。一个好的政策选择会考虑对不同出行人群交通的可获得性,包括不同年龄、职业、地理区域、收入,也会考虑不同的出行目的,包括上班、上学、就医、休闲、购物以及其他各种提高人们生活质量的活动。

(四)可靠性

可靠性的测量反映了道路使用者在日常出行中的经验差异,换句话说,它使出行时间具有可预测性。考量标准的可靠性不同于流动性（测量交通系统速度），也不同于可获得性（重点是交通系统在多大程度上为不同人群的不同出行需求提供机会）。可靠性重视的是流动性的变动情况和日复一日的可获得性。

（五）公平性

由于交通系统是一个公共产品，强调每种政策的公平性就显得特别重要。对于使用交通系统的道路使用者而言，这意味着一项政策的实施是否被视为对某些群体相对于其他群体的不相称的影响。皮特·琼斯[①]认为，"公平性"评估可能会提出内部性和外部性两个条件，一是方案实施的内部性考虑政策对一组群体相对于另一组群体的影响，二是外部性条件，例如可支配收入的差异性。

（六）可持续发展性

可持续发展性在这里是指目前所采用的治堵政策是否能适应未来的趋势和发展，以及是否能在长远上为减轻交通拥堵带来积极的影响。一项交通治堵政策如果随着时间的推移，仍能保持其整体有效的性能以减轻交通拥堵，就可以说其是具有可持续发展性的。如果治堵政策只能短暂地缓解交通拥堵，它就不具有可持续发展性。它将耗费政府的经费、时间和精力来实施新的政策，对社会资源造成巨大的浪费。

（七）可操作性

可操作性的评估是分析政府实施该项政策的可能性。它包括了一系列问题：实施政策的难度性、预算支出是否符合预算、技术上是否满足要求、政策实施后多久能产生效果、政策的实施是否对环境有影响等。

---

① Jones Peter. "Addressing Equity Concerns in Relation to Road User Charging". Transport Studies Group, University of Westminster (UK), 2005.

五 评价结果

根据上述流动性、成本效益、可获得性、可靠性、公平性、可持续发展性、可操作性七个评价标准，对广州实施的城市规划控制和调节交通、提高交通容量和效率、"公交优先"战略、经济手段调节流量、对车辆的管理、智能化交通、对拥堵点的治理、对驾驶人的管理和教育八大交通治堵政策进行综合的评价。

对措施一的评价：城市规划控制和调节交通

广州在"十二五"期间提出了加快构建两个新城区、提升三个外围城区、抽疏中心城区功能的人口政策。该政策实施5年以来对中心城区交通缓解作用还未充分发挥出来。这主要是因为政府财力分配没有到位，新城区的公共服务和基础设施配套没有跟上来，效果不明显。从长远看，该政策的可持续发展性较强，但是需要长期的落实和推进。推进中心城区货运市场和批发市场外迁的过程也不尽如人意。这主要是因为货运市场和批发市场的搬迁对就业人口产生较大影响，影响政策的公平性原则。

对措施二的评价：提高交通容量和效率

长期以来，广州一直致力于提高交通容量和效率。财政大量的资金也用于推进道路网络体系的改善。但是断头路的打通和拓宽瓶颈路段、改造交通交叉口以及新建道路涉及资金筹措、土地准备、征地拆迁等各项前期工作。项目的实施要考虑交通需求的轻重缓急和实施的可行性、社会公众的意见以及对环境的影响。政策的实施速度较慢，效果未显现出来，而且5年来新增的交通需求远远大于增加的交通容量。

对措施三的评价："公交优先"战略

发展公共交通可以在流动性、可靠性、可获得性、公平性和可持续性几个评价标准间达到很好的平衡。它能够较好地解决交通容量和交通需求之间的矛盾。虽然"公交优先"战略中的快速公交系统、地铁建设需要较大的资金投入，但是在财政可承担的范围内，而且可采用更加灵活的市场模式，如 BOT 和 TOT 模式。虽然建设一个完善的公共交通系统需要很长的周期，但它能够从长远上解决交通问题。基于我们的政策评价标准建设一个便捷的公共交通系统是一个较好的政策选择。

对措施四的评价：经济手段调节流量

经济手段调节流量可以降低私家车的交通需求，从而减轻交通拥堵问题。对于独立的私家车用户而言，这将降低其流动性。但是对于整个城市来说，则会提高其整体流动性。这一政策传导的理念是：你出行越多对道路资源的占用就越多，就应该为此支付越多。收取的费用可以用于公共交通基础设施，为出行提供更多的选择。此政策的可行性有待深入研究和论证，为今后的政策实施做好相关准备。

对措施五的评价：对车辆的管理

通过对不同类别车辆的管理，分类实施限行政策，减少进入中心城区的交通需求。限行政策通过强制的行政手段较好地抑制了不同类别车辆的出行，基本是零成本、高效率。但是饱受争议的是该项政策的公平性。其剥夺了出行者自由选择出行模式的权利，也降低了个体的流动性。从可持续发展的角度，如果不从根本上解决交通容量供给侧的改革，从长远来看，交通拥堵问题还是不能得到缓解。从可行性来看，由于广州市是省会城市，限行有悖于其中心城市的功能，具体的方案一直还在探讨中。

对措施六的评价：智能化交通

智能化交通是未来解决交通拥堵的根本方案。通过物联网、互联网、大数据等技术在整个交通系统的深入应用，建立一种大范围、全方位发挥作用、实时、准确、高效的交通系统。智能化交通应用将大大提高流动性。但是由于整个社会智能化水平还处于起步阶段，其基础设施的投入和智能化交通的建设还是一个庞大的系统工程，投入需求大而且技术的稳定性还有待验证。从长远来看，智能化交通在交通治堵政策中是最具可持续发展性，能够从根本上解决交通拥堵问题。

对措施七的评价：对拥堵点的治理

开展交通拥堵点综合治理，需要较大的人力投入。对拥堵点的治理能够在一定程度上缓解交通拥堵，提高效率。从精细化治理的角度针对每个交通拥堵点订制方案，具有较强的可操作性，且成本较低。但是由于不能解决交通系统的整体性问题，其可持续发展性较弱。

对措施八的评价：对驾驶人的管理和教育

在交通环境稳定运行的各种影响因素中，驾驶人遵纪守法和文明的通行习惯非常重要。加强驾驶人管理和教育，从短期来看能够缓解一定程度的交通拥堵，但不能解决根本问题。该政策最大的优势是低成本，但能在短期内带来一定效果。但是它既不能增加交通容量，又没有减少交通需求，且出行模式也没有得到优化。它仅能改善交通的外部环境，降低因不文明驾驶带来的交通拥堵。

表2 广州治理交通拥堵措施评价

标准\措施	城市规划控制和调节交通	提高交通容量和效率	"公交优先"战略	经济手段调节流量
流动性	★★	★★★	★★★★★	★★★
成本效益	★★★	★★	★★★	★★★★★
可获得性	★★	★★★★	★★★★	★★★
可靠性	★★★	★★★	★★★★	★★★★
公平性	★★★	★★★	★★★★	★★★
可持续发展性	★★★★★	★★★★	★★★★★	★★★★
可操作性	★★	★★★★	★★★★★	★★★
得分	19	25	30	26
标准\措施	对车辆的管理	智能化交通	对拥堵点的治理	对驾驶人的管理和教育
流动性	★★	★★★★★	★★★	★★
成本效益	★★★★★	★★	★★★	★★★★★
可获得性	★★	★★★★★	★★★★	★★
可靠性	★★★	★★★★	★★★★	★★★
公平性	★	★★★★	★★★★	★★★★
可持续发展性	★★	★★★★	★★	★
可操作性	★	★★★	★★★★	★★★★★
得分	16	30	26	23

说明：每个指标分为★到★★★★★5个等级，每项措施的得分为7个标准得分的总和。

六 总结

以上治堵政策都在一定程度上缓解了广州交通拥堵问题,从表2的评价结果看,智能化交通和"公交优先"战略对从根本上缓解交通拥堵能够起到最好的效果。"公交优先"战略,通过提供多元化公共交通方式加强了广州中心城区内部和区域性的流动性,同时为不同人群的可获得性提供了便利。同时,从保护环境的角度来看,它是最有效和最安全的选择。"公交优先"战略适合中国国情,充分考虑了广州人口密集和中心城区空间有限的特征。从长远来看,智能交通系统发展更具有可持续发展性和更能为个体流动提供便利。显然,没有一种政策选择能够解决全部的问题。以上政策措施只有综合实施才能达到最好的效果,从整体上加强流动性、可靠性、便利性和社会公平。成功的交通拥堵治理政策不仅需要政府的具体实施,而且需要全社会的参与,需要交通运营企业、交通技术研发和应用部门以及每个社会个体的参与。特别需要唤起公众意识,社会共治交通拥堵问题。

参考文献

姚阳:《美国汽车社会的公共治理对广州的启示》,《广州汽车产业发展报告(2010)》,社会科学文献出版社,2010。

高德软件有限公司高德交通团队:《2015年度中国主要城市交通分析报告》,2016。

广州市交委、广州市政府:《广州市关于改善中心城区交通状况的工作措施》,2011。

B.14 提升广州汽车零部件产业核心竞争力思考

许睿奇 欧阳思*

摘　要： 专家预计在未来5年，中国汽车零部件产业将实现每年20%以上的增长，但大部分零部件供应商没有真正掌握核心技术。本文通过剖析广州汽车零部件产业发展现状，分析广汽集团零部件产业的发展历程，提出加强零部件产业自主开发能力建设，加速产品的升级换代，增强零部件企业的综合实力，实现零部件企业内涵式的增长及外延式的进一步扩展，提升零部件产业的核心竞争力。

关键词： 零部件产业　自主研发　核心竞争力

2015年，中国新车销量达到2459.76万辆，同比增长4.7%，继续保持世界第一；同期二手车交易量为705万辆，同比增长16.43%。新车销售和二手车交易量的增加，进一步扩大了汽车对零部件配套的需求。另外，伴随着销量和交易量的增加，中国汽车的保有量不断增长，售后市场对零部件的需求也大幅增长。可见，汽车零部件产业有市场、有需求，必将继续得到快速发展。有研究表明，中国汽车零部件产业预计在未来五年将实现每年20%以上的增长。反观现状，在超过100万家的中国本土零部

---

* 许睿奇，广州汽车集团零部件有限公司内刊编辑；欧阳思，广州汽车集团零部件有限公司，经济师。

件供应商中，大部分零部件供应商虽具有价格优势，而且擅长机械制造，可在电子、组件及系统集成能力方面存在欠缺，其主要原因是企业缺乏技术开发实力，没有掌握真正的核心技术。因此，中国零部件企业迫切需要加强自身技术竞争力，努力缩小与国际供应商之间的技术差距，尽快提升企业核心竞争力。

一 核心竞争力概述

美国学者认为，对一个企业而言，核心竞争力首先应该有助于企业进入不同的市场，成为企业扩大经营的能力基础。其次，核心竞争力应对创造企业最终产品和服务的顾客具有重大贡献，其贡献在于实现顾客最为关注的、核心的、根本的利益，而不仅仅是一些普通的、短期的好处。最后，企业的核心竞争力应该是难以被竞争对手所复制和模仿的。由此可见，核心竞争力是一个企业能够长期获得竞争优势的能力，是企业所特有的、能够经得起时间考验的、具有延展性并且是竞争对手难以模仿的技术或能力。

概括而言，核心竞争力是企业相较于竞争对手而言所具备的竞争优势与核心能力差异。因此，对于企业核心竞争力的研究，一要注重对公司资源和能力的分析，从中发现企业的竞争力，再确定哪些竞争力能够构成核心竞争力。二要建立企业核心竞争力分析指标体系，测度企业内外部资源和技术能力及支撑能力指标的表现，并比较该企业与同行业其他企业的表现，找出相对于其他企业的优势资源和能力。三要在此基础上创立自身具有独特性、独具特色和个性的竞争力，进行差异化经营。

二 广州汽车零部件产业现状

汽车发展历史表明，零部件产业的发展是汽车工业发展的基础，也是支持汽车工业健康、持续发展的必要因素，从某种意义上来讲，零部件的发展水平直接决定了汽车产业的先进程度。要将中国建设成为汽车强国，在加速推进自主开发和自主品牌建设的进程中,就需要有一个强大的本土零部件体系作为支撑。

纵观广州汽车工业的发展历程,零部件产业的支持功不可没。1998年7月成立的广汽本田成功地走出了一条"以市场为导向、少投入、快产出、滚动发展"的道路,带动了广州汽车工业迅速发展。东风日产、广汽丰田、本田(中国)、广汽日野、广汽乘用车、北汽广州工厂、广汽菲克广州分厂、广汽比亚迪新能源汽车等相继落户广州,形成了东部有广汽本田第一工厂至第三工厂、本田(中国)出口工厂、北汽广州工厂;南部有广汽乘用车第一至第三工厂、广汽菲克广州分厂、广汽丰田第一至第三生产线;北部有东风日产第一及第二工厂、广汽日野重型车工厂、广汽比亚迪新能源汽车工厂等组成的汽车产业发展布局。广州汽车工业的不断发展壮大,带动汽车零部件供应商聚集广州配套发展,众多的海内外汽车零部件供应商纷纷落户增城经济技术开发区零部件产业园、广州开发区零部件生产基地、花都汽车城零部件产业园、番禺汽车产业基地、南沙黄阁汽车城等园区,这些产业园区和零部件供应商为广州汽车工业的快速发展提供了保障。现在,数以千计的汽车零部件及后市场流通企业遍布市内各大核心区域,广州已成为中国汽车零部件最重要的生产及流通基地之一。

2015年,在中国汽车市场增速放缓的形势下,广州实现汽车产销量双双突破200万辆,完成汽车产量220.99万辆,同比增长12%,增速明显高于全国汽车产量增长水平。汽车零部件也水涨船高增速发展,年产值超过3700亿元。广州汽车产业集群的优势凸显,成为广州经济发展的龙头产业。

在广州汽车产业集群蓬勃发展的繁荣中,相比整车轻量化、智能化、网联化、电动化的创新发展,汽车零部件产业的发展存在一定的滞后性。主要体现在:企业自主研发能力不足,缺乏具有自主知识产权的核心技术等;零部件产品层次低,关键零部件、新能源汽车"三电"等高附加值的零部件产品不多;研发成果转化与产业化的能力不强等。因此,汽车零部件企业急需加强关键零部件研发,掌握核心技术,提升企业核心竞争力。

三 广汽集团零部件产业核心竞争力分析

广州汽车集团股份有限公司（简称广汽集团）零部件产业 2015 年生产配套发动机超过 120 万台，配套变速箱近 30 万台，零部件相关营业收入近 400 亿元。生产企业主要包括广汽丰田发动机有限公司、上海日野发动机有限公司、杭维柯汽车传动技术有限公司、广汽本田发动机工厂、广汽乘用车发动机工厂、广汽菲克发动机工厂、广州汽车集团零部件有限公司（简称广汽部件）及其投资的 37 家下属企业。另外，东风本田发动机有限公司为广汽本田和本田（中国）配套。

（一）加快自主创新，提升广汽部件核心竞争力

广汽本田成立后，为配合其满足整车产品国产化率配套的产业政策要求，广汽集团通过对广州市原有汽车零部件企业实施资产重组，于 2000 年 8 月创立广汽部件，先后与国际知名零部件企业如电装、东京座椅、普利司通、丰田纺织、林天连布、斯坦雷等公司合资合作，组建了 10 多家零部件生产企业，开展国产化率配套。伴随着广州整车企业的同步发展，广汽部件不断壮大，目前有投资企业 37 家，遍布广州等地的各大汽车零部件产业园区。零部件产品主要包括变速器、汽车空调、座椅、HVAC 系统、汽车灯具、减震器及配件、自动操作配件、门内饰板、地毯、隔音件、弹簧、铝溶液、铝轮圈、转向器、电机等，初步形成了内外饰系统、热交换系统、照明系统、底盘相关部件等多系列、多品种的产品。其成为广汽集团完整产业链的主要组成部分。

多年来，广汽部件抓住市场机遇，调整产品结构，持续开展降低成本和提升品质活动，主动出击，积极开拓业务。同时，积极开展自主创新，不断提高技术研发水平，投资设立自主研发成果产业化企业，提升其他控股和参股企业营运水平，配套范围不断扩大。其先后与广汽本田、广汽丰田、东风本田、东风日产、长安福特、海南马自达、广汽乘用车、广汽菲克、广汽三

菱等整车企业配套，部分产品出口到美国、德国、日本、东南亚等国家和地区。经过多年的发展，公司已成为国内较有规模和影响力的汽车零部件集团，2015年实现营业收入239亿元，在"中国机械500强"的排名中逐年上升，从2007年的第49位跃升至2015年的第31位，广汽部件的综合实力及竞争能力在行业名列前茅。

1. 不断自我总结，及时发现存在不足

广汽部件一贯重视自身能力建设，在发展过程中，不断自我总结，及时发现存在的不足，有针对性地创新变革。

（1）合资企业比例过大。广汽部件成立初期投资了不少企业，但只有广州华德弹簧一家是控股企业，其他投资企业都是合资合作企业，且主要是与日本零部件供应商合资的企业，配套范围形成固有的体系，可扩展性较小。这些企业的合资方开放性均较低，深入合作的可能性也不大。这种合作局面影响广汽部件的有效发展。

（2）集团内配套比例过大。广汽部件成立时主要是为了满足广汽本田实现国产化配套的需要，由于广汽部件是广汽集团完整产业链的重要组成部分，之后发展为广汽丰田、广汽菲克、广汽三菱等整车企业配套，没有太多的资源去开发其他业务，因此，配套供应主要面对广汽集团内的客户，比例超过70%，尤其与日系整车企业配套，客户结构和抗风险能力较弱。

（3）自主创新能力不足。广汽部件投资企业主要为合资合作企业，外方完成产品研发后导入国内生产，产品技术和产业化的主动权掌握在外方手中，合资企业仅负责产品的生产制造。由于自主研发能力较弱，广汽部件无法参与产品研发及更新换代，无法掌握产品生产的关键技术和集成能力，缺乏企业内部控制的主动权。

以上的不足，在一定程度上制约了广汽部件业务的发展。因此，必须创新变革，依托广汽自主品牌传祺快速发展的势头，建立自己的研发体制和机制，加强自主研发能力，开展自主产业化，并借此扩大控股企业比例，积极开拓市场，提高体系外配套业务的比重。

2. 建立研发机构，增强自主研发能力

（1）组建技术中心。广汽部件一直致力于强化和提升自主研发的能力，坚持把零部件研发能力建设列在企业发展的重要位置，组建自己的技术中心。首先，健全中心的运营体制，包括组织架构、人员计划、薪酬体系、项目奖励、专利奖励等，中心下设七个科，分别是座椅科、机电科、内外饰科、生技科、试验评价科、技术管理科和综合管理科，并不断扩充产品研发团队。其次，建立相关研发管理体系和制度，制定研发人员工作守则，规范研发项目管理流程，完善标准信息数据库和产品情报平台数据库、项目研发的基础设施，为自主研发业务的顺利开展打好基础。最后，积极配合公司战略规划要求及技术研发业务需要，对公司研发业务进行梳理，提出优化产品结构研发规划和目标，借力广汽研究院的研发实力和乘用车的生产能力，务实研发和产业化业务。

（2）自主研发初见效果。经过研发人员的共同努力，自主研发项目快速开展并取得成果。

一是配合集团新能源汽车战略部署积极开展新能源电机和电池研发及产业化，通过网关和空调控制器项目建立电控单元产业化能力，并在原传祺AC3自主研发产品上，扩展研发出起停电机系列产品，完成了电控及起停电机等项目的产业化筹备工作及生产线、试验设备等投入。A68起停电机项目已完成发动机耐久试验以外的其他DV试验，PV试验完成了生产模的开发和试线零件的采购，试线基本正常。A28产品和AL产品已完成设计、数模确认、研发模开模和样品制作，准备开展DV、PV试验。

二是与广汽研究院车身工程部组成联合开发组，通过传祺A30项目建立前排座椅骨架自主研发和产业化能力，搭建了该车型前排座椅骨架平台，已完成A30–I项目整车座椅方案的设计，并完成了座椅骨架样件的制作和DV试验。通过DCT、传祺A51项目分别建立推杆式、旋钮式换挡器产业化能力，A51旋钮式换挡器已经进入产业化孵化阶段，模具、试验设备以及生产线设备均已调试到位。A2A与AE+旋钮式换挡器完成了两轮装车，正推进数据冻结，A30推杆式换挡器也在开展产品设计和数据评审工作。

三是落实自主生产实体企业，完成产业化工作对接，以满足市场对网关控制器、空调控制器、智能终端（T-BOX）等电子产品的需求。广汽部件改变委外代工的配套方式，依托广汽研究院实现自主研发成果产业化。投资设立了广州华望汽车电子有限公司，并与广汽研究院对其整体工艺方案进行反复论证，结合多处备选租赁厂房的环境、设施、改造难易度等条件进行布局方案比较，确保其生产流程的可靠性和高效性；2015年，广汽部件技术中心顺利与其完成产业化工作对接，完成起停电机、换挡器及电控三个项目的产业化筹备及生产线、试验设备等投入，并建立了实验室及恒温、恒湿、防静电的无尘生产车间。与此同时，通过统一部署和指导，也使广州华德、广州林骏、广汽优利得等投资企业的自主研发成果产业化能力得以增强。

3. 提高控股比例，增强经营主动权

广汽部件除成立新公司实现自主研发产业化之外，还对现有投资企业采取股权收购、增资扩股等方式提高控股比例，增强企业的经营自主权，先后创立广州华望、梅州广汽华德、梅州广汽部件，筹建广州华智，全资控股广州华德，增资扩股广州帕卡。2015年，广汽部件对杭维柯汽车传动技术有限公司开展了部分股权的收购工作，收购完成后，广汽部件与意大利菲亚特集团的股比对等，有利于在变速箱领域加快培育和形成企业核心技术能力，为未来发展动力总成系统集成提供机会和条件。同时，通过对广汽获原开展增资扩股，最终广汽部件的持股比例增至95%，进一步强化了对广汽获原的自主管理。通过新设全资企业和对部分优质企业的增持股权，广汽部件旗下37家投资企业中，持股50%及以上的企业达到了12家，实现了自主管理能力的进一步提升。对投资企业管控能力的强化将促使广汽部件更加主动、灵活、高效地满足客户需求和应对市场竞争，为打造企业核心竞争力、促进企业可持续发展提供平台。

另外，随着广汽部件整体市场竞争力的提高，派驻员影响力不断加强，也促进了其他参股企业营运水平的提升。近年来，合资合作企业的年度经营计划达成的准确性的提升，经济效益普遍向好，合资企业对异常事件、突发事件能迅速对应、妥善处理，极大地提升了广汽部件的核心竞争力。

4. 扩大对外配套，打造核心竞争力

广汽部件在发展初期是依托广汽集团整车企业的发展而迅速壮大的。随着广汽本田、广汽丰田等企业规模的形成，广汽部件意识到，未来要想在零部件行业进一步扩大影响力，除需要加强自主研发竞争实力、储备核心技术之外，还特别需要扩大广汽集团系统外的配套份额。广汽部件通过合资合作、股权并购等形式从内生增长、外延成长两方面拓展项目渠道，提高对外配套率。通过引入新合作方、新产品、跨区域投资、强化自主研发产业化和自主经营等方式，积极拓展广汽集团体系外的客户，逐步实现配套供应"中性化"。目前，广汽部件已实现了与东风日产、东风本田、长安福特、长安汽车、海南马自达、北汽广州以及上汽通用等集团体系外整车企业配套，同时积极开拓国际市场，部分产品出口到美国、德国、日本、东南亚等国家和地区，广汽集团体系外配套额占总体销售收入的比例不断提升。

5. 抓住新的机遇，布局自主品牌传祺

广汽自主品牌传祺的研发和生产，为广汽部件的发展提供了新的机遇。在广汽乘用车成立之前，广汽部件从战略层面统一部署，利用同属广汽集团的先机，组织原有投资企业并成立新的投资企业参与广汽传祺系列新车型项目的开发配套和产品配套。目前，广汽部件为广汽乘用车配套的零部件覆盖了冲压、内外饰、电子电器以及底盘等领域，涉及的零部件包括变速器、车身冲焊件、座椅、空调、稳定杆、地毯、隔音隔热件、密封系统等，成为广汽乘用车重要的配套供应商之一。

（二）重视核心部件不断完备配套体系

广汽集团零部件产业除广汽部件以外，还包括两个发动机公司和三个发动机工厂，一个变速箱工厂。2015年发动机年产能近110万台，变速箱年产能近50万台。

1. 广汽丰田发动机公司。公司拥有先进的生产线，按照丰田生产方式进行生产、组织和管理，通过持续改善技术和人才培育模式，为客户提供具有世界级品质和全球化竞争力的产品。已建成年产50万台发动机规模，其

中年产30万台发动机的一期项目于2005年1月投产，年产20万台发动机的二期项目于2006年6月投产。产品为广汽丰田系列整车提供配套并出口海外市场。

2. 整车厂发动机工厂。其包括广汽本田发动机工厂、广汽乘用车发动机工厂、广汽菲克发动机工厂，年产能分别为12万辆、30万辆、14万辆。每个工厂都具备缸体、缸盖、曲轴加工线，整机装配线，发动机工厂新设备的安装和调试集合多家世界顶级设备供应商，使用全球先进的高精度生产设备和严格的检验标准，发动机工厂具备世界级水平，确保每台下线的发动机产品品质超凡。

3. 变速箱生产制造。其包括杭州依维柯汽车传动技术有限公司和广汽传祺自主变速箱工厂。前者的产品开发、计量检测、财务电算和计算机中心等功能齐全，机械加工、热处理、装配流水线自成体系，设备和检测仪器世界领先，为生产高品质产品奠定了坚实基础。产品有手动变速器、机械式自动变速器及双离合器自动变速器等，年产能近50万台。另外，广汽自主品牌传祺自主变速箱工厂正在建设中，年产能为10万台。

为增强对关键、核心零部件的掌控，优化整车—零部件产业结构，做大做强广汽集团零部件产业，广汽研究院在广汽传祺整车开发时即开始着手自主品牌关键零部件的相关研究工作，目前已取得初步成效。在发动机方面，其先后完成VTML、DCVVT、1.8/1.6/1.3T发动机的开发，已形成G、GS两大系列发动机，已配套传祺乘用车近10款车型。多款机型正在开发中，并将依序量产，核心部件国四升国五已完成，保证了广汽传祺在售全系车型都满足国五排放标准。在变速器方面，其自主开展了5MT、6MT、7WDCT的研发，5MT即将量产，7WDCT已完成概念设计。广汽集团其他关键自主零部件的产业化工作也在有序推进中。

四 总结

广州汽车工业特别是广汽集团整车事业的快速发展，为零部件产业提供了广阔的成长空间，也对零部件产业的发展水平和能力提出了更高的要求。如何提升汽车零部件产业的核心竞争力，广汽集团零部件产业的发展历程回答了这个问题。在发展过程中，零部件企业要不断自我总结，善于发现存在的不足，抓住新的机遇，及时调整企业的发展战略。首先，最核心的还是要加强自主开发能力，加快自主技术中心或研究院的建设，鼓励合资企业建立研发中心，持续不断地进行技术创新，形成集成化、模块化的开发能力，加速产品的升级换代，研发高科技含量、附加值高的产品，实现制造业的转型。其次，零部件企业的生产设备和零部件产品的质量和性能要与国际先进水平接轨，确保生产出来的产品具备很强的竞争力，并保持自身产品的成本和价格优势。最后，不管是自主发展还是合资合作发展，都要增强企业的经营主动权，增强零部件产业的综合实力，与整车企业建立和谐的关系，实现整车产业与零部件产业的协同发展，实现零部件企业内涵式的增长及外延式的扩展。只有这样，才能保持零部件产业的国际和国内市场的核心竞争力，企业才能在市场竞争中获得成功。

参考文献

王秀杰、赵小羽、司徒德蓉：《提升我国汽车零部件产业自主创新能力的对策》，《企业经济》2011年第8期。

温茜茜：《中国产业发展模式研究——以汽车零部件产业为例》，复旦大学，2013。

杨再高等：《广州汽车产业发展报告（2015）》，社会科学文献出版社，2015。

B.15
市场多元化背景下广州汽车零部件产业转型之路分析

邹仁才 江嘉贤*

摘　要： 随着汽车产业进入新的发展阶段，汽车工业全球性联合改组的步伐不断加快，特别是跨国重组和联合汽车产业链中包括投资、研发、生产、采购、销售、服务等主要环节日益全球化，汽车零部件供应广泛采用模块化、系统化供货方式，对提高运作效率、降低成本、提高竞争力产生了积极影响。中国已成为全世界最大的汽车生产制造和销售市场，正处在汽车产业转型升级的重要历史阶段，市场多元化发展趋势，对零部件产业的转型之路提出了新的发展要求。

关键词： 广州　汽车零部件　市场　转型

一　广州市汽车零部件产业发展现状

（一）集聚效应突显，产业集群日趋完善

目前，广州汽车产业已形成东部、西部、南部和北部汽车产业集群的空间发展格局，分别包括以黄埔—萝岗生产基地、广本增城生产基地为中心的

---

* 邹仁才，广州花都汽车城发展有限公司招商部办事员；江嘉贤，广州花都汽车城发展有限公司办公室办事员。

东部汽车产业集群,以花都汽车城为主的西部汽车产业集群,以南沙国际汽车城和以广汽自主品牌研发生产基地为中心的南部汽车产业集群,以广汽比亚迪和广汽日野基地为中心的北部汽车产业集群。广州借助本田、日产、丰田、日野等日系项目集聚效应,吸引日系整车企业落户广州,形成大批汽车零部件企业、汽车贸易与物流中心等汽车企业和相关汽车人才集聚发展。

(二)相对固定的零部件供应体系

在广州日系整车企业中,本田、日产、丰田的发展极具规模,已经基本形成了较为固定的零部件供应体系。其中,丰田的一级配套供应商集中在南沙开发区内,次级分包商则主要集中在中山和佛山;本田的配套供应商主要集中在黄埔开发区和增城;东风日产的一级、次级分包商主要集聚在花都汽车城。广汽丰田、广汽本田、东风日产三家整车厂的空间集聚特征较为明显,一级分包商在空间上相距较近,与整车企业均集聚在同一产业园区,次级分包商则主要集中在珠三角地区的佛山、惠州等地。但是,受日本汽车厂商系列化生产及核心技术保护的传统影响,广州本土的零部件企业难以进入一级分包商的范围,只能作为次级分包商。

(三)构建较完善的产品结构

广州的汽车零部件产品种类丰富,主要包括发动机、动力传输系统、制动系统、电子系统、液压系统、驱动桥、减振器、组合仪表、等速万向节、摩擦材料、汽车外壳、座椅等汽车各大系统产品,产业链发展较为完善,在我国汽车产业发展领域中极具竞争优势。但这些零部件配套企业的产品主要是汽车电子电器系统、汽车内饰件、悬挂系统、空调系统、乘客安全系统等中低端零部件产品,而变速箱系统、车桥和驱动轴系统转向系统等技术含量较高的产品在广州的配套程度还较低,且本土企业没有掌握高新技术和核心技术,其长远发展受制约。

(四)拥有一批实力雄厚、基础扎实的大型生产企业

目前,广州地区已经集聚了一批年产值超亿元的汽车零部件骨干生产企

业。广汽集团旗下的广汽零部件已与多家世界知名零部件企业合资组建了零部件生产企业，其中与日本电装（日本最大的零部件公司）合资建设广州电装，主要为广汽本田配套轿车空调系统，产能达到24万套/年。

二 广州汽车零部件产业发展存在问题

（一）本土零部件产业发展滞后

目前，日系整车厂的一级配套供应商为日资企业，其高新技术和核心技术均由日企掌控，生产体系具有明显的封闭性和排他性，广州本土的零部件企业难以成为日系汽车整车企业的一级配套供应商，大部分本土企业只能作为三级、四级甚至五级供应商，生产低端的汽车零部件。本土零部件企业作为日系整车厂的产业链下游供应商，其供应单一，市场空间狭窄，导致本土企业的生产规模难以扩张，技术水平难以得到提高。

（二）生产规模小，技术水平低

一是广州本土汽车零部件企业生产规模普遍较小。对比国际上的大型汽车零部件企业，广州本土一些规模较大的企业，年产只有几十万套（件）的生产规模，难以形成规模经济效应，导致产品竞争力不足。二是本土汽车零部件企业自主创新能力不足，技术水平未取得长足进步，功能性的零部件产品的生产处于初步发展阶段。

（三）研发能力较弱

相对日本、欧美发达国家，广州本土的三大日系整车企业的研发中心组建时间较晚，在资金投入、研发人才、设备设施及研发能力等方面还存在较大差距。由于研发水平低，缺乏自主品牌，多数内资企业处于模仿生产零部件的发展阶段，难以适应同步化研发要求。

（四）供应体系考核难度大

在广州三家日系汽车合资公司的采购体系中，对供应商的考察过程始终围绕组织和程序两个重点展开。供应商必须在各综合指标上（包括供应商的产品、紧密仪器、设备软件、专业技术、测试工程师、采购费用等）符合标准才有被纳入采购体系的可能。但广州本地的供应商在质量、技术、设备等方面达不到供应体系的考核要求，导致其无法被纳入采购体系。真正进入供应体系的广州本土零部件企业很少，这进一步加剧了汽车产业链下游的本土汽车企业供应商的竞争。

三 促进广州汽车零部件产业发展的建议

广州汽车产业集群以日系汽车整车为核心蓬勃发展，汽车产业链中整车厂与配套的零部件具有较强的关联性，并且长期以来日资控制着绝大多数的日系整车配套一级零部件供应商。因此，壮大广州汽车零部件产业的关键在于，形成和提升自主创新能力，提高本土零部件产业发展的内生能力，保证广州汽车产业升级和持续健康发展，注重完善产品线和提升高配置、优效率、强系统的配套能力。抓好"两突破，一强化"的发展主线：突破单一零部件局面，向多元化、总集成的趋势转变，突破单纯机械产品圈子，向机电一体化产品的优势转变；强化本土零部件高端产品的本土化、特色化。

（一）发挥政府与行业协会的平台作用，拓宽企业"走出去"的资源渠道

零部件走出去实现飞跃式增长，是广州汽车产业在传统发展方式转变过程中出现的新情况、新方向，这将进一步调整当前汽车产业结构单一、抗风险能力不强的结构布局，要把挑战化作机遇，促进汽车零部件产业在适应新常态中稳步发展，在新常态中寻找新规律、新动力，利用政府和行业协会在市场渠道和信息资源方面的优势，积极为零部件企业开辟新兴市场创造条

件，并着力解决企业产品"走出去"面临的现实难题，利用多元化媒体平台开辟宣传新渠道，着力引进一批先进制造业。

（二）实施创新驱动增强品牌效应，提升零部件企业在行业内的核心竞争力

零部件市场的进一步开放，在带来难得的市场机遇的同时也必将加剧行业间的同质化竞争，在当前人口红利消退、用工成本攀升的新形势下，要积极引导企业实施创新驱动，提高发展品质，依托智能装备制造等优势科技提升产品的核心竞争力。鼓励现有的零部件企业开展研发和创新，培育自主品牌，形成自主研发和技术创新能力，鼓励现有企业与国外零部件企业进行广泛的国际合作，支持有实力的企业对国外拥有核心技术的中小企业进行兼并、重组等。

（三）培育企业总部发展基础

制定培育企业总部的有关政策，通过优化营商环境和综合配套能力，大力厚植零部件企业扎根广州，设立总部的条件基础，依托创新驱动带动零部件企业在科技研发、市场开拓、人才培养等方面取得突破性进展。针对多元化市场发展需求，以汽车电子、控制技术、底盘系统、动力系统、变速箱、发动机主体部件等"短板"行业作为招商重点，制定相关的招商引资优惠政策，鼓励和支持企业在广州落户。

（四）提升自主研发能力

准确定位本土发展的优势及特色，争取首先发展具有比较优势、资源充足、消费需求高的商用车和经济型乘用车零部件领域；着重培育自主品牌产品，扶持壮大一批拥有自主品牌的优质产品，树立自主品牌信心；继续支持具有国际竞争优势的本土零部件大企业。坚持以中低端整车细分市场为基础，发挥广汽传祺、广汽比亚迪、东风日产启辰等自主品牌整车企业的影响力，辐射带动广州自主品牌零部件汽车的共同发展壮大；扶持具有民族文化

特色的自主供应链配套体系的创新发展,并在借鉴发达国家先进经验的基础上结合实际,不断完善优化产业结构,壮大汽车产业集群的发展。

(五)抢抓全球产业分工机遇,成为全球零部件制造中心

广州作为国际化大都市、国家中心城市、商贸中心、交通枢纽,在地域上具有有利优势;在产业上,在具备一定条件的汽车零部件领域中,广州汽车产业具有竞争优势、大国市场优势和产业后起优势;在市场需求上,广州汽车产业不断扩大生产规模,顺应国家"一带一路"战略实施潮流,主动参与国际分工,拓宽国际市场。面对全球化深入发展趋势,广州汽车产业应紧抓机遇,在国际竞争中首先赢取零部件加工制造环节的优势。

(六)实施创新驱动,实现创新飞跃

立足本土零部件生产企业发展实际,鼓励扶持自主企业加大研发投入,不断强化企业的自主创新能力,实现从"模仿创新"向"自主创新"过渡;同时协调发展汽车产业链的各环节,创造整合条件资源,推动相关行业企业各环节开展有效的合作,形成抱团合力,整体增强本土汽车零部件企业的竞争力。争取引进国家、省级汽车技术研究机构,引导其他企业加强与国内外科研院所的合作。学习德国"双元制"教育模式,在人才培养、培训以及共同开发合作等方面迈出坚实的步伐,发挥产学研结合的最大效应,探索政府和企业各承担部分经费的职业教育模式,建立岗前培训、订单培养、工学结合等校企合作方式,同时建立汽车人才库,制定鼓励培养汽车人才的吸引政策,拓宽用人渠道。

参考文献

向姣姣:《中国汽车零部件再制造产业发展模式研究》,武汉理工大学,2012。
杨再高等:《广州汽车产业发展报告(2015)》,社会科学文献出版社,2015。

企业篇

Enterprises Development Reports

B.16
广汽集团完整产业链发展战略研究

冯兴亚　欧阳惠芳*

摘　要： 完整产业链发展战略有利于提升企业资源利用效率，减少交易成本和风险，形成独特的竞争实力。广汽集团实施以产品研发为龙头，以生产制造为核心，以商品销售为动力，以配套服务为保障的完整产业链发展战略，通过产业链各环节投资企业资源共享，发挥协同效应，上下游相关产业的贡献度日益突出，取得了良好的经济效益和社会效益，为集团快速健康发展提供了活力，集团综合竞争力不断增强，2015年位列《财富》世界500强第362位。

关键词： 完整产业链　研发　制造　销售　服务　综合竞争力

---

* 冯兴亚，广州汽车集团股份有限公司，常务副总经理；欧阳惠芳，广州汽车集团股份有限公司，教授级高级工程师。

2015年，中国汽车产销分别为2450.33万辆和2459.76万辆，同比分别增长3.3%和4.7%，继续保持汽车产销量世界第一。在全球经济缓慢复苏、中国经济增长压力加大、汽车行业增速放缓的大背景下，广州汽车集团股份有限公司（简称广汽集团）高度重视经济环境和国内外市场的变化，主动适应经济和行业发展新常态，充分发挥集团完整产业链的优势作用，统筹协调产业链各环节投资企业的有效资源，适时推出新产品、新技术和新服务，严格把控产品质量，改革销售体制并加强整车市场销售，做好各环节的配套服务，提升完整产业链的协同效应。整车产销实现了较快的增长，全年分别实现汽车产销127.39万辆和1129.97万辆，同比增长4.54%和10.86%；摩托车产量为106万辆，同比下降0.9%，销量为107万辆，同比增长0.7%。其中乘用车分别实现产销126.72万辆和129.32万辆，同比增长5.38%和11.73%，SUV车型产销量增加最快，分别实现产销42.39万辆和42.85万辆，同比增长54.54%和61.20%，SUV全新车型GS4、JEEP自由光以及换代汉兰达、1.5L缤智等更是受到热捧。全年实现销售收入超过2219亿元，利税总额超330亿元。汽车销量同比增幅高出行业平均水平6个百分点，摩托车销量逆势实现正增长，增幅高出行业12个百分点。广汽集团汽车市场占有率同比提升0.5个百分点，市场地位得到巩固和提升。

2015年的业绩表明，广汽集团通过实施"十二五"规划，高度重视产业布局，加大重点项目建设力度，汽车年产能超过162万辆，摩托车年产能超过125万辆，初步形成日系、欧美系、自主系三足鼎立的汽车品牌架构体系，业务范围贯穿汽车产业链的上下游，包括乘用车、商用车、摩托车、发动机和其他汽车零部件的研发、制造、销售及售后服务，完整产业链发展的战略初见成效，发挥了自身可持续发展的整体能力，为集团的中长期发展奠定了良好的基础。

一 汽车产业链概述

产业链即从一种或多种资源通过若干产业环节或层次不断向下游产业转

移直至消费者的路径，产业的关联性越强，链条越紧密，资源的配置效率就会越高，越有利于提高企业的控制能力和经营效益，实现企业规模化发展。汽车产业链是以产品研发为引领，整合产业链上、下游各环节的企业和管理机构等形成动态联盟，共同完成产品的研发、采购、生产、销售、服务等全生命周期的管理，每一个环节都有完善的支撑体系，包括法律法规标准体系、试验研究开发体系、认证检测体系等。

当前，汽车工业已进入新常态发展阶段，客户需求呈现多样化和个性化特点，产品更新速度不断加快，市场竞争日趋激烈。很多企业都清晰地认识到，新常态环境下的市场竞争，博弈不仅发生在单个企业之间，而且已上升为全产业生态链之间的竞争；不只是局限于企业生产环节，而且必须考虑覆盖产品生命周期的各个环节。未来的市场竞争，需要通过产业链上下游企业合作共赢来增强企业的整体竞争能力，以此来提高企业总体的业务能力和竞争实力。

二 构建具备广汽特色的完整产业链

广汽集团于1997年成立伊始，就着手谋划以广州为中心，以华中、华东为两翼形成整车与零部件研发和制造、销售、服务等业务的产业战略布局。目前，广汽集团拥有20多家知名直接投资企业，100多家间接投资企业，生产销售传祺、雅阁、奥德赛、凯美瑞、汉兰达、JEEP、菲翔、帕杰罗劲畅、日野、五羊本田等数十种知名品牌整车产品，打造汽车研发、整车和零部件制造、汽车商贸服务、汽车金融、汽车保险、汽车租赁、汽车物流等完整的产业链条，在全国31个省区拥有超过2400家汽车经销商，带动零部件配套供应、销售物流、金融服务等就业人口60余万人。广汽集团已具备独具特色的完整产业链产、供、销及研发体系，成为国内产业链最为完整、产业布局最为优化的汽车集团之一（见表1）。

广汽集团通过实施完整产业链发展战略，产业链各环节投资企业资源共享、协同效应逐步发挥，新的利润增长点正日益显现，资产质量持续改进，经济效益不断提升,取得了良好的财务绩效,集团综合竞争力不断增强,2015年位列《财富》世界500强第362位。

表1 广汽集团完整产业链能力建设情况

环节	投资企业
研发	广汽研究院、广汽本田研发公司、广汽丰田研究开发本部、广汽乘用车技术中心、广汽菲克技术中心、广汽三菱技术中心、广汽吉奥研究院、广汽中兴技术中心、广汽日野技术部、广汽比亚迪技术部、五羊本田技术中心、广汽部件技术中心
制造	广汽乘用车、广汽本田、广汽丰田、广汽菲克、广汽三菱、广汽吉奥、广汽中兴、本田(中国)、广汽日野、广汽比亚迪、五羊本田、广汽零部件集团(37家投资企业)、广汽丰田发动机、上海日野发动机
销售	广汽乘用车销售公司、广汽本田销售公司、广汽丰田销售公司、广汽菲克、广汽三菱销售公司、广汽商贸(39家销售店)、汽车商务中心(2400家销售店)
服务	广汽商贸(含29家进出口、物流、配套服务等业务投资企业)、同方环球、中隆投资、广汽汇理、广爱公司、众诚保险、广汽资本、广汽租赁、广汽财务公司

三 广汽集团完整产业链协同效应显著

随着汽车产业的逐渐成熟,广汽集团不断丰富和完善包括研发、制造、销售和服务的完整产业链结构,以产品研发为龙头,以生产制造为核心,以商品销售为动力,以配套服务为保障,为集团快速健康发展提供了活力,各投资企业相互依存,相互促进,共同发展,产业链各环节协同效应发挥了"1+1>2"效果,上下游相关产业的贡献度日益突出,新的利润增长极正逐步发展壮大。

(一)以产品研发为龙头,产品结构更加优化

为保证各业务板块有足够的产品及研发技术支撑,广汽集团以产品研发为龙头,坚持自主研发和合资企业本地化研发能力同步发展的原则,在整车及零部件业务等领域协同推进研发业务。

1. 广汽研究院自主研发硕果累累

广汽研究院成立于2007年，是广汽集团直接投资、管理，并在授权范围内相对独立运营的分公司和战略事业部，是广汽集团的技术管理部门和研发体系的枢纽，负责集团新产品、新技术的总体发展规划并实施具体的研发工作。广汽研究院总部基地位于广州番禺区，拥有五山、杭州等分院，海外分院正在筹建中。

经过多年的发展，广汽研究院已建造国内一流、国际先进的研发基地，包括整车、动力总成、新能源等15类实验室，1个含焊接、涂装、总装、机加工试制工厂以及1条汽车调校专用试验场。目前，全院有员工2400余人，其中90%具备本科及以上学历，各专业团队由来自海内外的高端汽车技术专家领军。其先后成为中组部海外高层次人才创新创业基地、国家博士后工作站和院士工作站。2015年，其在全国各行业1100多家国家级企业技术中心评价中位列第12位，自主研发水平已跻身中国汽车行业前列。

为确保自主品牌拥有自己的知识产权，广汽研究院提出并应用"专利挖掘方法模型"和"专利布局方法模型"，搭建了研发知识体系的初步框架，研发成果（如专利等）的数量实现较快增长，质量不断提升。截至2015年底，累计有效专利申请达1802项，其中发明专利占比超30%，高于汽车行业20.6%的平均水平。

广汽研究院坚持走正向自主研发之路，从2007年开始，率先提出跨平台模块化架构（G-CPMA）的汽车正向开发战略，并确立以G-CPMA作为正向开发及制造广汽自主品牌汽车的技术战略和开发思想。从产品规划、开发和生产方式的多重视角，为多种不同产品的实现找到共享的优化技术路线（技术方案/工程解决方案/物理套件），以达成"多快好省"（车型变化多、开发上市快、质量易保障、成本效益高）的目的。G-CPMA主要涉及汽车底盘、车身、动力总成、电子电器等领域的"架构—平台—模块"技术开发，包括跨领域跨车型级别的共性技术/方案、整车及各系统集成技术的开发，零部件技术标准的建立，先进开发流程的建立与完善等。基于G-CPMA正向开发的战略思想，广汽研究院开发了一系列产品（包括常规动力汽车以及节能与新能源汽车），涵盖乘用车、商用车、动力总成及关键零部件。具备总体设计、造型设计及其控制能力、全新车身自主设计与开发能力；具备全新底盘平台构建及制动、悬挂、转向、轮毂等系统的设计优化能力；具备全新发动机平台及机型开发能力、变速器匹配标定与开发能力、全新电子电器系统的设计与开发能力等。"基于跨平台模块化架构的汽车正向开发技术研究与应用"项目荣获了被誉为中国汽车界的"奥斯卡"奖——中国汽车工业科学技术一等奖，这也是广东汽车企业首次获此殊荣。

在新能源汽车事业方面，广汽研究院确定"以插电式 PHEV（增程式 REV）/纯电动 EV 等新能源车型为重点、兼顾混合动力 HEV 等节能车型"的技术路线，坚持新能源汽车及其关键零部件的模块化、平台化开发，已掌握新能源关键核心零部件研发技术。同时紧密跟踪国际新能源汽车前沿技术，围绕汽车低碳化、智联化、轻量化的技术发展趋势，通过开展 V2G 双向逆变技术、无线充电技术、新一代高能电芯、智联网、燃料电池、超轻车身、自动驾驶汽车等关键技术研究，抢占技术制高点，增强前沿、关键技术储备，持续提高技术与产品竞争力，打造广州汽车产业自主研发的龙头企业及核心品牌。

广汽研究院技术创新和自主研发硕果累累，先后开发出传祺 GA5 等系列传统汽车和新能源汽车产品，已具备年开发 1~1.5 款全新车型的能力。

2. 合资本地化研发能力不断提升

广汽集团自主研发成果不断涌现，合资企业本地化研发能力不断提高，合资企业开发并拥有自主知识产权品牌的产品在行业中也名列前茅。

（1）广本研发公司。该公司是广汽本田独立投资的全资子公司，也是行业第一个由合资公司自主投资建设的、以独立法人模式运作的汽车技术研发公司。主要业务包括汽车整车及其零部件的技术研究、开发以及提供相关的技术咨询和技术服务。广本研发公司立足自主研发，为广汽本田和中国汽车产业发展做贡献。

广本研发公司拥有功能齐全的试验大楼，具备商品企划、造型、设计、整车试作、实车测试、零部件开发等整车开发能力，拥有开发车型所需的先进设施设备、完备的整车开发功能、超高水准的试车跑道。其碰撞试验设施、风洞试验设施、电波暗室、车辆测试所需的先进设备等能满足社会对安全、环保、节能的先进汽车产品研究开发设施的要求。综合性试车跑道全长4.2km、设计时速高达180km/h，设置高速环道以及能对制动、悬挂等基本机能进行确认的直线路、综合路、特殊路、坏路以及各种恶劣天气下的模拟路面，能评价产品的性能、商品性是否适应中国的路面状况和使用习惯。

广本研发公司先后开发了理念（Everus）品牌，参与本田全球车型凌派的开发过程，并为Honda品牌车型导入开展适应性试验和改进，新能源汽车产品的研发正在进行之中。

（2）广汽丰田研究开发本部。该研究开发本部建于2004年，目前已拥有研发大楼、实验室、试制车间等一系列完备设施，承担公司新车型导入推进、试制、实验、认证、零部件国产化技术对应及成本递减等工作，探索丰田品牌车型的自主开发流程，开展产品企划、造型设计、结构设计、新能源研发、整车试制、产品评价等工作，如启动经典凯美瑞外观优化项目，自主企划并设计，申请了首个外观设计专利证书；启动经典凯美瑞改款开发项目，开发范围包括上格栅、下格栅、前大灯、雾灯盖、内装加饰，项目获得3项专利；在全球首次发布自主品牌商标及两厢纯电动EV概念车，奠定了自主品牌、自主研发的企业战略；第一款自主开发的用品特装车车型逸致跨界版项目，完成产品的造型、结构设计、模具制作，包括前后包围、侧裙、轮眉、门护板、行李架及铝轮毂等项目，并顺利实现量产，为广汽丰田导入车型现代化的开发开辟了新的道路；自主企划、自主研发的"领志"首款EV车型即将面世。

（3）广汽三菱研究开发中心。该开发中心是三菱汽车为在中国发挥其先进技术及SUV专长而创立的，为广汽三菱陆续导入的多款三菱全球战略车型适应本地化道路特点、气候变化规律、消费者用车习惯等进行试验和改进，为新产品零部件国产化落地进行持续创新，新能源汽车产品自主研发工作正在开展。

（4）广汽菲克技术中心。该技术中心为公司乘用车产品的整车、发动机、零部件进行适应性研究开发，促进新车型采用最新的发动机和变速箱技术，以满足当地政府关于发展节油低能耗产品的要求。同时，为了满足中国市场对新设计的产品提出的消费者需求，力求产品造型符合中国消费者的喜好，自主新能源汽车产品正在研发之中。

(5) 五羊本田研发中心。该研发中心为公司提升自主研发能力和丰富产品结构提供了强大的支持。通过与本田公司的合作研发和引进先进的开发软件，公司拥有一流的研发队伍，实现了从开发调研、计划编制、资源调配、成本测算到零配件试制的全程无纸化科学管理，具备了率先应对国际标准的能力。2003年，公司在行业内率先通过3C认证，2005年率先完成欧洲2号标准的切换、全部零件使用无石棉材料。多款自主品牌摩托车产品投放市场，纯电动摩托车也已面市，自主品牌产品对公司盈利的贡献率超过50%，成为国内唯一一家通过环保部环保生产一致性免检的摩托车企业。

(6) 广汽零部件技术中心。该技术中心有健全的运营体制，包括组织架构、人员计划、研发薪酬体系、项目奖励、专利奖励、研发管理流程等，其研发目标是提升广汽零部件的核心竞争力。中心通过传祺 A30 项目建立起前排座椅骨架自主研发和产业化能力，通过 DCT、传祺 A51 项目分别建立推杆式、旋钮式换挡器产业化能力，通过网关和空调控制器项目建立电控单元产业化能力，并在原传祺 AC3 自主研发能力上，扩展研发出起停电机系列产品。2015 年基本完成电控单元、换挡器、起停电机产品的产业化对接。

3. 整车产品线及其结构更加优化

广汽研究院根据市场及消费者的需求变化，积极推进产品升级换代，持续推出新产品，自主品牌传祺产品已呈现市场结构性增长机会。合资企业的研发机构，积极配合车型引进适应性改造及合资自主产品的研发及产业化。自主研发和合资自主研发同步发展，极大地丰富了广汽集团的整车产品线，产品结构更加优化。"十二五"期间，广汽集团新产品开发项目累计投入近100亿元，推出新产品22款，总体产品布局已基本覆盖国内主流细分市场。

(1) 乘用车产品。主要包括广汽传祺 Trumpchi（GA5、GA6、GS5、

GS5·速博、GA3、GA3S·视界、GS4）等；广汽本田 Accord（雅阁）、Crider（凌派）、Vezel（缤智）、Crosstour（歌诗图）、Odyssey（奥德赛）、Fit（飞度）、Everus（理念）等；广汽丰田 Camry（凯美瑞）、Highlander（汉兰达）、YarisL（致炫）、E'Z（逸致）、Levin（雷凌）等；广汽菲克 Viaggio（菲翔）、Ottimo（致悦）、JEEP自由光等；广汽三菱 ASX（劲炫）、Pajero（新帕杰罗劲畅）等；本田（中国）出口的 Accord（雅阁）轿车以及广汽吉奥奥轩 G5、星朗等十多个系列的轿车、SUV 及 MPV。

（2）商用车产品。主要产品为轻、重型卡车、工程车、大中型客车（含纯电动、混合动力等节能、新能源客车）、皮卡等。

（3）摩托车产品。主要产品包括跨骑式摩托车、弯梁式摩托车以及踏板式摩托车等。

（二）以生产制造为核心，产品品质行内领先

广汽集团在生产制造能力建设方面，通过以广汽本田、广汽丰田为代表的日系发展起步，积累了丰富的生产管理经验和品质控制技术，生产线技术水平、制造工艺水平在行内领先。在此基础上，其举全集团之力发展自主品牌，广汽传祺通过吸收国际先进的制造和管理技术，打造出广汽生产方式（GPS），建立了世界级水平的整车制造工厂和生产体系。同时，其积极拓展与欧美系国际汽车生产商的合作，与菲亚特克莱斯勒集团建立合作关系，丰富产品线以提升综合竞争力。目前，其汽车总产能达到162万辆，在建产能65.5万辆；发动机年产能近110万台，变速箱年产能近50万台，零部件营业收入达310亿元。在 J. D. Power 亚太公司2015年中国新车质量研究报告中，广汽三菱与广汽本田并列第六，广汽丰田与广汽传祺并列第八，广汽传祺品牌超越众多合资品牌连续三年获得中国品牌第一。

1. 整车企业

广汽集团整车生产企业主要包括广汽本田、广汽丰田、广汽乘用车、广汽菲克和广汽三菱。

（1）广汽本田成立于1998年，经过多年的项目建设，第一和第二工厂

相继建成，合计产能48万辆/年。2015年10月，总规划产能为24万辆/年的第三工厂一期投产，增加产能12万辆/年，目前广汽本田总产能达到60万辆/年，进一步提升了广汽本田的生产能力，为企业发展、后续新车型的导入奠定了坚实基础。2015年，广汽本田产销汽车56万辆，产能利用率达93.3%。

（2）广汽丰田项目自2004年9月开始建设，2006年5月投产，工厂以高精度、高品质、高速度、高效率为特征，拥有丰田公司全球最先进的生产设备和工艺，成为汽车业界首家当年投产、当年盈利的企业。2009年5月，代表丰田汽车全球制造顶尖水平的广汽丰田第二工厂正式投产，年产能从20万辆一举跃升到38万辆，新工厂导入大量的先进制造设备，在降低能耗方面达到世界领先水平，其因先进的技术装备、精湛的制造工艺、完善的现场管理、卓越的品质表现而被誉为"丰田21世纪模范工厂"。2015年实现汽车销售40.4万辆，产能利用率达106.3%。广汽丰田扩大产能项目已启动，规划产能22万辆/年。

（3）广汽乘用车是广汽集团2007年在广州番禺区成立的全资自主品牌整车企业，生产自主研发的广汽传祺乘用车。厂区完全按照园林工厂的标准建设，现代化的厂房和设备与丰富的绿化相得益彰。广汽乘用车通过消化吸收国际先进的制造和管理技术，打造出广汽生产方式（GPS），形成世界级水平的生产体系。2015年，广汽乘用车二期整车工厂建成投产，产能达20万辆/年。广汽乘用车三期项目正在建设之中，预计在2016年6月投产后其产能将由20万辆/年提升至35万辆/年。

（4）广汽菲克于2010年3月在湖南长沙成立，目前已形成年产16.4万辆整车和年产37万台发动机的生产能力。2014年，菲亚特集团与克莱斯勒集团合并，导入克莱斯勒Jeep品牌，在中国覆盖从紧凑型SUV到全尺寸豪华SUV的全线产品，丰富产品线以提升综合竞争力。2014年，经国家批准，广汽菲克在广州番禺建设广州分厂，预计2016年4月投产，届时将增加产能16万辆/年，总产能将达到32.4万辆/年。

（5）广汽三菱于2012年10月在湖南长沙重组成立，通过对原有生产线进行全面升级改造，导入先进工艺的生产车间和技术、品质保障体系，具备年产10万辆的产能。广汽三菱凭借三菱汽车的专业技术优势和SUV专长、精致的造车工艺以及一流的营销服务，深受消费者青睐。

2. 零部件企业

"十二五"期间，广汽集团零部件企业与整车企业同步发展，分布在广东、湖南、湖北、浙江等地。目前，零部件产品主要包括发动机、变速器、汽车空调、座椅、HVAC系统、汽车灯具、减震器及配件、自动操作配件、门内饰板、地毯、隔音件、弹簧、铝溶液、铝轮圈、转向器、电机等，初步形成了内饰系统、热交换系统、照明系统、底盘相关部件等多系列、多品种的产品生产。生产企业主要包括广汽丰田发动机公司、广汽本田发动机工厂、广汽乘用车发动机工厂、广汽菲克发动机工厂、上海日野发动机公司以及广汽零部件集团及其投资的37家下属企业。各企业积极应对市场变化，调整产品结构，持续开展降低成本和品质提升活动，部分零部件产品还配套广汽集团体系外的整车企业，广汽丰田发动机本土配套和出口销售同步发展，企业和产品的市场竞争力都得到进一步提高。2015年，发动机年产能近110万台，变速箱年产能近50万台，零部件产业营业收入超过310亿元。

（三）以商品销售为动力，创新提升销售能力

为主动适应经济和行业发展新常态，应对日趋增加的汽车销售和售后服务竞争压力，广汽集团积极推进销售体制改革，鼓励整车企业开展生产与销售环节剥离，成立独立的销售公司，以提升整车销售和盈利能力。目前，广汽本田、广汽丰田、广汽乘用车、广汽菲克均已成立汽车销售公司，广汽三菱汽车销售公司正在筹备中。

1. 积极推进产销分离

（1）广汽传祺汽车销售有限公司于2015年初在广州番禺开始运营，本着"客户第一，诚信至上"的原则，销售公司注重发挥独立公司的独特优势，进一步规划和规范销售网络布局，通过实施差异化管理及提升销售店运营能力，持续深化网络销售及传播体系建设。新公司抓住GS4的热销时机，

利用车展、巡展广泛集客，寻求新的销量突破点。新公司进一步完善培训体系，借助基础店分区域开展集中式培训，提升店端执行力，实现一线实战的强化和产品营销落地的强化，提升网络营销的整体水平；同时充分利用"互联网+"的优势，打造指尖上的加分服务，为客户提供便捷的线上服务。

（2）广汽本田汽车销售公司落户广州增城，为广汽本田拥有100%股权的子公司。销售公司下设的广汽 Honda 品牌的事业本部负责运营广汽本田旗下 Honda 品牌、理念品牌产品的销售及售后各项业务。设立北京分公司（广汽 Acura 品牌的事业本部），负责运营国产 Acura 品牌产品的销售及售后服务各项业务，北京分公司还将接管目前由本田技研工业（中国）投资有限公司从事的 Acura 产品的进口销售业务。销售公司的成立，将全面强化广汽本田的事业体质，进一步提升广汽本田的销售和售后服务各领域的效率，更好地把握市场动向，更加快速、高效地为顾客提供优质的产品和服务。

（3）广汽丰田汽车销售公司在广州南沙注册设立，新公司正式投入运营后，进一步规范和理顺销售机制和管理体制，根据市场需求快速调整供需关系，制定差异化的商务政策，持续提升销售渠道价值链业务水平。积极指导销售店开展品牌和促销包装活动，引导销售店之间相互协同，相互监督，稳定销售市场和销售价格。搭建完善的自媒体营销平台体系，重新定位电网销工作，探索创新合作方式。完善二手车零售业务，提高销售店自主营销能力。

（4）广汽菲克汽车销售公司在湖南长沙注册，负责广汽菲克在中国市场所有车型的销售管理、市场推广、产品规划和售后服务。现有销售网络将全部被纳入新的销售公司网络中，未来经销商的发展将开启多业态化、模块化发展模式。销售公司在合资管理模式上进行了突破性的尝试，启用职业经理人团队，采用分级授权管理模式，改变现行人员派遣模式。这一创新架构将确保合资企业能够充分借助双方母公司的实力，对中国消费者的需求做出更积极快速的响应。

（5）广汽三菱拟成立新的销售公司。2015年11月，广汽集团发布《关于广汽三菱汽车有限公司重组三菱进口汽车销售业务项目的议案》，宣布广汽三菱将收购三菱汽车销售（中国）有限公司100%股权，整合三菱进口车业务，着手管理进口销售公司业务，整合网络资源，统合制定商务政策，提高销售网络的全国覆盖率，不断完善营销服务网络，开展国产车、进口车并网销售，为提升营销力提供更大的空间。同时，利用微信平台、电商平台、视频、网站、电台推广宣传产品，提升整体销售网络质量。

2. 务实拓宽销售渠道

汽车销售渠道是指汽车产品及服务从汽车生产者向消费者移动所经过的通道或途径，销售渠道的起点是汽车生产企业，终点是汽车用户，中间环节包括各级汽车企业授权经销商及其建立的汽车销售门店。随着信息网络的普及，消费者通过网络来了解市场行情、选择车型和商家，线上线下相结合销售汽车产品成为趋势，因此，生产企业和经销商及时转变观念，拥抱互联网技术，打通线上线下连接通道，提高市场竞争力。为顺应现代汽车营销发展趋势，广汽集团坚持每年分区域深入相关基层销售门店开展销售调研，及时收集信息，积极改革创新，应对汽车销售市场的变化，及时制定对策，拓宽汽车销售渠道，大胆采取网络营销这一新的营销方式，充分发挥整车企业、销售门店与消费者互相交流优势，为客户提供个性化的服务，提升集团整体的销售能力。2015年，广汽集团投资企业在中国设立的销售门店数量总计为2404家（其中广汽商贸汽车销售业务板块设立39家），已建成的销售网点覆盖全国31个省、自治区、直辖市（不包括香港、澳门、台湾），288个地级市，311个县级市、县，并借助互联网开展汽车销售。汽车销售渠道的有效拓宽，为广汽集团2015年实现汽车销售130万辆、同比增长10.86%、汽车销量同比增幅高出行业平均水平6个百分点的优异成绩提供了保障。

（四）以配套服务为保障，提高后端服务水准

广汽集团在产业链的前端加大研发投入，不断推出新产品，建设优质产能持续提升制造能力，改革销售体制，积极提升销售能力的同时，也积极布局后端市场加快提高服务水准。通过广汽商贸、广汽汇理、众诚保险、广汽

资本、广爱保险经纪、广汽租赁、同方物流等企业为上游投资企业提供汽车销售服务、汽车信贷、汽车保险、金融投资、汽车租赁、物流及进出口贸易等相关服务，成功搭建了广汽股权投资、产业基金、证券投资、融资租赁、资金管理等新平台，有效促进了广汽集团完整产业链的协同发展。如今，单纯的整车制造板块的繁荣只能代表广汽集团的历史，完整产业链逐步创造的综合效益对广汽集团总体经济增长的贡献日益突出。

（1）广汽商贸是广汽集团投资的以汽车服务贸易为主的综合性贸易公司，在进出口、物流配送、配套服务等方面积极为制造企业提供服务。在进出口业务方面，为制造企业提供内贸钢材集购，代理KD件、设备、运输和劳务等进出口业务服务，同时抓住平行进口汽车及其潜在的零部件供给的机遇，开辟进口车业务。物流配送方面，形成以广汽商贸为主导的第四方物流管理体系，及时满足制造企业车辆运输及零部件配送的需求，积极对应轿运车新国标的推行，发展多式联运能力，推进海运和铁运项目的设立，提供仓配一体化的综合物流服务，进一步提升广汽集团物流配送专业化发展水平。在配套服务方面，为制造业提供钢板前处理、废钢废料等废弃物的后处理，除去制造企业的后顾之忧。

（2）广汽汇理是广汽集团的专业汽车金融公司，其业务已覆盖国内200多个城市，公司推出差额保全产品，金融与保险相结合；通过证贷政策，简化汽车贷款流程；通过小额贷、好客贷、大额贷、"公事国"政策、免流水政策等提升产品竞争力，零售业务和库存业务快速增长。同时借助存加贷政策的退出，活用零售和库存联动政策，采取库存融资让利支持经销商融资，大幅降低经销商的融资成本，大大促进了汽车销售。

（3）众诚保险是广汽集团专业的汽车保险公司，通过深化与整车制造企业、销售店的合作，不断创新服务模式，提高车贷业务量，拓展保理业务，扩大潜在客户基数和购买力，扩大融资租赁业务规模，支持经销商扩大销售业务，在实现保险业务规模快速增长的同时，扩展了汽车销售业务。

（4）广汽资本是广汽集团股权投资和资产管理的资本运作公司，通过战略投资、设立及参股有限合伙基金和资产管理的业务模式，充分运用汽车产业链资源，着眼于汽车新能源、新材料、智能化及互联网等汽车产业链关键领域，拓展智能设备与终端、垂直电商、环保和资源再生、智慧城市等产业的投资机会，支持产业结构调整和转型升级，并通过资本运作工具，助力广汽集团多元化发展，促进产业延伸，提高投融资效率，实现资本利益最大化。

（5）广爱保险经纪是经中国保监会批准成立的全国性专业保险经纪公司，目前在全国已设立20家分公司及营业部，业务网络已覆盖至全国200多个大中小城市。已开展的业务包括：传统及专业化车险、金融风险管理、融资监管、企业财产保险、延保服务。正在试点的业务包括：个贷面签、融资租赁。为全国各地近千家汽车销售店的购车客户提供全面的多元化车辆保险经纪服务，为15家银行及金融机构提供风险管理咨询服务，同时为超过200家企业提供财产保险、工程保险、责任保险、运输保险以及员工医疗险等保险经纪服务，为各汽车品牌企业的用户提供汽车延长保修服务，充分发挥保险在汽车价值链中的作用。

（6）广汽租赁自成立以来其融资租赁业务得以有序推进，已开展大型制造设备、施工设备、运输工具、生产线等融资租赁服务，拓展产业链上中下游的业务，聚焦广汽集团保理、上游配套商厂房设备租赁、主机厂生产设备租赁等业务，引导企业利用融资租赁进行设备更新和技术改造，加快产业转型升级。同时，逐步向新能源汽车、节能环保、物联网等新兴产业领域拓展，撬动投资，促进先进制造业和现代服务业不断做强做大。

四 总结

完整产业链是一个相对开放的系统，需要较长时间的积累，没有大量的投入并形成一定的资产规模和产业布局基础，一般的企业无法建立起完整产业链的业务模式，也无法体现产业集群以及完整产业链的独特优势。完整产业链战略首先是一种企业经营思想和理念，是一种能够提升企业资源利用率的模式，让企业资产在产业链不同环节的布置更加有效率，把企业的价值实现在产业链的不同环节上,将资源自然地向价值高的环节上集中,是一种提升经营效率、减少交易成本和风险、使企业更有竞争力的模式。

广汽集团完整产业链发展战略实践表明:在产业链各环节中,研发是龙头,制造是核心,销售是动力,服务是保障。一是要根据消费者需求,做好产品规划,研发先行,开发适销对路的产品;二是要建设世界级工厂,应用先进的制造工艺和技术,保证产品品质;三是要有贴近消费者的销售网络,创新销售体制,开展有效的市场营销;四是要布局产业服务和产品服务,建立战略后勤双保障,创造产业配套和汽车售后服务优良的市场环境。产业链各环节主体突出各自特点,发挥各自作用。这种战略,最终会汇聚成一种企业文化,形成独特的竞争实力,为集团中长期的可持续健康发展打下良好的基础。

参考文献

张雷:《产业链纵向关系治理模式研究——及对中国汽车产业链的实证分析》,复旦大学,2007。

杨再高等:《广州汽车产业发展报告(2015)》,社会科学文献出版社,2015。

杜龙政、汪延明、李石:《产业链治理架构及其基本模式研究》,《中国工业经济》2010年第3期。

B.17
广汽集团"1513"发展战略剖析

洪云 黄坚*

> **摘　要：** 基于丰富的项目经验和行业认知，广汽集团发布了实现集团健康、可持续发展的核心保障——"1513"战略，重点包括铸牢核心技术研发载体，构筑三足鼎立整车格局，提升部件整体配套能力，打造现代服务发展引擎，打造可持续竞争力，塑造国际竞争力。
>
> **关键词：** "1513"　广汽集团　发展战略

经过"十二五"的发展，广汽集团在板块能力提升、重大项目推进、自主品牌发展、新产品导入、资本运营、创新变革、品牌文化建设等方面取得较大进展，集团战略规划团队的能力也得到了较大提升，形成了一系列行之有效的发展战略编制的方法论，圆满完成了"十三五"发展规划的编制。广汽集团"十三五"发展规划的核心是"1513"战略，特别强调各业务板块在各自领域中的生存、竞争与发展之道，通过全面深化"3+e"战略，整合资源、创造价值，以满足客户需求，全方位提升整体核心竞争力，实现可持续发展。可以预见，通过"十三五"发展规划的实施，广汽集团将进入一个新的发展阶段。

---

* 洪云，广州汽车集团股份有限公司，经济师；黄坚，广州汽车集团股份有限公司，工程师、经济师、PMP。

一 广汽集团发展战略编制解析

企业经营环境的特点决定了企业战略行为,包括企业的积极主动行为和消极被动行为。企业经营环境和战略行为的复杂变化也决定了企业战略编制理论和方法的变化。广汽集团从1997年成立到2015年的18年里,对照国家五年规划周期历经了"九五"的重组与调整、"十五"的夯实基础、"十一五"的跨越发展和"十二五"的全面布局四个阶段,走出了一条有广汽特色的发展道路。"十三五"时期,中国经济和汽车产业步入新常态,广汽集团面临前所未有的机遇与挑战,这意味着广汽集团必须以更大的智慧、更高的标准编制"十三五"发展战略。基于丰富的项目经验和对行业的深刻认识,广汽集团形成了一系列行之有效的关于战略制定和管控的方法论。

广汽集团于2014年底启动"十三五"发展战略编制工作,成立了由董事长任组长的领导小组以及由集团常务副总为组长的工作小组,各投资企业、集团相关部室全程参与研讨编制,并经历了"十二五"规划总结会、"十三五"战略研讨会、座谈会和专家论证会、战略委员会和董事会等关键工作节点。

广汽集团战略规划编制团队结合外部环境变化和自身能力要求,充分整合内外部战略研究力量,重点基于8大模块开展集团发展战略编制工作(见表1)。

表1 广汽集团发展战略编制模块解析

模块	名称	核心内容
模块1	外部市场环境研究	·运用PEST模型对汽车产业未来五年发展趋势和驱动要素进行全面解析,总结未来竞争的关键成功要素以及对广汽的启示
模块2	内部竞争力分析	·从广汽集团内部入手,基于内部高层、中层核心访谈,分析广汽现状和今后能力发展方向的可行性 ·沿价值链各环节对广汽集团核心能力与可用资源进行系统化分析和评估

续表

模块	名称	核心内容
模块3	国际领先企业对标	·通过与国际先进企业进行有针对性的对标,找出差距,指明发展方向
模块4	战略愿景与目标制定	·通过高管访谈的形式,并结合前述模块的分析结果,打造完整的愿景、战略目标以及其内涵诠释
模块5	业务板块战略	·结合广汽集团战略目标,明确各个业务板块在广汽集团内部的定位,同时制定各自的板块战略以及业务组合战略
模块6	职能战略	·制定广汽集团的管控模式,并规划各职能及资源的匹配和管控
模块7	生态圈战略	·通过洞察汽车生态圈的发展趋势,明确广汽集团在变化中的定位和潜在模式
模块8	战略实施	·定义广汽集团战略实施的工作模块,明确各个模块的实施要求和规划,形成实施方案 ·制定广汽集团战略管理机制,保障战略的落地实施 ·使用战略管理工具以制定追踪战略关键KPI,执行时间及资源需求

随着企业规模和能力的扩张、发展环境的复杂化,广汽集团发展战略编制的思维模式也发生了一定程度的转变:一是在关注企业收益的同时更加关注价值创造;二是在关注发展机会的同时更加关注竞争优势;三是关注规模扩张的同时更加关注创新驱动。广汽集团总部不再是单纯地通过产品(服务)来创造价值,而是思考对行业/市场组合的经营;不仅仅通过建立发挥差异/成本优势去提高产品(服务)竞争优势,还思考如何建立和发挥行业/市场组合优势来提高组合中的各个企业的竞争优势,从而达到"1+1>2"的效果。

二 广汽集团"1513"战略

随着中国经济进入新常态,消费需求更加多元化、个性化,汽车产业面临着机遇与挑战并存的发展局面。站在"十三五规划"的新起点上,立足于"3+e"发展战略,广汽集团提出了未来五年的总体发展战略——"1513"战略,即在秉承"内部协同创新、外部开放合作"的发展原则基础上,完成1个目标、夯实5大板块、突出1个重点、实现3大突破,全方位提升核心竞争力,实现可持续发展。

"1"个目标是指在"十三五"期末形成汽车产能约300万辆、产销汽车约240万辆的规模,年均增长达到12%,营业收入超4000亿元。

"5"大板块:做强做实研发、整车、零部件、商贸服务和金融服务等5大板块。具体包括:铸牢核心技术研发载体,构筑三足鼎立整车格局,提升部件整体配套能力,拓展商贸业务竞争优势,打造金融服务资本引擎。

"1"个重点:集中广汽集团优势资源大力发展自主品牌,实现广汽自主品牌事业的跨越式发展。具体通过整合内外部研发资源,加强整车及关键零部件研发,全力推进自主战略,深化实施广汽生产方式,实现资源整合、共享和协同。

"3"大突破:在汽车电动化、国际化、网联化等3个方面实现重大突破。具体包括:明确新能源汽车技术路线、运营模式、生产体制、车型布局;整合人才、技术、资金等资源,积极构筑海外事业平台;全力推进整车电商、车生活、车联网3大业务平台及互联网创投平台,实现汽车与互联网的跨界融合。

三 "1513"发展战略剖析

"1513"战略是广汽集团为了应对环境变化所做出的整体性、系统性和超前性的反应,是实现集团健康、可持续发展的核心保障,强调了各业务板块在各自领域中的生存、竞争与发展之道,重点在于全面深化"3+e"战略,整合资源、创造价值,以满足客户需求。展开来说,重点包括如下六大方面。

(一)实施创新驱动,铸牢核心技术研发载体

广汽集团建立起以广汽研究院为核心载体、投资企业研发中心为支撑的国家级企业技术中心。基于汽车正向开发的多年创新实践,广汽研究院已形

成了一整套跨学科领域的先进研发流程与体系，构建了一支结构合理、技艺专精的2000多人的研发人才队伍，具备了同时主导开发三款整车和多款发动机、变速箱等核心部件的能力，先后获得中国汽车工业科学技术奖一等奖，"企业博士后科研工作站""院士专家企业工作站"等多项资质和荣誉。凭借国内领先、国际先进的研发设施及手段，和一流的整车及关键零部件开发、试制和试验能力，广汽集团国家企业技术中心在2015年全国各行业1100多家国家级企业技术中心评价中获得排名前1%的优秀评价，排名第12位。"十二五"期间，广汽集团累计完成研发投入超150亿元。

未来，广汽集团将继续完善以汽研院为核心、合资企业研发中心以及零部件企业为支撑的研发体系，打造一支强大的自主研发人才队伍（相比与现有规模翻一番）。积极开展对外技术合作，整合全球资源，提升集成创新能力。加大研发投入，持续提升研发效率，全面提升整车、关键总成、核心零部件研发能力，基于跨平台模块化架构，积极构建多个车型平台和动力总成平台，形成每年5款全新车型的开发能力，研发层面充分体现举全集团之力发展自主品牌，满足集团对自主品牌车型的需求。

（二）推进结构升级，构筑三足鼎立整车格局

一是产业结构方面。广汽集团通过以广汽丰田、广汽本田为代表的日系发展起步，打造了许多中国消费者喜爱的汽车产品与服务，积累了丰富的生产管理经验和品质控制技术，制造工艺水平行内领先。广汽集团以日系合作为基础，举全集团之力发展自主品牌，自主品牌传祺通过吸收国际先进的制造和管理技术，打造出广汽生产方式（GPS），形成世界级水平的生产体系，在J. D. Power中国新车质量报告中，传祺品牌的新车质量连续三年名列中国品牌第一。同时，为了防范单一派系的合资合作风险，集团积极拓展欧美系合作，深化与菲亚特克莱斯勒集团的合作关系，丰富产品线以提升综合竞争力，到2018年Jeep品牌在中国将覆盖从紧凑型SUV到全尺寸豪华SUV的全线产品，克莱斯勒品牌产品也将陆续导入。

"十三五"期间，整车板块仍然是广汽集团的核心业务支柱，并拉动其

他板块共同发展。

乘用车领域，广汽集团要扩充产品谱系，强化市场开拓，布局新能源；持续提升品牌、品质，强化销售能力；加强成本控制，重视成本管理；加强合资自主研发；加强自主品牌内部整合；立足全国市场，进行前瞻性产能布局。

商用车领域，广汽集团要继续关注现有业务布局的完善，结合市场机遇，聚焦市场需求，进一步精耕细作，提升企业竞争力。

摩托车领域，广汽集团要突破整体市场的不利环境，推动海外业务的发展壮大，并积极拓展新业务领域，打造技术创新能力，强化优势市场地位。

通过"三足鼎立"架构的发展完善，初步形成自主品牌、日系合资品牌、欧美系合资品牌协同发展的格局，形成互补性强、覆盖面广、结构稳定的主业结构，广汽集团的"十三五"整车事业将迎来全面快速发展阶段。

二是产品结构方面。广汽集团及投资企业积极推动新产品引进和产品规划的落实，不断丰富产品系列、优化产品结构。"十二五"期间，集团新产品开发项目累计投入近 100 亿元，推出新产品 22 款。截至目前，集团总体产品布局已基本覆盖主流细分市场，2015 年，多款车型供不应求，带动了各品牌的销售上升，传祺 GS4 月销超 3 万辆，缤智、雅阁、雷凌等批售量均超万辆，广汽菲克首款 Jeep 车型自由光自 2015 年底上市以来深受市场欢迎，月销近万辆。

"十三五"期间，广汽集团要继续以消费需求为导向，全力培育细分市场销量排名领先的车型产品。未来需要在兼顾总体产品布局完善的前提下，依据主流细分市场的规模和发展潜力，推动整车企业自身产品线的扩充，实施差异化布局策略，实现全面充分的产品覆盖，确保广汽集团整体销量目标的达成。

（三）培育核心企业，提升部件整体配套能力

"十二五"期间，广汽集团零部件板块配套企业逐年增加。广汽部件伴随广汽本田、广汽丰田、广汽乘用车等主机厂同步发展，分布在湖南、湖北

等地,配套广汽菲克、广汽三菱以及体系外整车企业,同时大力推进DDCT等关键零部件项目建设和技术研发,市场竞争力得到提高;广丰发动机本土配套和出口销售同步发展;上海日野发动机积极应对市场变化,调整产品结构,持续开展降低成本和提升品质活动;广汽本田发动机工厂建成投产。

"十三五"期间,广汽集团零部件板块要从产品组合、企业结构、研发生产能力及配套体系入手,服务集团内外客户,提升部件整体配套能力。

"十三五"期间,广汽集团要依托现有基础,加强零部件的研发及生产能力建设,做好资源协同;要积极主动推进有利于支持自主品牌发展、提升自主研发能力、加快新能源汽车发展的行业内并购重组和战略合作,提升核心竞争力;要积极采取自主发展、合资合作和外部配套等发展模式,合理制定产品组合策略,增加高技术含量、高附加值产品比重;要积极选择具备战略意义强、市场前景好、技术附加值高、管理基础好等因素的控股企业或新项目进行重点扶持和资金投入,加快培育出多家核心零部件企业。

(四)强化产业协同,打造现代服务发展引擎

随着汽车产业的逐渐成熟,汽车产业链的盈利和增长空间逐步向服务领域转移,广汽集团积极拓展现代服务业,丰富完善汽车产业链,由制造型向制造服务型积极转型。近年来,广汽集团不仅积极拓展汽车后市场领域,而且加快布局高端服务业,陆续成立的广汽汇理汽车金融、众诚保险、广爱保险经纪等金融板块企业发展态势良好,协同促进广汽整车发展效果明显,新设立的广汽资本、广汽租赁、财务公司(筹)成功搭建广汽股权投资、产业基金、证券投资、融资租赁、资金管理等新平台。单纯的整车制造板块已经不能代表广汽的全部,上下游相关产业对广汽的贡献度日益突出,新的利润增长极正逐步发展壮大。

"十三五"期间,广汽集团要继续巩固在汽车销售及后市场业务的领先地位,延伸服务产业链,积极搭建汽车互联网生态圈,寻求人、车、生活结合的多元化发展;要加大产融结合力度,把握产业整合机遇,通过境内外投融资平台,以多样的资本运作形式,灵活运用杠杆效应,撬动社会资本,积

极进行产业投资和布局。

今后，广汽集团将继续立足主业，推进相关多元化发展，积极拓展新兴业务，寻找发展蓝海，最大限度发挥产业链协同效应，实现先进制造业与现代服务业的融合发展。

（五）布局新兴业态，打造可持续竞争力

一是在新能源汽车方面。新能源汽车作为我国战略性新兴产业之一，是实现"中国制造2025"强国战略的重要组成部分，广汽集团着力发展新能源汽车，推动产业转型升级。经过多年的发展，广汽集团在乘用车领域的新能源产品已初步覆盖了混合动力、插电式混合动力、增程式纯电动、纯电动四大板块。2016年，广汽集团自主品牌更具市场竞争力的A级插电式混合动力轿车、A级插电式混合动力和纯电动SUV等3款新能源汽车将逐步投放市场，在"十三五"期间将逐步加大新能源汽车产业发展力度。

二是在汽车互联网生态方面。广汽集团计划打造一个涵盖整车电商、车生活、车联网3大业务平台及互联网创投平台的汽车互联网生态圈，首期投资达到14亿元。汽车互联网生态圈项目承载着广汽集团网联化目标，将实现汽车与互联网的跨界融合。

（六）实施海外战略，塑造国际竞争力

在经济全球化、市场一体化日益发展的今天，汽车企业"走出去"，既是汽车产业国际分工与规模经济的客观要求，也是自身发展阶段的必然选择。广汽集团的国际化发展，不仅仅局限于海外市场拓展、国际品牌打造，还包括研发、产品、投资、融资四个方面。目前，广汽集团已经正式颁布实施海外发展战略。"十三五"期间，广汽集团要积极构筑海外事业平台，整合人才、技术、资金等资源，加强国际合作，在机构、人员方面考虑全球布局；要结合海外生产的特点，加强广汽生产方式的适应性，选择因地制宜的发展模式；要积极搭建适应海外生产基地的供应网络和体系；要积极研究海外市场销售模式，打造适应多种销售模式的销售能力；要积极制定相应的海

外售后服务管理标准和流程；要通过全球的资源整合，以新兴市场为突破口，实现海外增长超行业平均水平，实现集团自主品牌在全球主要汽车市场的突破，最终实现集团国际化发展目标。

"十三五规划"大幕开启，展望未来，机遇与挑战并存，广汽集团将以卓越的国际化企业为愿景目标，铸造社会信赖的公众公司，一如既往地为消费者提供更高品质、更多元化的产品和服务。通过"十三五"规划的实施，全面达成汽车产销240万辆、营业收入超4000亿元、利税总额超500亿元的总体目标。

参考文献

蓝海林等：《转型中的中国企业战略行为研究》，华南理工大学出版社，2007。
杨再高等：《广州汽车产业发展报告（2015）》，社会科学文献出版社，2015。

B.18 重大项目对汽车企业升级的促进作用研究

黄坚 金培*

摘 要： 企业的生存发展需要强有力的战略规划和目标作为支撑，战略目标需要重大项目的实施来实现，以形成企业提供某种产品或服务的能力，满足市场或顾客的需要，从而获取盈利并得以生存和发展。重大项目的建设和实施是战略目标实现的载体，也是实现企业战略目标的一个重要的可行手段或方法。本文通过分析广汽集团"十二五"期间实施重大项目推进产业转型升级战略的实践，以及"十三五"规划运用重大项目促进新业态发展的愿景，阐述重大项目实施对企业产业转型升级的促进作用。

关键词： 重大项目 产业升级 策略 促进

李克强总理在《政府工作报告》中明确提出了"中国制造2025"的战略目标，实现从制造业大国向制造业强国的转变，为我国的产业转型和技术升级指明了方向。广汽集团作为传统的汽车制造企业，成立伊始就制定了将传统产业转型升级的发展战略，以提高广汽集团的综合实力和经济效益。在多个5年规划的发展过程中，广汽集团通过实施组建合资合作和新的独资企

---

* 黄坚，广州汽车集团股份有限公司，工程师、经济师、PMP；金培，广州汽车集团股份有限公司，助理工程师。

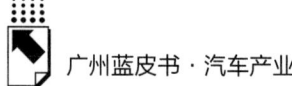

业、兼并重组其他企业、对现有企业进行能力提升及技术改造、开发全新产品、产品改型/款与升级换代等重大项目，推动产业和企业转型升级发展，在转变企业发展盈利模式、优化产业结构、增加企业经济效益等方面取得了可喜的成果。

一　重大项目概述

（一）重大项目

重大项目包含的面很广，凡涉及投资、开发、建设等事业形式的都可以说是项目建设，重要的项目建设比如工业项目、自主创新项目、服务业项目、能源及交通建设项目、基础设施、环保项目、民心工程等，通常被称为重大项目或重点建设项目。上到国家、地方政府，下到企业和事业单位，其涉及社会和经济活动的方方面面。

对于企业而言，企业战略管理的成功与否，关系着企业的发展和未来，企业制定长期或短期的战略目标，都是通过实施项目建设特别是重大项目建设来实现。项目的实施为企业提供了某种产品或服务的能力，以满足市场或顾客的需要，从而获取盈利并得以生存和发展，最终实现企业的战略目标。因此，重大项目的建设和实施是实现战略目标的载体，也是实现企业战略目标的一个重要的可行手段或方法。

（二）广州市重点建设项目

《广州市重点建设项目管理办法》规定，市重点建设项目和市重点建设预备项目，应当从下列建设项目中确定，并列入年度市重点建设项目计划或者年度市重点建设预备项目计划。

（1）有利于完善城市基础设施，优化城市空间布局，改善居住生态环境，促进城市可持续发展的大型城市基础设施建设项目；

（2）有利于推动经济结构优化升级，促进自主创新和技术进步，提高城市综合竞争力的现代产业发展项目；

（3）有利于建设资源节约型、环境友好型社会的大型环保和节能减排项目；

（4）有利于改善民生福利的大型社会事业项目；

（5）对本市国民经济和社会发展有重大影响的其他大型基本建设项目和技术改造骨干项目。

（三）广汽集团重大项目

根据《广州市重点建设项目管理办法》的规定，广汽集团结合自身的特点，确定重大项目：根据国家法律、法规和广汽集团中长期发展规划目标，以提高广汽集团综合实力和经济效益为目的，以货币资金、实物、无形资产等进行出资的经济活动，包括组建合资合作企业、组建新的独资企业、有偿或无偿兼并其他企业（包括股权转让及收购）、对原有企业参股以及在原有基础上进行能力提升及改造、全新产品（技术）开发、产品改型/款与升级换代等项目，总投资在1亿元及以上的项目被列为广汽集团的重大项目。

"十二五"期间，广汽集团积极开展新项目工程建设以及新产品开发，累计推进项目近500项，其中重大项目近100项。项目的有效推进，基本实现以广州为中心，以华中、华东为两翼，辐射全国的产业布局，已具备广汽独具特色的完整产业链产、供、销及研发体系，成为国内产业链最为完整、产业布局最为优化的汽车集团之一。

二 持续实施重大项目，推进产业转型升级战略

广汽集团从1997年成立到2015年的18年里，经过多个5年规划的建设，走出了一条独具广汽特色的转型升级发展道路。广汽集团围绕完整产业链的建设，不断强化合资合作，大力发展自主品牌，完善商贸、零部件业务，布局金融、保险、汽车互联网等领域，紧紧围绕产业链各个环节，通过

重大项目筛选、项目专家论证、项目决策审批、项目工程建设、项目验收、项目考核和后评价等各个程序的把关，确保项目质量和投资效率，逐步形成了全产业链业务覆盖，实现了广汽集团整体实力的提升，连续3年跻身《财富》世界500强，2015年上升至第362位。

（一）提升项目管理能力，为项目的成功实施提供保障

项目管理是管理学的一个分支学科，也是一个系统工程。项目管理是指在项目活动中运用专门的知识、技能、工具和方法，使项目能够在有限资源的条件下，实现或超过设定的需求和期望的过程，需要对一些已成功地达成一系列目标的相关活动（譬如任务）进行整体监测和管控，包括策划、进度计划和维护项目活动的进展。

"十二五"期间，广汽集团在新项目建设上每年的投入超过100亿元，每个项目的成功实施都需要强有力的管理能力，高效的项目管理是项目实施的重要保障。广汽集团经过多年的项目管理实践，积累和总结了大量项目投资与管理的成功经验，已建立起一套完整的项目投资管理与评价的制度体系，为重大项目的成功实施保驾护航。

一是建立完善的投资项目管理制度和实施细则，包括《工程建设项目管理办法》《项目投资管理办法》《新产品（技术）开发项目管理办法》《重大项目年度考核评价实施细则》《年度项目完工评价及后评价奖励办法》等各项制度文件，为重大项目的审批、实施、监控提供了制度保障。

二是明晰项目各层级的责权划分，通过加强项目的搜索及规划能力和建立项目筛选决策模型，加强了新项目的筛选、可行性研究审核评价与审批管理，确保项目的质量。

三是强化项目审批与后评价的互动管理，严格项目的立项和可行性研究的审批管理，并将项目后评价作为项目考核的重要参考依据，引导企业不断提高项目可行性研究预测与判断的准确度，不断提高项目管理的精度、质量和水平。

四是完善项目管理考核和奖惩机制，通过制定《重大项目年度考核评

价实施细则》《年度项目完工评价及后评价奖励办法》等两项制度，加强对项目的过程监控和进度把控，有效确保了各项目按要求、按进度推进实施。广汽集团通过管理制度、决策模型等手段对项目实施分类、分级的系统化管理，保障了各类项目实施的质量和水平，提升了项目投资的成功率。

（二）加快实施重大项目，为产业转型升级提供保证

"十二五"期间，广汽集团通过实施新产品开发及产品结构调整、新项目建设、技术改造提升产能等重大项目，取得了很好的成效，促使产业转型不断升级。

1. 开展新产品开发，加快推进产品结构升级

1999~2006年，广汽本田、广汽丰田两个合资企业是广汽集团的产业支柱和主要利润来源，公司的产品和技术均来源于合作方。广汽本田和广汽丰田的快速发展，带动了广州汽车产业集群迅速崛起，相继形成了以东部黄埔、增城汽车生产及出口基地、北部花都汽车城及从化重型车生产基地、南部南沙黄阁国际汽车城为主导的三大组团式布局的汽车产业集群，有力带动了广州市经济和社会发展，也奠定了广汽集团作为国内大型汽车企业集团的基础。

一是加快打造自主研发能力。为改变长期依赖国外产品和技术的局面，2005年，广汽集团确定自主品牌发展战略，投资总额超过100亿元进行自主研发和提高产业化的能力，实施研发基地和生产基地等重大项目的建设。其首先成立了广汽研究院，负责自主品牌的前期技术积累、研发储备以及全新自主品牌传祺产品的研发。随后先后展开广汽研究院五山基地、番禺基地等重大项目的建设，已建成包括整车、动力总成、新能源等15类实验室和1个含焊接、涂装、总装、机加工的试制工厂，以及1条汽车调校专用试验场，研发人员也从初期的几十人发展成为一支结构合理、技艺专精的2000多人的研发人才队伍。广汽集团已具备同时承担1~1.5款全新常规车型和1款新能源汽车部分自主开发的能力，具备涵盖自主品牌整车集成、动力总成、造型、车身、底盘、电子电器的设计开发与验证能力，以及400辆/年

的开发样车试制能力，成为国家级企业技术中心。

广汽研究院成立后，广汽集团批准其开展多项新产品开发的重大项目，先后创新形成了"基于跨平台模块化架构（CPMA）的汽车正向开发技术"；构建了广汽传祺家族的跨平台模块化共享架构（G-CPMA）；打造了全球化的研发网络即广汽全球研发网；建立起专利与标准体系，有效申请专利1802项，其中发明494件。已形成了一整套跨学科领域的先进研发流程与体系，具备了同时主导开发三款整车和多款发动机、变速箱等核心部件的能力，先后完成了VTML、DCVVT、1.8/1.6/1.3T等G、GS两大系列发动机以及传祺GA5、GS5、GA3、GA3S、GA6、GS5·速博、GA3S·视界、GS4等系列车型的开发，提高自主品牌汽车产品家族的市场竞争力。"十二五"期间，广汽集团自主研发能力建设、新产品开发等重大项目建设累计完成投入超过150亿元。通过多款自主发动机和汽车产品的研发和产业化，自主研发能力不断提高，为广汽集团的产业转型升级打下基础。

二是以新车型助推产品升级。广汽集团及投资企业积极推动新产品引进和产品规划的落实，不断丰富产品系列、优化产品结构。在引进适应性产品方面，广汽本田、广汽丰田、广汽菲克、广汽三菱引进了合作伙伴的全球车型如雅阁、凌派、缤智、歌诗图、奥德赛、飞度等；凯美瑞、汉兰达、致炫、逸致、雷凌等；菲翔、致悦、JEEP自由光等；劲炫、新帕杰罗劲畅等产品。在合资自主方面，通过建立合资企业研发中心的方式，广汽本田研发中心成功开发了合资自主品牌理念车型并参与了本田全球车型凌派的开发过程，体现了合资自主研发能力的逐步提升。

"十二五"期间，广汽集团新产品开发和新产品引进等重大项目累计投入超80亿元，推出新产品22款，总体产品布局已基本覆盖主流细分市场。2015年，多款车型供不应求，带动了各品牌的销售上升，传祺GS4月销超3万辆，缤智、雅阁、雷凌等批售量均超万辆，广汽菲克首款Jeep车型自由光自上市以来就深受市场欢迎，月销量达8307辆，环比增长达42%。广汽集团将继续以消费需求为导向，在各主流细分市场培育多款明星车型。

2. 推进新的项目建设，构筑三足鼎立整车格局

广汽集团以广汽本田、广汽丰田为代表的日系发展起步，打造了许多中国消费者喜爱的汽车产品与服务，积累了丰富的生产制造管理经验和品质控制技术。特别是广汽本田，1998年成立后，从年产3万辆起步，经过多年的发展，走出了一条"以市场为导向、少投入、快产出、滚动发展"的道路，成为国内汽车行业的发展标杆。广汽丰田项目于2004年9月开始建设，2006年5月产品下线，成为汽车业界首家企业当年投产、当年盈利的企业。以此为基础，广汽集团先后实施了包括广汽自主品牌乘用车、广汽菲克、广汽日野、广汽三菱等组建的新独资企业、合资合作企业、兼并重组其他企业的多个重大新项目建设。

一是举全集团之力发展自主品牌。2008年7月，广汽乘用车由广汽集团在广州番禺独资设立，作为广汽集团自主品牌乘用车项目的实施载体，注册资金42.22亿元，占地面积118万平方米。工厂一次规划、分期建设，2010年9月首期项目竣工，建成年产10万辆整车、10万台发动机的世界级工厂。自2010年底首款产品上市以来，销量从2010年的1.7万辆，到2015年突破19万辆，实现了跨越式发展，形成了行业瞩目的"传祺速度"。自主品牌传祺通过消化吸收国际先进的制造和管理技术，打造出广汽生产方式（GPS），建立起世界级水平的生产体系，在J.D.Power中国新车质量报告中，传祺品牌的新车质量连续3年名列中国品牌第一。自2015年11月起传祺GS4车型销量连续位居中国SUV车型前三甲。

二是积极拓展与欧美系制造商合作。为了防范单一派系的合资合作风险，广汽集团积极拓展与欧美系汽车供应商的合作。2010年在长沙成立广汽菲克，开展整车和发动机生产。2014年深化与菲亚特克莱斯勒集团的合作关系，丰富产品线以提升综合竞争力，导入Jeep品牌，预计2018年Jeep品牌在中国将覆盖从紧凑型SUV到全尺寸豪华SUV的全线产品，克莱斯勒品牌产品也将陆续导入。

三是继续扩大与日系企业合资合作。广汽集团通过战略重组先后与日本日野汽车公司和日本三菱汽车公司合资合作，成立商用车和专业SUV的生

产企业。广汽日野项目于 2007 年 7 月 30 日经国家发展和改革委员会核准，由广汽集团、日野自动车株式会社各出资 50% 在从化成立广汽日野汽车有限公司，2009 年 9 月，广汽日野从化工厂竣工投产暨 700 系列重卡生产下线仪式成功举行，带动广汽集团的商用车板块步入发展轨道，同时也改变了广州市乃至广东省商用车生产没有重卡产品的格局，进一步丰富和完善了广汽集团的产品线。广汽三菱成立于 2012 年 10 月，为历时 3 年的广汽集团与长丰集团的跨区域重组画上了圆满的句号。广汽三菱全面继承了原广汽长丰生产工厂、销售渠道、采购体系等全产业链优质资源，并对原有生产线进行了全面的升级改造，导入了领先的生产品质体系，生产多款包括 ASX 劲炫、帕杰罗·劲畅等战略车型，引领新生代中级 SUV 市场进一步向专业和时尚方向发展，为消费者带来更为多元、丰富的生活方式。

通过推进诸多新的重大项目建设，集团已初步建立起自主品牌、日系品牌和欧美系品牌三足鼎立的整车格局，迎来了快速发展期。

3. 开展企业技术改造，提升原有基础及其能力

重大技术改造项目是企业为了提高经济效益、提高产品质量、增加产品品种、促进产品升级换代、降低成本、节约能耗、加强资源综合利用等，采用先进的、适用的新技术、新工艺、新设备、新材料等对现有设施、生产工艺条件进行的改造，有效扩大产能，避免重复建设，同时还有利于优化产业结构、改变增长方式、提高企业的效益和竞争力。为进一步提高广汽集团整车生产能力，各投资企业在各自原有产能的基础上，通过技术改造和新增产能建设等重大项目的实施，不断提升整车生产能力。广汽本田第二工厂和第三工厂先后落成，年生产能力达到 60 万辆；广汽乘用车第二工厂建成投产，第三工厂预计 2016 年上半年建成，届时年生产能力将达到 35 万辆；广汽菲克在广州番禺建设广州分厂，预计 2016 年 4 月建成，届时年生产能力将达 33 万辆；广汽丰田第二生产线已建成投产，年生产能力达 38 万辆，第三生产线已开工建设，将增加年生产能力 20 万辆。通过一系列的技术改造和新增产能建设等重大项目的实施，2015 年广汽集团整车年生产能力达到 162 万辆，在建产能 65.5 万辆。

（三）完善产业链结构，制造服务助推产业升级

服务企业面向制造企业的服务是现代制造服务的主要内容之一，这是因为制造企业为打造核心竞争力，将其不擅长的业务外包，因而需要围绕制造业生产制造过程的各种服务，如零部件配套服务、信息服务、销售服务、物流服务、管理咨询与商务服务、金融保险服务等，即需要围绕制造业开展生产性服务。广汽集团在发展过程中积极拓展现代服务业和生产性服务业，丰富完善汽车产业链，零部件配套、商贸及金融保险等服务企业相继开展重大项目建设，不断完善配套功能和服务能力，为促进整车企业的快速发展发挥了重要的作用。

一是零部件配套企业功不可没。"十二五"期间广汽集团零部件产业甘当整车企业的排头兵，配合整车企业同步发展。各零部件配套企业积极应对整车企业产品结构的变化，调整零部件品种结构，先后开展了动力系统、内饰系统、热交换系统、照明系统、底盘系统等产品生产建设和技术改造重大项目，不断提升配套能力，配套服务范围覆盖发动机、变速器、汽车空调、座椅、HVAC系统、汽车灯具、减震器及配件、自动操作配件、门内饰板、地毯、隔音件、弹簧、铝溶液、铝轮圈、转向器、电机等，企业和产品市场竞争力得到进一步提高。特别是在配合广汽自主品牌传祺的发展过程中，广汽部件借助同属广汽集团的先天优势，从战略层面统一部署，新建或技术改造多个重点项目，积极参与广汽传祺系列新车型项目的开发配套和产品配套，先后为广汽乘用车在冲压、内外饰、电子电器以及底盘等领域开展配套，涉及的零部件包括变速器、车身冲焊件、座椅、空调、稳定杆、地毯、隔音隔热件、密封系统等，成为广汽乘用车重要的配套供应商之一。

二是商贸金融保险服务不断发力。广汽集团在布局整车制造业的同时，高度重视后端市场的发展，建立汽车销售服务、汽车信贷、汽车保险、金融投资、汽车租赁、物流及进出口贸易等相关业务服务能力，先后推进了广汽商贸相关业务、同方物流、广爱保险经纪、广汽汇理、众诚保险、广汽租

赁、广汽资本等重大项目的建设,成功搭建广汽集团配送物流、汽车保险、汽车金融、融资租赁、股权投资、产业基金、证券投资、资金管理等新的服务平台,满足了整车生产制造过程的各种服务,大幅降低制造和销售企业的融资成本,解决了整车企业的后顾之忧,有效促进了广汽集团完整产业链的协同发展。如今,广汽集团完整产业链的协同效应逐步创造的综合效益对广汽集团总体经济增长的贡献度日益突出。

三是积极推进整车企业产销分离。中国经济及汽车行业的发展进入新常态,汽车市场的竞争越来越激烈,为应对日趋增加的汽车销售和售后服务的竞争压力,广汽集团鼓励整车企业推进销售体制改革,开展生产与销售环节剥离,各整车企业根据自身的特点组建新公司,成立独立的销售公司或销售子公司,以提升汽车销售和盈利能力。目前,广汽本田、广汽丰田、广汽乘用车、广汽菲克均已成立汽车销售公司或销售子公司,广汽三菱汽车销售公司也正在筹备中。

三 规划集团"十三五",新业态项目促进产业升级

"十三五"期间,广汽集团将以用户需求为导向,聚焦主业,加强自主研发,全力发展自主品牌,培育核心竞争力。坚持以整车事业为中心,延伸汽车服务业产业链,强化产融创新,推进制造服务化转型,实现电动化、国际化、网联化的重大突破。

(一)发展新能源汽车,完善服务推动产业发展

新能源汽车作为我国战略性新兴产业之一,是实现"中国制造2025"强国战略的重要组成部分,广汽集团着力发展新能源汽车,推动产业转型升级。经过多年的发展,广汽集团在乘用车领域的新能源产品已初步覆盖了混合动力、插电式混合动力、增程式纯电动、纯电动四大板块。2016年,广汽自主品牌更具市场竞争力的A级插电式混合动力轿车、A级插电式混合

动力和纯电动 SUV 等 3 款新能源汽车将逐步投放市场。预计到 2020 年，广汽集团新能源汽车产销规模将突破 20 万辆。

同时，探索以出租车、约租车方式开展自运营，与拥有优势网络资源和信息技术资源以及充电桩配套设施运营能力的战略合作者一起，探讨共同推广 P2P 分时租赁、汽车分享等业务，以租赁带动新能源车的销售和包括充电桩建设在内的售后服务体系的完善，加速市场化进程，推动产业发展。

（二）打造互联网生态，实现汽车与互联网融合

广汽集团将打造一个涵盖整车电商、车生活、车联网 3 大业务平台及互联网创投平台在内的汽车互联网生态圈，将以用户体验为中心，囊括整车销售、售后服务、汽车金融保险、二手车置换、租赁等汽车相关业务，并惠及研发领域和生产制造，向整车厂、经销商和服务商全面开放，满足消费者选车、购车、用车、养车、换车等相关需求。广汽集团汽车互联网生态圈项目将积极探讨与国内大型互联网公司合作，实现汽车与互联网的跨界融合。

（三）参与全球化合作，提高国际竞争能力

在经济全球化、市场一体化日益发展的今天，汽车企业"走出去"，既是汽车产业国际分工与规模经济的客观要求，也是自身发展阶段的必然选择。广汽集团的国际化发展，不仅仅局限于海外市场拓展、国际品牌打造，还包括研发、产品、投资、融资 4 个方面，通过科学谋划，资源统筹，力争实现研发先行、海外销售规模化、资源整合全球化和资本运营国际化，以国际市场为舞台，从全球战略出发，全方位地参与国际分工、竞争与合作，提高竞争能力。

目前，广汽集团已经正式颁布实施海外发展战略，期望通过全球的资源整合，实现集团自主品牌在全球主要汽车市场的突破。构建并完善具有竞争力的海外事业体系，实现产业链在全球范围内的合理布局，精选市场，重点

突破，实现集团海外销售占自主品牌整体销售的合理比例，达到海外事业规模和效益的最优化。

（四）完善汽车地产生态，形成产业集聚效应

中国产业地产正经历着从简单工业园向产业综合体升级的进程。广汽集团旗下商贸集团将利用物流、汽车地产等项目机会，投资建设融合研发设计、商务办公、高端制造、综合配套等复合功能的产业综合体，并利用商贸背靠产业的独特优势，为客户提供高度复合、良性循环、功能完善的配套服务，形成产业集聚效应。

（五）利用融资租赁，有效促进产业转型升级

广汽租赁已在天津、上海等地大力推广大型制造设备、施工设备、运输工具、生产线等融资租赁服务，引导企业利用融资租赁进行设备更新和技术改造，加快产业转型升级。广汽集团也将充分利用现有的融资租赁平台，引入战略合作者，创新机制，拓展产业链上中下游的业务，聚焦集团保理、上游配套商厂房设备租赁、主机厂生产设备租赁等业务，同时逐步向新能源汽车、节能环保、物联网等新兴产业领域拓展，撬动投资，促进先进制造业和现代服务业不断做强做大。广汽集团将通过"十三五"规划相关重大项目的实施，力争在"十三五"期末完成汽车产能300万辆，营业收入超4000亿元，发展成为先进的汽车集团。

四　总结

重大项目实施是拉动投资的载体，是加快发展的动力，是撬动经济转型升级的重要支点，产业升级需要重大项目的支撑，而重大项目实施需要正确的策略。因此，企业必须完善重大项目管理体制和机制，在项目决策前进行科学谋划，制定出正确的发展战略，指引项目的筛选、决策、过程监控以及项目实施后评价等全过程管理。实施重大项目的正确策略是企业转型升级发

展的制胜法宝,在企业后续发展过程中要结合发展战略,谨慎、科学地谋划和选择重大项目,通过实施重大项目提升企业产业转型升级,增强企业的市场综合竞争能力。

参考文献

杨再高等:《广州汽车产业发展报告(2015)》,社会科学文献出版社,2015。

蓝海林等:《转型中的中国企业战略行为研究》,华南理工大学出版社。

B.19
广汽比亚迪发展概况及面临环境分析

李剑红 *

摘　要： 广汽比亚迪作为国内优秀汽车企业之间强强联合的典型代表，承担着发展广州新能源商用车的重任。随着国家大力推进新能源汽车产业发展，广汽比亚迪面临诸多有利形势同时也面临不少挑战。本文在分析广汽比亚迪的发展概况及主打产品的推广应用情况的基础上，重点分析广汽比亚迪面临的机遇和挑战，最后提出几点对策建议。

关键词： 新能源汽车　商用车　比亚迪K9　展望

一　广汽比亚迪成立过程

广汽比亚迪新能源客车项目是广州市2014年引进的重点项目之一。2014年3月28日，广州市政府同广汽集团、比亚迪公司签订《合作框架协议》，由广汽集团与比亚迪公司共同投资30亿元在广州市成立新能源客车总部、出口基地及研发中心。2014年4月23日，从化区政府同广汽集团、比亚迪公司签订《投资协议书》，项目落户从化区明珠工业园。2014年8月4日，广州广汽比亚迪新能源客车有限公司注册成立，9月3日在从化区明

---

* 李剑红，广汽比亚迪新能源客车公司，工程师。

珠工业园举行奠基仪式并开展工厂建设工作。2015年6月11日，广州市委书记任学锋在加快广州市工业经济发展座谈会上再次指示要求广汽比亚迪加快建设进度。2015年10月16日，在广州市各级政府领导的大力支持下，广汽比亚迪在从化工厂成功举办"广汽比亚迪产品下线暨交车活动"，实现首台纯电动客车成功下线，开启广州公交电动化新纪元，广汽比亚迪成为广州"十三五"时期发展新能源汽车产业的重要支撑。广汽比亚迪新能源客车项目进展情况见图1。

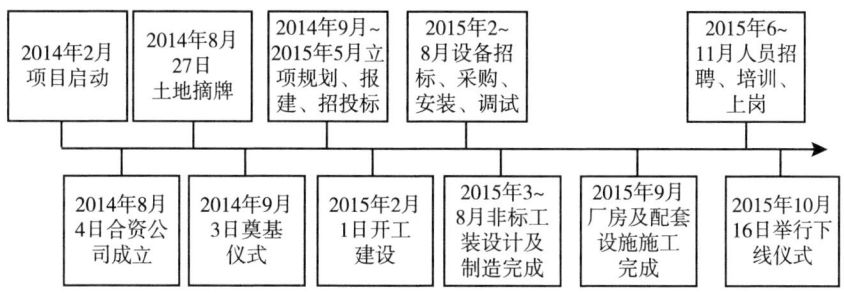

图1 广汽比亚迪建设进度

二 广汽比亚迪发展概况

（一）工厂建设

工厂占地面积46万平方米、建筑面积9万平方米，建成零部件、车身、涂装、总装、检测等生产车间，已具备规模化生产能力，单班生产可实现年产各类新能源客车5000辆。

（二）项目规模

广汽比亚迪新能源客车基地位于广州市从化经济开发区明珠工业园，项目规划总投资30亿元，总用地1000亩，其中一期占地700亩，投资8.5亿元，目前建设有零部件车间、焊装车间、涂装车间、底盘车间、总装车间、检测线、淋雨实验间、返修车间等工序及配套设施，已具备规模化生产能力，单班年生产各类新能源客车和商务中巴达5000辆，可实现60亿元的产值。

（三）市场推广

2015年，广汽比亚迪获得广州市400辆纯电动公交车订单，其中300辆预计于2016年上半年交付。2016年，广汽比亚迪将产销2000辆新能源客车，产值将达到40亿元。

（四）企业定位

在技术方面，广汽比亚迪以发展全系列纯电动客车为技术方向；在产品规划方面，广汽比亚迪目前拥有全部知识产权、技术领先的K系列纯电动公交客车12米K9、10.5米K8、8米K7，目前正在开发6~7米纯电动公交客车K6及纯电动双层旅游公交客车、18米纯电动铰链公交客车，未来还将研发生产C系列纯电动公路客车及T系列纯电动物流车（见图2）。

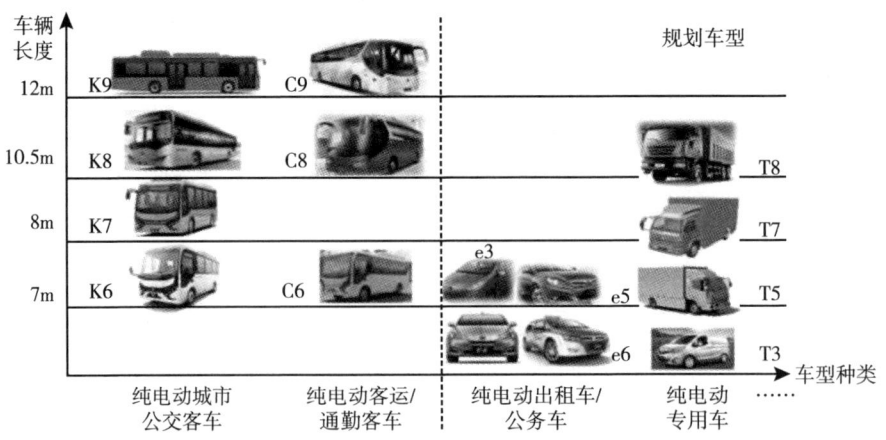

图2　广汽比亚迪车型规划

(五）商业模式

2015年，广汽比亚迪依据广州公交市场现状，制定了等额置换、双锁共赢商业模式，为广州公交电动化提供了全套的解决方案（见表1）。

（1）等额置换、双锁共赢商业模式。公交公司以购置和使用传统车等额的成本，来购置和使用纯电动公交客车，通过锁定政府财政补贴金额、锁定公交公司购车成本及充电价格，实现政府、公交公司、车企、充维企业共赢。

表1 广汽比亚迪新能源汽车推广模式

模式项目	项目释义
等额补贴	地方财政按照国家财政1∶1的比例给予纯电动公交客车购车补贴，直接补给生产企业（以K9为例，国家补贴50万元，地方补贴50万元）
等额购车	公交企业按照传统公交车的价格向生产企业支付车款，如广州300台纯电动公交客车12米K9 51.21万元/辆、8米K7 39.9万元/辆
等额使用	公交企业按相当于传统公交车的燃料使用成本支付充电费用，即纯电动公交与传统公交每公里使用的相等成本，计算出相应综合电价，公交公司按这一综合电价按月支付费用。如广州300台纯电动公交的综合电价为2.1元/度，每公里的使用成本不高于LNG公交车
充电设施	由广汽比亚迪或充维企业按车桩比1∶1投资建设，负责充电设施的运营、维护及管理。充电站建设用地由政府或公交公司免费提供，政府按国家和省、市相关政策给予充电站建设相应的补贴，或由政府解决相应成本

等额置换、双锁共赢商业模式有以下优势：①不增加政府负担，大量推广使用纯电动公交车不会增加政府财政支出；②不增加公交企业购车和用车成本，如12米纯电动公交采购价格不超过51.2万元，而且在一定的石油价格范围内，用户的使用成本、维护成本不高于LNG车，便于公交公司购买和使用纯电动客车；③经营充电设施可以盈利，提高第三方充维服务商建设和经营充电站的积极性，有利于推动充电设施的不断完善；④用气与用电的差价进行多方分配，使多方参与到纯电动客车的推广工作中，实现多方共赢，有利于纯电动客车的大量推广使用。

（2）融资性租赁模式。融资性租赁是以公交公司为融资主体的金融模式，租赁期通常为电动车的整个运营生命周期（8年），租赁期内电动汽车所有权归金融机构，公交公司分期支付租金，租赁期满后，电动车所有权归公交公司所有。

（3）电池租赁模式。公交公司直接购买不含动力电池的整车并向厂家租赁动力电池，按月支付电池租金，租赁期限为电动车的整个运营生命周期（8年）。

三 广汽比亚迪发展面临环境

（一）有利形势

1. 广州市政府重视新能源汽车产业发展

近年来，新能源汽车产业的发展已经得到了中央和地方政府的高度重视，广州市在"十三五"规划中明确将发展新能源汽车产业作为新兴产业发展重点，提出了打造2000亿级节能与新能源产业集群的目标，将广汽比亚迪作为实现这一目标的重要支撑，有望获得广州市市级层面的大力支持，从而加快发展步伐。此外，广汽比亚迪的产品竞争力较强，也有望成为广州汽车产业实施"走出去"战略的重要力量。

2. 广汽比亚迪的合资双方具有明显比较优势

比亚迪作为国内乃至全球新能源汽车产业的领头羊，在新能源汽车技术方面具有独特和领先的优势。比亚迪是全球唯一一个掌握了新能源汽车全产业链的企业，比亚迪旗下的企业涵盖了汽车电池、电控、电机及其他核心新能源汽车零部件，比亚迪凭借在新能源汽车技术方面的优势，2015年的新能源汽车销量达到全球第一。广汽集团在资本运作和资源整合方面具有明显优势，广汽集团作为同时在H股和A股上市的大型汽车集团，资本运作优势突出，同时广汽集团旗下拥有10多家整车企业，人才及技术方面同样具有较强优势。

3. 广汽比亚迪的主打产品竞争力较强

广汽比亚迪的主打车型为比亚迪已经生产多年的纯电动大巴 K9，而纯电动大巴 K9 已在全球 6 大洲、43 多个国家和地区、超过 190 个城市成功运营，为洛杉矶、伦敦、阿姆斯特丹、悉尼、香港、吉隆坡、东京等城市带来绿色环保的公共交通解决方案。在深圳运营的 K9 纯电动大巴，累计行驶里程已达到 3.6 亿公里，创造了全球电动汽车最长运营里程纪录，K9 能进入欧美发达国家市场，说明 K9 具有强劲的竞争力。

（二）不利形势

1. 项目推进速度较为缓慢

目前，地方保护主义已经成为国内新能源汽车产业发展的一个重大阻力，而比亚迪为了推广其新能源汽车产品，不得不采取"以投资换市场"的策略推进新能源汽车产业发展，广汽比亚迪的成立正是为了打开广州市场而与广州本土的龙头企业进行合资合作。比亚迪和广汽集团是合作伙伴的同时，更是竞争对手，因此双方对广汽比亚迪项目存在博弈行为，难以形成统一有效的发展合力，导致整体项目进展缓慢。与广汽比亚迪类似的天津比亚迪、杭州比亚迪、汕尾比亚迪、长沙比亚迪等工厂的项目进度明显较快，其中长沙比亚迪的纯电动大巴都开始出口，值得一提的汕尾比亚迪自 2015 年 11 月比亚迪与汕尾市签署合作框架协议以来，不到半年时间，汕尾比亚迪迎来了一期项目的投产和首台电动大巴的下线，比广汽比亚迪项目首台车下线快了整整一年时间，而且还获得了深圳东部公交的 3024 台订单，总金额达到 44.66 亿元。

2. 竞争日趋激烈，早期市场订单不足

比亚迪在天津、杭州、长沙、大连、青岛、武汉、承德、太原、包头、汕尾、韶关等多个城市都成立了新能源汽车整车工厂，这些新能源工厂的产品虽然定位有些差异，但竞争也激烈，特别是长沙比亚迪和汕尾比亚迪，产品和地理位置与广汽比亚迪较为接近，同质化竞争明显。此外，2015 年广州市政府常务会议已经明确，将广州市区内行驶的公交大巴在五年内全部更

换成纯电动公交车，这对改善广州市城区的雾霾将起到非常积极的作用。五年更换成纯电大巴相当于每年的订单量是 2000 辆左右，如何确保每年获得这 2000 辆纯电大巴的订单是关键的问题。但由于花都、增城、番禺、南沙等区具有自己的新能源整车企业，各区发展新能源汽车产业的侧重点不同，导致广汽比亚迪的订单量不足，连广州本地市场都难以快速打开，更不用说市场更大的珠三角新能源汽车市场。

3. 充电设施建设不足

目前广州市纯电动公交推广的最大困难就是充电设施不足，而充电设施建设的最大难点是场地问题，如果不提前规划解决建设用地，不能及时建设配套充电设施，纯电动公交项目将无法顺利推动。

从总体上看，随着我国新能源汽车发展不断提速，虽然广汽比亚迪面临的有利因素很多，但也要重视不利因素，其需要加强与广州市主管部门的沟通，积极解决发展难题，不断加快发展步伐。

参考文献

王淳：《中国新能源汽车产业发展政策研究》，西南石油大学，2015。

陈瑞青、白辰：《中国新能源汽车产业发展现状、问题及对策》，《汽车工业研究》2015 年第 1 期。

杨再高等：《广州汽车产业发展报告（2015）》，社会科学文献出版社，2015。

B.20
2015年花都汽车产业发展形势分析

陈桑桑　朱应元　徐嘉仪*

摘　要： 2015年，花都汽车产业坚持稳中有进的总基调，加快转型升级，取得了实质性的突破和进展。本文围绕2015年花都汽车产业发展情况，突出发展的特点及亮点，对下一步的机遇和挑战进行分析，提出2016年的发展思路。

关键词： 花都　汽车产业　新业态　信息平台

2015年，花都汽车产业作为广州汽车产业的重要力量，继续发挥花都经济发展的引擎作用。花都在做大做强传统汽车产业，保持汽车产业经济指标平稳增长的基础上，以"转型升级"为主线，以"创新驱动"激发新动力，大力推动新能源汽车、智能制造装备、生物医药等先进制造业发展，建设性探索汽车文化产业，实现了花都汽车产业在新常态下的平稳过渡。2015年，广州花都（国际）汽车产业基地（以下简称产业基地）实现工业总产值1345.20亿元，同比增长6.9%，占花都全区工业总产值62.23%，花都汽车产业规模进一步扩大。

---

* 陈桑桑，广州花都汽车城发展有限公司，研究实习员；朱应元，广州花都汽车城发展有限公司，办事员；徐嘉仪，广州花都汽车城发展有限公司办公室职员。

一 2015年花都汽车产业发展情况

（一）重点项目推进卓有成效

一是"保增长"目标实现。2015年，东风日产整车累计完成产量102.01万辆，同比增长8.91%；累计完成销量100.07万辆，同比增长4.9%，正式进入"百万辆企业"阵营；创造工业总产值1092.62亿元，同比增长9.8%，实现税收111.99亿元，与2014年持平，继续保持全区工业经济龙头地位。此外，基地部分零部件企业呈现良好的发展势头和较快的经济增速，河西、万宝井、日立、天纳克等十多家企业保持了两位数增长速度，其中天纳克、翔太盛等企业依然保持30%以上的年增长率，产业基地仍具备深挖潜力。二是重点项目有序推进。2015年，产业基地继续围绕东风日产产能扩建和深化战略合作协议，大力推进东风日产96万台发动机扩产项目，推进东风日产研发中心二期、造型中心等五大中心建设，进一步奠定了花都在东风日产全国布局的核心地位，东风日产站在百万辆的新起点，将进一步增强对花都区汽车产业后续发展的引领和推动作用。三是增资扩产项目重点扶持。产业基地充分挖潜园区企业增资扩产，密切跟进新一批增资扩产企业项目建设，积极培育产业基地持续发展的动力源。

（二）园区产业规划稳步推动

2015年，产业基地根据花都区规划部署，将在基地三期规划建设生物医药产业园，四期建设新能源汽车及智能装备产业基地，目前正在不断深入研究生物医药、新能源汽车及智能制造装备三大战略性新兴产业的产业规划，科学引领生物医药、新能源汽车和智能制造装备产业发展。

(三) 产业发展空间有效拓展

2015年，产业基地立足创新基点，以先进制造业和汽车服务业双轮驱动，积极创新拓展产业空间。一是新能源汽车产业有序发展。2015年，东风日产纯电动车全年实现产量1393辆，销量1127辆；此外，继续探索新能源汽车租赁模式，推动纯电动物流车使用，实现多元化多领域推广。截至2015年底，在花都区建成和规划建设的快充站（充电站）共有9个，已建成并投入使用的快充机27台、慢充桩130支，覆盖花都区的充电服务网络已初步形成。二是智能制造装备产业继续探索。2015年，汽车城在赤坭园区二期建设工业机器人产业园，并推动屹丰、万世德落户。当前进一步优化产业布局，在基地四期建设新能源汽车及智能装备产业基地，将面向全球引进新能源汽车整车及关键零部件项目，引进龙头智能制造装备企业，尽快形成产业聚集。三是开辟生物医药新业态。围绕生物医药基地，将重点引进医疗设备制造和生物制药企业，引进具有影响力的生物健康企业。四是积极探索汽车文化。2015年9月11~17日，产业基地与中国汽车流通协会、中国汽车流通协会汽车俱乐部分会在花都共同举办了首届中国汽车旅游运动文化节。文化节为花都汽车旅游运动文化和后服务市场的发展建立了广泛的行业认知度和招商客户基础，并积累了实践经验，为下一步发展汽车服务业打下了良好基础。

(四) 园区开发和公共设施建设进展顺利

2015年，产业基地重点推进对赤坭园区的开发建设，保障赤坭园区一期及中小企业园已落户企业的投产及建设工作，切实推进赤坭园区二期填土工作。同时，拟定了产业基地三期、四期的开发建设计划并加快落实。此外，逐步完善产业基地道路、水利、供电、供水等公共基础设施，不断提升产业基地的承载力和竞争力，确保园区企业安全生产，全年已完成的配套工程共6项，正在施工建设的配套工程共14项。同时，围绕长期困扰企业和员工的公共娱乐设施缺乏、商业配套设施落后、医疗系统不足、教育资源匮乏等问题加快了建设步伐。

二 2015年花都汽车产业发展的特点及亮点

（一）发展特点

一是坚持稳中求进的总基调。在2015年国内经济下行的严峻形势下，花都汽车产业坚持稳中求进的工作总基调，在工作中，能够"稳"住经济、"稳"住增长，避免出现大起大落现象，更实现了主要经济数据个位数的增长；以"求"争取主动，主动针对工作中遇到的困难和问题提出解决思路和目标；以"进"促变，加快经济结构调整和发展方式转变，促进产业基地有实质性的突破和进展。二是培育新增长点寻求发展。主要通过培育战略性新兴产业来实现发展。2015年，通过扶持新能源汽车、智能制造装备两大新兴产业聚集发展，同时着力培植生物医药新业态力求为产业基地带来新的增长点。三是狠抓项目建设带动发展。2015年着力推动东风日产"五大中心"、优尼总部等多个重大项目建设，以及产业基地9家企业增资扩产新增项目的建设投产。四是坚持创新驱动深化转型发展。2015年，花都汽车产业改变以往通过固定资产投资拉动经济发展的模式，从投资驱动逐步转向创新驱动发展，实施创新驱动发展战略，通过鼓励传统产业技术改造，加大技术研发实力，推动企业优化结构和发展方式，延伸全产业链，向高端方向发展；将发展先进制造业作为创新驱动的首要发力点，以先进制造业作为产业转型发展的突破口。

（二）发展亮点

一是整车产销破双百，单月创历年最高。花都汽车产业的龙头企业东风日产在2015年"强基·聚力"的战略指引和不断努力下，成功实现4年前定下的全年产销双百万目标，成为企业发展的全新里程碑。同时，整车12

月单月产销分别为12.6万辆和13.92万辆，破历年同期水平，更创下单月产销历史最高。二是成功探索汽车文化及商业运作模式。首届中国汽车旅游运动文化节活动打破了依靠政府资本办活动的依赖思维，不动用财政资金，而是采取社会化资本运作模式，由承办单位整合资源筹集资金。通过文化节，花都开展对汽车文化的积极探索，精彩的活动达到了推介花都、塑造汽车运动文化品牌的预期效果。三是开辟全新业态，形成四大产业布局。花都区全盘谋划，将产业基地打造为花都西部先进制造产业带的核心发展阵地，在传统汽车产业园区内构建起传统产业、新能源汽车、生物医药和智能制造装备产业"四大"产业发展布局，特别是加强了高端医药项目的引进，开辟了生物医药领域新业态，整体加快了先进制造业发展的步伐。

三 2016年花都汽车产业面临的机遇及挑战

从国际来看，全球汽车市场呈低增速发展特征。从国内来看，受国内外宏观经济形势影响，我国汽车市场增速明显放缓，2015年我国乘用车销量增幅为7.3%，中低速增长成为我国汽车产业发展的新常态。当前，东风日产产销突破百万，站在整车后百万辆时代，花都汽车产业面临的机遇和挑战并存。

（一）面临的机遇

一是2016年或将迎来一个高起点。顺延2015年车市回暖形势，2016年，汽车购置税减半等政策红利将继续有效拉动汽车需求，此外，中国汽车人均保有量较低，家庭可支配收入不断上升，2016年中国车市具备高起点增长的潜力。二是日系车回暖形势延续。2015年，日系车通过密集投放新车和不断优化服务，在中国市场上取得了可观增长。借着2016年日系车的继续发力，日系车市场美誉度和品牌形象将进一步提升，为花都汽车产业龙头企业东风日产提供良好的外部市场环境。三是区域合作进一步深化，为承接产业发展提供空间。随着广佛同城、广清一体化、广佛肇经济区建设等新一轮区域合作的展开，花都汽车整车及零部件企业开辟了发展合作的新市场,产业基地将加深与周边区域的深度合作共融,强化资源流动整合,在未来构建差异竞争、错位发展、优势互补、良性互动的发展格局和以分工协作为基础的区域性产业体系,推动产业基地与周边一体化优化发展。四是国家、省、市、区决策部署为汽车产业发展带来机遇。"中国制造2025"等战略的实施和政策的不断加码,将为产业基地战略性新兴产业提供有利的政策环境。此外,省、市明确了广州北站大综合枢纽地位,产业基地邻近白云空港和广州北站两大枢纽的区域优势将得到进一步提升。"十三五"期间,随着广清城际轻轨、穗莞深城轨、广花公路快速化、红棉大道、平布大桥、地铁9号线的推进,产业基地对外交通体系不断完善,产业、人才、资本和技术等资源要素进一步集聚整合,为产业基地、花都汽车产业新发展提供强大动力。对产业基地而言,随着2016年花都区"十三五"规划的"一轴四带多组团"产业空间布局蓝图拉开帷幕,产业基地作为西部先进制造产业带的核心,迎来了至关重要的战略发展机遇。

(二)存在的挑战

一是其他整车项目周边布局加速,竞争将更加激烈。目前,广汽本田和广汽丰田等相关整车项目正在加快推进,从广州现有四大板块的汽车产业空间看,随着广汽丰田第三工厂的建设及广汽乘用车第二工厂建设提上日程,南部汽车产业板块产能将达到106万辆,有望赶超以花都产业基地为主的北部汽车产业板块,发展成为广州规模最大的汽车产业集群板块。同时,随着一汽大众佛山工厂、北汽集团华南基地等布局投产,花都与周边市场与行业之间的竞争进一步加剧。二是周边区域已抢占战略性产业发展制高点,产业发展竞争力被削弱。广州及花都区在智能制造装备、新能源汽车等产业政策、资金和人才方面上,与国内其他城市如深圳、佛山、东莞等比较相对滞后,目前佛山等地智能制造装备发展如火如荼,深圳等地新能源汽车产业发展已抢占先机,产业基地发展智能制造装备和新能源汽车等战略性新兴产业,花都汽车产业想要抢占发展制高点,培育增长点的难度日益增大。此外,东风日产冲破百万辆大关后要保持销量的稳健增长;产业基地汽车零部件企业出现部分下滑态势,已经影响了花都汽车工业总产值的增长,这些都将构成花都汽车产业发展的挑战因素。

四 2016年花都汽车产业发展思路

通过把脉花都汽车产业在2016年的机遇和挑战因素,花都将以产业基地为主要阵地,培育先进制造业作为花都发展新的增长点。为此,产业基地结合实际,立足新起点,谋划新发展,力求实现"十三五"良好开局。

(一)完善产业基地整体规划布局

结合区的产业战略布局,进一步调整产业基地规划布局,加强顶层设计,重新谋划布局,高点定位,重点带动,多点支撑,以龙头企业带动产业基地,以基地支撑产业集群,使产业集群的集聚效应得到发挥,从而进一步促进和壮大产业集群的发展,实现工业经济优化结构、提档升级、转型发展。

(二)构建科技信息化招商服务平台

招商及管理工作科技化、信息化建设是加快产业园区发展、实现产业集群的重要手段。要以现代信息和网络技术为手段,构建高水平的信息化招商服务管理平台,进一步转变传统的管理及招商模式。一方面通过平台对落户企业发展进行政策指导、工作部署、服务协调,不断提升产业基地的管理能力和竞争力;另一方面通过平台综合产业基地的规划现状、产业布局、企业信息等情况,提高招商工作的效率。

(三)做好服务保障,推动汽车产业集聚发展

继续全力保障东风日产的生产工作,加快东风日产五大中心项目建设和新能源汽车量产工作,推进第三工厂和电池工厂项目建设,继续支持东风日产做大做强。在此基础上,积极开展新能源汽车制造链条的招商及示范运营工作。立足现有零部件体系,"填空式"优选目前园区缺乏的零部件项目,进一步增强产业聚集能力,丰富和健全产业链。

（四）继续做好园区经济增长点培育工作

继续保障园区优质企业的经营发展，为园区税收做出贡献；挖潜园区企业增资扩产，鼓励企业建立总部和发展研发，带动战略性新兴产业发展；推动智能制造装备产业发展，加快工业机器人领域龙头企业招商，大力引进智能装备核心零部件生产商。

（五）加快生物医药产业园、新能源汽车及智能装备产业基地规划建设

紧密围绕花都区构建的"一轴四带多组团"的产业空间布局，结合花都区发展"西部先进制造产业带"的良好契机，加快构建生物医药产业园、新能源汽车及智能装备产业基地两大产业平台，积极推进两个园区的前期建设工作，打造专业招商队伍，加快新能源汽车、生物医药、智能装备等先进制造业项目落户，尽快构筑起产业集聚区，使其成为区域经济发展的新增长点、产业发展的新制高点。

（六）完善配套环境，提升产业基地承载力和吸引力

进一步完善园区水利、道路等基础设施建设，确保企业汛期安全，交通网络安全顺畅。继续完善赤坭园区二期配套设施、赤坭园区主、次干道网建设，产业基地一期园区污水管网完善工程等项目建设。继续加大力度改善园区的脏乱差问题，不断完善园区生活配套，打造宜居宜商环境，改善产业基地的硬环境。

参考文献

花都统计局，http：//www.huadu.gov.cn/web/hdtj/sy/。
杨再高等：《广州汽车产业发展报告（2015）》，社会科学文献出版社，2015。

附 录
Appendix

B.21
广州市新能源汽车推广应用管理暂行办法

广州市人民政府

第一章 总则

第一条 根据《国务院办公厅关于加快新能源汽车推广应用的指导意见》(国办发〔2014〕35号)、《关于支持北京天津等城市或区域开展新能源汽车推广应用工作的通知》(财建〔2013〕805号)和《关于印发〈关于加快推进珠江三角洲地区新能源汽车推广应用的实施意见〉的通知》(粤发改高技术〔2014〕345号)等规定,为积极推广应用新能源汽车,加快培育和发展新能源汽车产业,进一步改善空气质量,特制定本办法。

第二条 本办法所称新能源汽车是指列入工业和信息化部《节能与新能源汽车示范推广应用工程推荐车型目录》的纯电动汽车、插电式(含增程式）混合动力汽车及燃料电池汽车。

第三条 加快推广应用新能源汽车。鼓励技术成熟、性能可靠的新能源汽车产品在本市推广应用。新能源汽车纳入政府采购范围，政府机关及公共机构购买的新能源汽车占当年配备更新总量的比例不低于30%。鼓励、引导和支持单位及个人购买使用新能源汽车。支持技术路线和商业模式创新。

第四条 逐步完善配套政策体系，在新能源汽车购置、注册登记、车辆运营、充电设施和交通通行等方面营造良好政策环境。

第五条 在国家新能源汽车推广应用试点期间（2013～2015年），按照本办法在本市推广应用的新能源汽车及配套建设充电设施可获得地方财政补贴。

第二章 生产企业和产品条件

第六条 本市对新能源汽车生产企业及其推广应用产品实施企业承诺公示制度。生产企业是新能源汽车产品及服务质量和安全保障的第一责任人。

参与本市推广应用的新能源汽车生产企业须列入工业和信息化部《车辆生产企业及产品公告》，除严格执行国家有关规定外，应做出以下承诺：

（一）在本市合理设立完善的新能源汽车销售和维修服务网络，销售和维修服务网点须配备相应的专业设备和技术人员；提供24小时不间断救援服务，车辆出现故障或事故时，立即启动处置预案。

（二）向消费者提供或推荐合格的充电设施及充电设施安装企业。新能源乘用车生产企业（或其授权的销售机构）负责为消费者提供充电设施安装及服务，并纳入其售后服务体系；新能源客车和专用车生产企业积极配合客车、专用车使用单位或充电设施建设运营单位做好充电设施的现场勘察、安装、调试等工作。

（三）根据国家要求具备远程监控及信息反馈平台，对所售车辆的动力电池、电机及其他安全系统的日常运行状态进行实时监测，确保车辆安全运行。

（四）在本市建立车用动力电池回收渠道，按照相关要求对动力电池进行回收处理。

第七条 参与本市推广应用的新能源汽车生产企业及产品，应公示以下信息：

（一）车辆主要性能指标：纯电续驶里程（工况法）、能量消耗率（工况法）、动力电池类型及总储能量、充电方式及时间等。

（二）产品售后服务及售价相关信息：整车产品质保范围及期限、动力电池质保期限；充电接口标准、充电设施型号、勘察及安装流程、相关费用；销售网点、售后服务网点、救援保障；远程监控及信息反馈平台；产品市场指导价、可申请的中央和地方车辆购置财政补贴资金金额等。

第八条 市经贸部门牵头会同市有关部门核查新能源汽车生产企业按本办法第六条、第七条规定做出的相关承诺及所销售产品信息后，在广州经贸信息网（www.gzii.gov.cn）上公示。

第三章 登记注册

第九条 需要办理新能源中小客车车辆登记的单位和个人，按照《广州市中小客车总量调控管理办法》及相关规定直接申领中小客车指标。

第十条 税务部门按国家发布的《免征车辆购置税的新能源汽车车型目录》，核实相关车型公示信息及中小客车指标证明文件等材料后，办理免征车辆购置税手续。

第十一条 单位及个人持购置税免税证明等材料，到市公安交警部门办理新能源汽车车辆注册登记。

第四章 充电设施

第十二条 按照国家、行业标准，结合城市发展规划、土地利用规划和配电网规划，制定和实施新能源汽车充电设施规划，适度超前建设自用、专用、公用等各类新能源汽车充电设施。涉及城市规划、电网规划及道路交通管理等问题，规划、电网、道路及交通管理部门应积极配合办理相应手续。鼓励在花都区、增城开发区、南沙新区、大学城（包括驻穗高校、科研机构等）、科学城、金融城、中新知识城等区域优先规划建设充电设施。

第十三条 鼓励具备完善安全保障、服务能力和良好信誉的企业在本市投资建设运营充电设施（充电桩/机及其接入上级电源的相关设施）。

第十四条 电网企业作为电力供应商应积极做好充电设施的供电服务保障工作，严格按照有关用电扶持政策执行充电电价，加强输配电网的基础投入、建设和改造，建立充电设施报装及供电绿色通道。

第十五条 自用充电设施主要是指单位、个人为满足其新能源汽车使用需要而建设的充电设施，按照"桩随车走、按需配置"的原则建设。

新能源汽车生产企业须向具备安装充电设施条件的消费者提供或推荐合格的自用充电设施及相应的安装等服务。消费者所在住宅小区（办公场所）物业管理部门须支持和配合充电设施建设。

第十六条 专用充电设施主要是指专门为满足公交、出租、邮政、物流、环卫等特定领域新能源汽车使用需要而规划建设的充电设施，其建设数量、选址、运营管理等由车辆使用单位、车辆生产企业和具备相应条件的充电设施建设运营企业三方根据实际情况协商确定。

鼓励专用领域在满足专用车辆充电服务需求的基础上，向社会开放提供充电服务。

第十七条 公用充电设施主要是指在公共区域为满足社会新能源汽车使用需要而规划建设的充电设施。按照"因地制宜、合建为主"的原则，在购物中心、机场、车站、码头、公园、社会停车场、路边停车位、高速公路服务区、加油站、地下空间等场所规划建设快、慢充结合的配套充电设施。

注重发挥财政资金杠杆作用，支持社会资本参与充电设施投资、建设、运营、管理，逐步向市场化过渡。允许采用收取"电费+服务费"的模式推进公用充电设施建设、运营。

第十八条 新建建筑要按照不低于18%的停车位比例建设充电设施或

预留充电设施接口。

第十九条 充电设施用电增容按照国家《供电营业规则》进行用电申请办理。用电价格及电网公司配套电网改造成本按照《国家发展改革委关于电动汽车用电价格政策有关问题的通知》（发改价格〔2014〕1668号）执行。

第二十条 对充电设施服务费实行政府指导价管理。

第五章 补贴标准和流程

第二十一条 地方财政对车辆购置予以补贴，原则上按照与中央2013年补贴标准1:1的比例确定最高补贴上限。乘用车的中央和地方财政补贴总额不超过车辆销售价格的60%。2014、2015年地方财政补贴不退坡。

第二十二条 对公用、集中大规模自用和专用领域建设的满足国家通用性标准要求的充电设施，原则上地方财政可按投资额（不含土地费用）30%的标准给予补贴。

第二十三条 对于车辆购置补贴，生产企业注册在本地的，购置补贴直接拨付给车辆生产企业；生产企业注册在外地的，购置补贴拨付给车辆生产企业授权并在本地注册的销售企业或车辆购买单位。生产企业或销售企业按照扣除中央和地方两级补贴后的价格销售给使用单位或个人消费者。充电设施建设补贴对象为充电设施投资方。

第二十四条 对车辆购置、充电设施建设等地方财政补贴资金的具体申领、拨付流程等由市财政部门另行制定。

第二十五条 设立市新能源汽车推广应用配套资金，并积极争取国家、省的资金支持。

第二十六条 2013年1月1日至本办法正式实施期间，单位、个人购买符合国家补贴标准的新能源汽车，由车辆生产、销售或购买单位分别汇总车辆销售信息后按有关规定提出补贴申请。根据审核情况，按季度拨付补贴资金。

第六章　交通配套措施

第二十七条　打造城市绿色末端物流体系，研究制定准许符合条件的纯电动快递物流货车在市区通行的具体措施。

第二十八条　因环境污染需启动《广州市环境空气重污染应急预案（试行）》《广州市环境空气重污染应急预案机动车应急减排工作方案》，实行机动车限行时，新能源汽车不受限行约束。

第二十九条　开设新能源汽车办证、上牌"绿色通道"。对列入工业和信息化部《车辆生产企业及产品公告》及完成信息公示的新能源汽车产品，优先办理牌照等业务，新能源汽车上牌时直接发放机动车环保合格标志。

第七章　监督管理

第三十条　车辆生产、销售企业应诚信守法，对公示材料的真实性、产品的一致性及安全性、售后服务保障等负责，有以下情形之一者将中止其后续产品获得地方购置补贴的资格，并追缴已获得的地方补贴资金。造成严重后果的，将依照相关法律法规追究其责任。

（一）企业的公示材料中存在虚假信息的；

（二）销售或售后服务不规范、未履行相关承诺的；

（三）因车辆质量问题造成重大安全或质量事故（爆炸、起火、漏电等）等，并造成人员伤亡或恶劣社会影响的；

（四）其他违反相关法律、法规和管理要求的。

第三十一条　获得推广应用资金支持的项目承担单位，应按现行财务会计制度规定进行账务处理和会计核算，如实、完整、规范反映推广应用资金使用情况，自觉接受和配合财政监督、绩效评价和审计检查等工作。

第三十二条　社会公众及媒体可通过登录广州经贸信息网（www.gzii.gov.cn）查询新能源汽车企业及产品信息情况，并对其进行监督；通过广州市商事主体信息公示平台（cri.gz.gov..cn）查询新能源汽车企业注册登记情况和信用情况。

第八章 其他

第三十三条 加强组织领导。市新能源汽车发展工作领导小组办公室（设在市发展和改革委）负责统筹推进新能源汽车推广应用全面工作。

市交通管理部门负责公交、出租、物流领域推广应用工作。市邮政管理部门负责邮政领域推广应用工作。市城市管理部门负责环卫领域推广应用工作。市发展改革部门负责公务、私人领域推广应用工作，以及项目统筹安排，平衡各领域资金并提出资金计划。市财政部门负责落实资金的安排和拨付，制订出台资金管理办法。市经贸部门负责统筹协调全市充电设施规划和建设工作，制订出台充电设施建设与管理办法。

市规划、国土房管、城乡建设、公安、环保、物价、工商、质监等部门在各自职责范围内，研究制订、落实有关政策措施。

第三十四条 本办法自发布之日起实施，有效期至2016年12月31日。有关政策法律依据变化或者有效期届满，根据实施情况依法评估修订。

B.22 广州市推进电动汽车充换电设施建设与管理暂行办法

广州市工业和信息化委员会

第一章 总则

第一条 为加快广州市电动汽车充换电设施（以下简称充电设施）建设，加强充电设施的规范管理，促进电动汽车的推广应用，根据国务院办公厅《关于加快新能源汽车推广应用的指导意见》（国办发〔2014〕35号）、《国家发展改革委关于电动汽车用电价格政策有关问题的通知》（发改价格〔2014〕1668号）和《广州市新能源汽车推广应用工作方案》等文件，制订本办法。

第二条 本市行政区域内充电设施规划编制、投资建设、运营管理等相关活动适用本办法。

第三条 市工业和信息化主管部门负责本市行政区域内充电设施行业发展、布局规划，以及行业指导工作，组织实施本办法。区（县级市）工业和信息化行政主管部门负责做好本辖区内充电设施行业发展、布局规划，以及行业指导工作。

各级发展改革、国土规划、住房和城乡建设、工商、质监、公安消防、交通运输、安全监管、人民防空等行政主管部门和城市管理综合执法机关按照各自职责对充电设施建设和运营做好相应的监督管理工作。

第四条 充电设施分为个人自用、公共机构及企业专属、公共充电设施三类。

（一）个人自用充电设施是指在个人用户所有或长期租赁的固定停车位

安装，专门为其停放的电动汽车充电的充电设施；

（二）公共机构及企业专属充电设施是指在党政机关、事业单位、社会团体、企业等专属停车位建设，为营运车辆、专用车辆、公务车辆、员工车辆等提供专属充电服务的充电设施；

（三）公共充电设施是指在规划的独立地块、社会停车场、住宅小区公共停车场、商业配建停车场、加油加气站、高速服务区等区域规划建设，面向社会车辆提供充电服务及增值服务的充电设施。

第五条 鼓励积极利用城市现有场地和设施建设充电设施。适度超前建设个人自用、公共机构及企业专属、社会公共等各类充电设施。

第六条 本市推广使用电动汽车及充电设施，鼓励和支持社会投资主体在本市投资建设和运营充电设施。

第七条 市工业和信息化等行政主管部门、各区（县级市）政府、街道办事处和充电设施运营企业等应当加强充电设施建设、运营和使用规范等方面的宣贯，提高市民安全使用充电设施的意识。联系新闻媒体做好安全、规范使用充电设施和节约用电的公益性宣传。

第二章 规划管理

第八条 充电设施及配套电网的建设与改造应当纳入城市建设规划。市工业和信息化行政主管部门会同国土规划行政主管部门按照"统一规划、适度超前、统筹安排、逐步实施"的原则组织编制市充电设施专项规划，并按照《广州市城乡规划程序规定》执行专项规划的制定、修改、实施和监督检查程序，经市人民政府审批后实施。

第九条 各类用途的停车场充电桩配置要求如下：

（一）新建的住宅小区、社会停车场，应按不低于规划停车位数18%的比例建设充电设施或预留充电设施接口；

（二）新建的商务、商场、酒店等商业服务业设施，应按不低于规划停车位数18%的比例建设充电设施或预留充电设施接口；

（三）已建、在建的住宅小区、社会停车场和商务、商场、酒店等商业服务业设施，应结合实际需求和场地建设条件建设充电桩；

（四）公共机构的内部停车场，应按不少于规划停车位数10%的比例规划设置电动汽车专用停车位、配建充电桩。鼓励民营企业和其他社会组织配建电动汽车停车位、配建充电桩。

第十条 充电设施的用地应当采用适当方式供应并规范管理。

（一）鼓励在现有停车场（位）等现有建设用地上设立他项权利建设充电设施。通过设立他项权利建设充电设施的，可保持现有建设用地已设立的土地使用权及用途不变；

（二）在符合规划的前提下，利用现有建设用地新建充电站的，根据有关规定补办用地手续；

（三）对于政府供应独立新建的充电站用地，其用途按城市规划确定的用途管理，采取招标拍卖挂牌方式出让土地使用权，通过地方财政补贴等方式降低充电设施建设运营成本；

（四）政府供应其他需配建充电设施的建设用地时，在建设用地规划条件中应明确充电设施配建要求；

（五）严格充电站用地改变用途管理，确需改变用途的，应依法办理规划和用地手续。

第三章 建设管理

第十一条 充电设施投资建设主体主要包括个人、电动汽车生产企业（或其授权的销售机构）、充电设施运营企业等。电动汽车生产企业（或其授权的销售机构）承诺为电动汽车用户建设自用充电设施的，应当履行承诺，按照国家建设和技术标准，为用户建设充电设施。

第十二条 物业服务企业应当支持和配合充电设施建设，配合充电设施建设单位开展现场勘察、用电安装、施工建设等工作，不得阻挠充电设施合法建设需求。

第十三条 充电设施工程建设应当严格执行有关法律、法规以及国家标准、行业标准，符合充电设施专项规划、消防安全和方便用户的要求。

第十四条 充电设备应当符合充电设备、接口、安全等国家标准或行业标准，无国家标准、行业标准或国家标准不明确的，应符合本省、市相关标准。

第十五条 在住宅小区、商业服务业设施、公共机构和企业内部停车场建设充电设施，应当取得业主、业主大会或业主委托的业主委员会的同意。

第十六条 新增独立用地的充电设施建设工程项目，应按照广州市并联审批相关规定履行立项（项目审批）、用地审批、规划报建、施工许可、竣工验收等手续。

第十七条 广州供电局应当做好充电设施相关电力基础网络建设、充电设施报装增容服务、供电保障等工作，加强输配电网的基础投入、建设和改造，建立充电设施报装及供电绿色通道，并负责按照国家《供电营业规则》制定和发布报装业务的办理程序及时限。

第十八条 广州供电局应当制定充电桩（站）报装业务办理指南，明确各类充电设施履行报装资料提交、供电方案协议签署、受电工程设计和审核、供用电合同签署和竣工报验等电力报装流程。充电设施运营企业在取得土地所有者书面同意后，可以作为独立主体申请电力报装。

第十九条 新建或改建的充电设施产权分界点至电网的配套电网工程由广州供电局负责建设和维护，并不得向用户收取接网费用；公用配电网接电点到充电设施配电设备，由充电设施投资者负责建设和维护。

第二十条 电动汽车生产企业（或其授权的销售机构）、充电设施运营企业应当向市工业和信息化行政主管部门定期报送各类充电设施安装建设项目信息。

第二十一条 对除个人投资建设的自用充电桩（机）以外的满足国家通用性标准要求的充电设施，按照《广州市新能源汽车推广应用财政资金管理办法》的要求，对已经建成的项目给予财政补贴，具体要求如下：

（一）按经有财政投资评审资质的第三方审计投资额可给予（不含土地

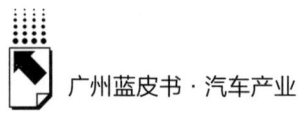

费用）30％的财政补贴。

（二）充电设施建设补贴对象是充电设施投资者，由充电设施投资者向市工业和信息化行政主管部门提出申请。

（三）市工业和信息化行政主管部门对申请材料进行审核，由市财政行政主管部门对通过审核的项目核拨补贴资金。

第四章　运营与监督管理

第二十二条　充电设施运营企业的运营和管理应当遵循国家及本省、市的充电设施运营和管理的技术规范和服务标准。职责包括：

（一）建立充电运营管理体系，对充电过程进行管理，为用户提供充电服务及增值服务。

（二）充电设施中的计量器具应当依法检定或校准。

（三）负责充电设施的维修和维护，确保充电设施安全运行。

（四）充电设施运营企业建设或管理的充电设施应当接入广州市充电设施智能管理平台，实现对充电过程的安全监控、数据采集等相关管理。

（五）提供便捷支付平台、电子账单、漫游结算等服务。支持建设全市统一的充电费用支付平台。

（六）履行安全生产主体责任，设置安全管理机构，配备专职安全管理人员，建立安全管理制度，编制应急预案并配备必要的装备和器材。

（七）每月对本单位的安全生产状况进行检查，并记录检查情况。对本单位存在的安全隐患，应当采取措施予以消除。

（八）在充电设施的明显位置粘贴直观、简洁的用户操作说明和安全警示等信息。

（九）建立信息公开制度和服务投诉处理机制。

第二十三条　对于公共充电设施，应当由充电设施运营企业经营管理，并提供充电设施维修保养及其他配套服务。

第二十四条　对于个人自用、公共机构和企业专属充电设施，鼓励充电设施运营企业与业主、物业服务企业、公共机构等单位合作，形成优势互补、收益共享的合作模式。鼓励各类投资者将充电设施委托给充电设施运营企业统一管理。

未委托充电设施运营企业统一管理的充电设施，投资者可以与所在物业服务企业通过签订服务协议等方式明确双方责任、权力和利益，保障充电设施安全、规范运行。

第二十五条 对于向电网经营企业直接报装接电的经营性集中式充换电设施用电，执行大工业用电价格，2020年前暂免收基本电费；其他充电设施按其所在场所执行分类目录电价。

第二十六条 充电设施运营企业充电服务费，按照国家发改委《关于电动汽车用电价格政策有关问题的通知》（发改价格〔2014〕1688号）和省发改委《转发国家发展改革委关于电动汽车用电价格政策有关问题的通知》（粤发改价格〔2014〕607号）的规定，实行政府指导价管理。充电服务费标准上限由市价格主管部门制定并调整。

第二十七条 由行业主管部门对充电设施经营、使用的安全状况等进行监督检查，落实"一岗双责"有关责任；安全监管及质监等行政主管部门、公安消防机构要根据各自职责加强监管，对充电设施经营、使用的安全状况等进行监督检查，发现安全事故隐患的，应当通知充电设施运营企业、用户及时采取措施消除隐患；安全隐患可能严重威胁公共安全的，有关部门和单位应当采取有效措施组织消除隐患。

第二十八条 充电设施用户应当按照充电设施的操作规定安全、规范使用充电设施，不得侵占、毁损、擅自拆除或者移动充电设施。

第二十九条 由政府指定部门组织建设广州市充电设施智能管理平台和统一的充电费用支付平台。

第三十条 市工业和信息化行政主管部门联合工商、住房和城乡建设、发展改革等相关行政主管部门，根据政府信息共享平台登记管理相关规定，将充电设施运营企业、物业服务企业及其他相关企业的注册登记情况以及在充电设施建设、运营、服务、支持、配合等过程中的信用情况纳入信息监督管理，在政府信息共享平台予以公示。

第三十一条 充电设施建设运营相关企业违反本办法规定的，按照法律、法规有关规定进行处罚。涉嫌犯罪的，依法移送司法机关追究刑事责任。

第五章　附则

第三十二条 本办法中下列用语的含义：

（一）电动汽车，是指纯电动汽车、插电式混合动力（含增程式）汽车。

（二）电动汽车充换电设施（简称充电设施），是指为电动汽车提供电能的相关设施的总称，一般分为充电站、换电站、集中或分散布置的交直流充电桩等，包括充电站地面构筑物、充电桩（机）等充电设备及其接入上级电源、监控系统的相关配套设施等。

（三）充电设施运营企业，是指从事电动汽车充电设施规划、建设、运营，并提供充电服务及相关增值服务的新型能源服务公司。

（四）公共机构，是指全部或者部分使用财政性资金的党政机关、事业单位和社会团体。

（五）营运车辆，是指从事道路客货运输的经营性车辆，如公交车、出租车等客运车辆和物流车等货运车辆。

（六）专用汽车，是指装置有专用设备，具备专用功能，用于承担专门运输任务或专项作业以及其他专项用途的汽车，如环卫车、警务车等。

第三十三条 本办法自2015年7月1日起施行，有效期至2016年12月31日。有效期届满或政策法规变化，根据实施情况依法评估修订。

B.23
2015年广州汽车大事记

广州汽车产业研究中心

2015年2月24日

广州市公安交警部门公布，在原有14家委托上牌4S店的基础上再新增9家国产小车4S店上牌点，自2月26日起，车主可在广州23家汽车品牌专卖4S店办理上牌。

2015年4月30日

高德置地春广场3个专门供汽车充电的充电桩正式启用，这是广州首个设置在商场内的"全能"充电站。据悉，车主需要购买一张"E充卡"，可以是不限充电量和充电次数的包月卡，或者是100~300元的充值卡。如果使用充值卡充电，根据不同车型，每小时的费用在4~10元，大约可以行驶25~50公里。逛商场的时候，随便把车停在地下车库充充电，这对车主来说非常方便。

2015年6月2日

市委书记、市长会见东风汽车公司董事长竺延风、总经理朱福寿一行。市委书记对竺延风、朱福寿一行表示欢迎。市委书记说，汽车产业是广州重要支柱产业，包括东风日产在内的汽车产业集群，为广州经济社会发展做出了重要贡献。当前，广州正积极落实"中国制造2025"战略规划，实施创新驱动发展战略，促进工业化与信息化融合发展，推动产业转型升级，努力建设国家创新型城市。希望东风汽车公司发挥自身优势，加快新车型导入、新能源车研发，拓展生产性服务业务，进一步帮助广州延伸完善汽车产业链、价值链，实现共赢发展。竺延风对广州市给予东风汽车公司的大力支持表示感谢。他说，广州是中国重要的汽车生产基地，东风汽车公司愿继续加强与广州的合作，加快推进广州汽车产业集群发展、创新发展。

2015年10月23日

由广州市绿盈汽车服务有限公司研发的一整套纯电动车运营使用、维修保养、充电的"保姆式"全程跟踪服务同时亮相，包括布置充电桩的充电车位。充电桩设计的充电能力为2000KVA，布置充电桩有8~120KW大小直流和交流35个，可同时容纳60台大客车和10台乘用车充电。在这套纯电动车运营使用、维修保养、充电的"保姆式"全程跟踪服务中，充电收费一项，按政府物价规定收取充电服务费用。客户所能节省的，除低于自己购买柴油车的月费用外，主要还有一大笔能耗费用。以10米大巴车为例，按目前油价为每公里2元左右，而纯电动大巴利用晚间充电，每公里仅1.3元左右。如以单位上下班车每天走100公里计算，节省的费用就是70元，每月22天就能节省1540元，一年可节省18480元。

2015年11月10日

"GLOVIS PRESTIGE"轮在南沙汽车码头并顺利靠泊，广州港首条中东外贸进口滚装班轮航线正式开通。随后首辆新款丰田PRADO自船上卸下，同时225辆进口汽车卸船完毕。这是商务部自10月13日批复南沙试点开展汽车平行进口业务后，首批通过滚装船运抵南沙自贸片区的进口整车。从外贸滚装班轮首靠到中东南沙滚装班轮航线的开通，中间只隔了两个月，南沙自贸片区进口汽车业务就此翻开新篇章。

2015年11月13日

广州国际汽车零部件及售后市场展览会于13日在保利世贸博览馆开幕并于15日闭幕。本次展会由中国机械工业集团有限公司主办。展会总使用面积10万平方米,有近2000家参展企业参展,三天展会共有8万4000人到场参观。

2015年11月20日

第十三届中国(广州)国际汽车展览会于20日在琶洲广交会展馆开幕,会展共举行9天。本届广州汽车展总规模达22万平方米,参展企业达603家,其中乘用车企业85家,电动车企业22家,汽车零部件及用品企业496家,共展出车辆1000台,全球首发车36台,其中跨国公司首发车7台。1730家海内外媒体的8491名记者报道了展会盛况。

2015年11月20日

"2015广州国际电动汽车产业峰会"在琶洲会展中心举行。会议资料显示,广州在公交出租、环卫邮政、公务等领域,共示范推广新能源汽车逾7000辆,建设充电桩逾2600个(座)。

2015年12月10日

广州出入境检验检疫局公布信息,2015年1~11月广州港新沙口岸共检验监管进口新能源汽车1210辆,同比增长11.87倍。其中,进口纯电动汽车422辆,插电式混合动力汽车788辆。

B.24 后 记

伴随着广州汽车产业发展壮大而成立的广州汽车产业研究中心已经发展了12年。在这12年里，我们得到了广州市领导、广州市社会科学院领导的大力支持，在广州市有关部门、各区及县级市、汽车企业等的支持下，我们取得了丰富的应用研究成果和公开发表了一批论文，为广州市及各区、县级市、企业发展汽车产业提供了重要的决策参考和咨询服务。近年来，我们先后编辑出版了《广州汽车产业发展报告》（2005年、2007~2015年）等10本蓝皮书。这10本书作为广州汽车产业研究中心的代表著作，产生了很好的社会影响，为广州市及各区、县级市有关部门促进汽车产业和企业发展提供了有益的智力支持。

配合广州汽车产业快速发展的态势，在广州市领导和有关部门的支持下，在院各部门的积极配合下，我们编辑出版的《广州汽车产业发展报告（2016）》与读者见面了，该书定位为专家观点、民间立场，主要以专家、学者提供的各类关于广州汽车产业发展的专题研究报告为主，同时也吸收了市场及有关部门提供的一些汽车产业专题调研成果，另外，中国汽车产业发展的年度热点也是我们关注的重要话题。在篇章结构上，我们设置了"总报告""形势篇""专题篇""企业篇""附录"等专栏，力求从宏观与微观、理论与实际、分析与预测、综合与重点的结合上，对2015年广州汽车产业进行全面分析和论述，对2016年及未来广州汽车产业发展进行展望和讨论。希望这本凝聚专家、学者心血的汽车产业研究成果，能为年度广州汽车产业科学发展出谋献策，能为热心于研究广州汽车产业的专家、学者和领导提供有益的资料参考。

本书的出版，得到了受邀专家、学者、广州市领导和有关部门以及汽车

后记

企业的大力支持。广州市商务委、广州市政府研究室、广州汽车工业集团股份有限公司、广汽乘用车有限公司、广汽比亚迪新能源客车公司、花都汽车城、增城开发区管委会等单位为我们的调查研究、资料搜集提供了积极的帮助和配合,提出了很多建设性的意见和相关的资料,部分观点和建议已经融入我们所撰写的研究报告。广州市商务委的唐锡禧,广汽集团发展部的冯兴亚、欧阳惠芳、黄坚,花都汽车城的陈桑桑等为本书提供了具有较强专业性的实践成果。社会科学文献出版社为本书出版付出了辛苦的劳动。广州市社会科学院办公室、科研处、经济研究所等部门领导及相关研究人员也为本书的出版提供了大力的支持。在此,我们谨向所有支持、参与本书编写工作的领导、专家、学者等表示衷心的感谢。

本书由广州市社会科学院牵头,广州市社会科学院广州汽车产业研究中心和区域经济研究所具体负责编纂工作。随着整车企业加快新车型导入和更新旧车型,广州汽车产销规模再创历史新高,突破200万辆,产值突破3700亿元,成为国内第五个汽车特大城市,广州汽车产业进入全新的发展阶段。广汽乘用车借助国内SUV市场的高速增长态势,仅用5年时间就实现产销规模接近20万辆,成为广州汽车产业发展的新亮点。为进一步做强做大广州的第一支柱产业,为广州汽车产业向全球汽车产业价值链的高端环节提升提供决策参考,我们将继续编辑出版《广州汽车产业发展报告》,并以此为广州汽车产业科学发展提供持续不断的智力支持,积累广州汽车产业发展的珍贵历史资料。我们希望得到全国各地关心广州汽车产业、研究广州汽车产业的专家、学者和广州市各有关部门、研究单位、汽车企业等的大力支持,期待继续得到各位专家、学者、有关领导以及读者的支持、指导和赐稿,进一步提高《广州汽车产业发展报告》的质量,共同为广州汽车产业科学发展贡献智慧。

广州市社会科学院
广州汽车产业研究中心
2016年5月5日

法律声明

"皮书系列"(含蓝皮书、绿皮书、黄皮书)之品牌由社会科学文献出版社最早使用并持续至今,现已被中国图书市场所熟知。"皮书系列"的 LOGO( )与"经济蓝皮书""社会蓝皮书"均已在中华人民共和国国家工商行政管理总局商标局登记注册。"皮书系列"图书的注册商标专用权及封面设计、版式设计的著作权均为社会科学文献出版社所有。未经社会科学文献出版社书面授权许可,任何使用与"皮书系列"图书注册商标、封面设计、版式设计相同或者近似的文字、图形或其组合的行为均系侵权行为。

经作者授权,本书的专有出版权及信息网络传播权为社会科学文献出版社享有。未经社会科学文献出版社书面授权许可,任何就本书内容的复制、发行或以数字形式进行网络传播的行为均系侵权行为。

社会科学文献出版社将通过法律途径追究上述侵权行为的法律责任,维护自身合法权益。

欢迎社会各界人士对侵犯社会科学文献出版社上述权利的侵权行为进行举报。电话:010-59367121,电子邮箱:fawubu@ssap.cn。

社会科学文献出版社

广视角·全方位·多品种

皮书系列
2016年

·权威平台·智库报告·连续发布

社会科学文献出版社
SOCIAL SCIENCES ACADEMIC PRESS (CHINA)

社长致辞

我们是图书出版者,更是人文社会科学内容资源供应商;

我们背靠中国社会科学院,面向中国与世界人文社会科学界,坚持为人文社会科学的繁荣与发展服务;

我们精心打造权威信息资源整合平台,坚持为中国经济与社会的繁荣与发展提供决策咨询服务;

我们以读者定位自身,立志让爱书人读到好书,让求知者获得知识;

我们精心编辑、设计每一本好书以形成品牌张力,以优秀的品牌形象服务读者,开拓市场;

我们始终坚持"创社科经典,出传世文献"的经营理念,坚持"权威、前沿、原创"的产品特色;

我们"以人为本",提倡阳光下创业,员工与企业共享发展之成果;

我们立足于现实,认真对待我们的优势、劣势,我们更着眼于未来,以不断的学习与创新适应不断变化的世界,以不断的努力提升自己的实力;

我们愿与社会各界友好合作,共享人文社会科学发展之成果,共同推动中国学术出版乃至内容产业的繁荣与发展。

社会科学文献出版社社长
中国社会学会秘书长

2016 年 1 月

社会科学文献出版社
SOCIAL SCIENCES ACADEMIC PRESS (CHINA)

社会科学文献出版社成立于1985年，是直属于中国社会科学院的人文社会科学专业学术出版机构。

成立以来，特别是1998年实施第二次创业以来，依托于中国社会科学院丰厚的学术出版和专家学者两大资源，坚持"创社科经典，出传世文献"的出版理念和"权威、前沿、原创"的产品定位，社科文献立足内涵式发展道路，从战略层面推动学术出版五大能力建设，逐步走上了智库产品与专业学术成果系列化、规模化、数字化、国际化、市场化发展的经营道路。

先后策划出版了著名的图书品牌和学术品牌"皮书"系列、"列国志"、"社科文献精品译库"、"全球化译丛"、"全面深化改革研究书系"、"近世中国"、"甲骨文"、"中国史话"等一大批既有学术影响又有市场价值的系列图书，形成了较强的学术出版能力和资源整合能力。2015年社科文献出版社发稿5.5亿字，出版图书约2000种，承印发行中国社科院院属期刊74种，在多项指标上都实现了较大幅度的增长。

凭借着雄厚的出版资源整合能力，社科文献出版社长期以来一直致力于从内容资源和数字平台两个方面实现传统出版的再造，并先后推出了皮书数据库、列国志数据库、"一带一路"数据库、中国田野调查数据库、台湾大陆同乡会数据库等一系列数字产品。数字出版已经初步形成了产品设计、内容开发、编辑标引、产品运营、技术支持、营销推广等全流程体系。

在国内原创著作、国外名家经典著作大量出版，数字出版突飞猛进的同时，社科文献出版社从构建国际话语体系的角度推动学术出版国际化。先后与斯普林格、博睿、牛津、剑桥等十余家国际出版机构合作面向海外推出了"皮书系列""改革开放30年研究书系""中国梦与中国发展道路研究丛书""全面深化改革研究书系"等一系列在世界范围内引起强烈反响的作品；并持续致力于中国学术出版走出去，组织学者和编辑参加国际书展，筹办国际性学术研讨会，向世界展示中国学者的学术水平和研究成果。

此外，社科文献出版社充分利用网络媒体平台，积极与中央和地方各类媒体合作，并联合大型书店、学术书店、机场书店、网络书店、图书馆，逐步构建起了强大的学术图书内容传播平台。学术图书的媒体曝光率居全国之首，图书馆藏率居于全国出版机构前十位。

上述诸多成绩的取得，有赖于一支以年轻的博士、硕士为主体，一批从中国社科院刚退出科研一线的各学科专家为支撑的300多位高素质的编辑、出版和营销队伍，为我们实现学术立社，以学术品位、学术价值来实现经济效益和社会效益这样一个目标的共同努力。

作为已经开启第三次创业梦想的人文社会科学学术出版机构，我们将以改革发展为动力，以学术资源建设为中心，以构建智慧型出版社为主线，以"整合、专业、分类、协同、持续"为各项工作指导原则，全力推进出版社数字化转型，坚定不移地走专业化、数字化、国际化发展道路，全面提升出版社核心竞争力，为实现"社科文献梦"奠定坚实基础。

经 济 类

经济类皮书涵盖宏观经济、城市经济、大区域经济，提供权威、前沿的分析与预测

经济蓝皮书
2016年中国经济形势分析与预测
李扬 / 主编　　2015年12月出版　　定价：79.00元

◆ 本书为总理基金项目，由著名经济学家李扬领衔，联合中国社会科学院等数十家科研机构、国家部委和高等院校的专家共同撰写，系统分析了2015年的中国经济形势并预测2016年我国经济运行情况。

世界经济黄皮书
2016年世界经济形势分析与预测
王洛林　张宇燕 / 主编　　2015年12月出版　　定价：79.00元

◆ 本书由中国社会科学院世界经济与政治研究所的研究团队撰写，2015年世界经济增长继续放缓，增长格局也继续分化，发达经济体与新兴经济体之间的增长差距进一步收窄。2016年世界经济增长形势不容乐观。

产业蓝皮书
中国产业竞争力报告（2016）NO.6
张其仔 / 主编　　2016年12月出版　　定价：98.00元

◆ 本书由中国社会科学院工业经济研究所研究团队在深入实际、调查研究的基础上完成。通过运用丰富的数据资料和最新的测评指标，从学术性、系统性、预测性上分析了2015年中国产业竞争力，并对未来发展趋势进行了预测。

皮书系列 重点推荐　经济类

G20国家创新竞争力黄皮书
二十国集团（G20）国家创新竞争力发展报告（2016）

李建平　李闽榕　赵新力/主编　　2016年11月出版　　估价:138.00元

◆ 本报告在充分借鉴国内外研究者的相关研究成果的基础上，紧密跟踪技术经济学、竞争力经济学、计量经济学等学科的最新研究动态，深入分析G20国家创新竞争力的发展水平、变化特征、内在动因及未来趋势，同时构建了G20国家创新竞争力指标体系及数学模型。

国际城市蓝皮书
国际城市发展报告（2016）

屠启宇/主编　　2016年2月出版　　定价:79.00元

◆ 本书作者以上海社会科学院从事国际城市研究的学者团队为核心，汇集同济大学、华东师范大学、复旦大学、上海交通大学、南京大学、浙江大学相关城市研究专业学者。立足动态跟踪介绍国际城市发展实践中，最新出现的重大战略、重大理念、重大项目、重大报告和最佳案例。

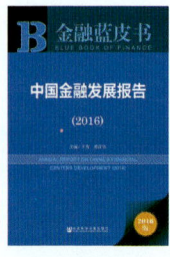

金融蓝皮书
中国金融发展报告（2016）

李　扬　王国刚/主编　　2015年12月出版　　定价:79.00元

◆ 本书由中国社会科学院金融研究所组织编写，概括和分析了2015年中国金融发展和运行中的各方面情况，研讨和评论了2015年发生的主要金融事件。本书由业内专家和青年精英联合编著，有利于读者了解掌握2015年中国的金融状况，把握2016年中国金融的走势。

农村绿皮书
中国农村经济形势分析与预测（2015～2016）

魏后凯　杜志雄　黄秉信/主编　　2016年4月出版　　定价:79.00元

◆ 本书描述了2015年中国农业农村经济发展的一些主要指标和变化，以及对2016年中国农业农村经济形势的一些展望和预测。

权威　前沿　原创

经济类 | 皮书系列 重点推荐

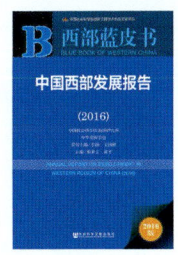

西部蓝皮书
中国西部发展报告（2016）

姚慧琴 徐璋勇/主编　2016年8月出版　估价：89.00元

◆ 本书由西北大学中国西部经济发展研究中心主编，汇集了源自西部本土以及国内研究西部问题的权威专家的第一手资料，对国家实施西部大开发战略进行年度动态跟踪，并对2016年西部经济、社会发展态势进行预测和展望。

民营经济蓝皮书
中国民营经济发展报告NO.12（2015～2016）

王钦敏/主编　2016年8月出版　估价：75.00元

◆ 本书是中国工商联课题组的研究成果，对2015年度中国民营经济的发展现状、趋势进行了详细的论述，并提出了合理的建议。是广大民营企业进行政策咨询、科学决策和理论创新的重要参考资料，也是理论工作者进行理论研究的重要参考资料。

经济蓝皮书夏季号
中国经济增长报告（2015～2016）

李扬/主编　2016年8月出版　估价：69.00元

◆ 中国经济增长报告主要探讨2015~2016年中国经济增长问题，以专业视角解读中国经济增长，力求将其打造成一个研究中国经济增长、服务宏微观各级决策的周期性、权威性读物。

中三角蓝皮书
长江中游城市群发展报告（2016）

秦尊文/主编　2016年10月出版　估价：69.00元

◆ 本书是湘鄂赣皖四省专家学者共同研究的成果，从不同角度、不同方位记录和研究长江中游城市群一体化，提出对策措施，以期为将"中三角"打造成为继珠三角、长三角、京津冀之后中国经济增长第四极奉献学术界的聪明才智。

皮书系列 重点推荐　社会政法类

社会政法类

社会政法类皮书聚焦社会发展领域的热点、难点问题，提供权威、原创的资讯与视点

社会蓝皮书
2016年中国社会形势分析与预测

李培林　陈光金　张翼 / 主编　2015年12月出版　定价：79.00元

◆ 本书由中国社会科学院社会学研究所组织研究机构专家、高校学者和政府研究人员撰写，聚焦当下社会热点，对2015年中国社会发展的各个方面内容进行了权威解读，同时对2016年社会形势发展趋势进行了预测。

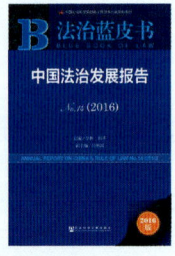

法治蓝皮书
中国法治发展报告 NO.14（2016）

李　林　田　禾 / 主编　2016年3月出版　定价：118.00元

◆ 本年度法治蓝皮书回顾总结了2015年度中国法治发展取得的成就和存在的不足，并对2016年中国法治发展形势进行了预测和展望。

反腐倡廉蓝皮书
中国反腐倡廉建设报告 NO.6

李秋芳　张英伟 / 主编　2017年1月出版　估价：79.00元

◆ 本书抓住了若干社会热点和焦点问题，全面反映了新时期新阶段中国反腐倡廉面对的严峻局面，以及中国共产党反腐倡廉建设的新实践新成果。根据实地调研、问卷调查和舆情分析，梳理了当下社会普遍关注的与反腐败密切相关的热点问题。

生态城市绿皮书
中国生态城市建设发展报告（2016）

刘举科　孙伟平　胡文臻 / 主编　2016 年 9 月出版　估价 :148.00 元

◆　报告以绿色发展、循环经济、低碳生活、民生宜居为理念，以更新民众观念、提供决策咨询、指导工程实践、引领绿色发展为宗旨，试图探索一条具有中国特色的城市生态文明建设新路。

公共服务蓝皮书
中国城市基本公共服务力评价（2016）

钟　君　吴正杲 / 主编　2016 年 12 月出版　估价 :79.00 元

◆　中国社会科学院经济与社会建设研究室与华图政信调查组成联合课题组，从 2010 年开始对基本公共服务力进行研究，研创了基本公共服务力评价指标体系，为政府考核公共服务与社会管理工作提供了理论工具。

教育蓝皮书
中国教育发展报告（2016）

杨东平 / 主编　2016 年 4 月出版　定价 :79.00 元

◆　本书由国内的中青年教育专家合作研究撰写。深度剖析 2015 年中国教育的热点话题，并对当下中国教育中出现的问题提出对策建议。

生态文明绿皮书
中国省域生态文明建设评价报告（ECI 2016）

严耕 / 主编　　2016 年 12 月出版　　估价 :85.00 元

◆　本书基于国家最新发布的权威数据，对我国的生态文明建设状况进行科学评价，并开展相应的深度分析，结合中央的政策方针和各省的具体情况，为生态文明建设推进，提出针对性的政策建议。

皮书系列
重点推荐

行业报告类

行业报告类

行业报告类皮书立足重点行业、新兴行业领域，
提供及时、前瞻的数据与信息

房地产蓝皮书
中国房地产发展报告 NO.13（2016）

李春华　王业强 / 主编　　2016年5月出版　　定价：89.00元

◆　蓝皮书秉承客观公正、科学中立的宗旨和原则，追踪2015年我国房地产市场最新资讯，深度分析，剖析因素，谋划对策，并对2016年房地产发展趋势进行了展望。

旅游绿皮书
2015～2016年中国旅游发展分析与预测

宋　瑞 / 主编　　2016年4出版　　定价：89.00元

◆　本书是中国社会科学院旅游研究中心组织相关专家编写的年度研究报告，对2015年旅游行业的热点问题进行了全面的综述并提出专业性建议，并对2016年中国旅游的发展趋势进行展望。

互联网金融蓝皮书
中国互联网金融发展报告（2016）

李东荣 / 主编　　2016年8月出版　　估价：79.00元

◆　近年来，许多基于互联网的金融服务模式应运而生并对传统金融业产生了深刻的影响和巨大的冲击，"互联网金融"成为社会各界关注的焦点。本书探析了2015年互联网金融的特点和2016年互联网金融的发展方向和亮点。

行业报告类 皮书系列 重点推荐

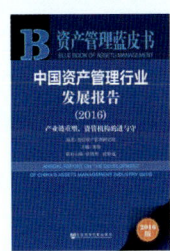

资产管理蓝皮书
中国资产管理行业发展报告（2016）

智信资产管理研究院 / 编著　　2016 年 6 月出版　　定价 :89.00 元

◆ 中国资产管理行业刚刚兴起，未来将成为中国金融市场最有看点的行业，也会成为快速发展壮大的行业。本书主要分析了 2015 年度资产管理行业的发展情况，同时对资产管理行业的未来发展做出科学的预测。

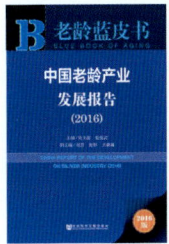

老龄蓝皮书
中国老龄产业发展报告（2016）

吴玉韶　党俊武 / 编著
2016 年 9 月出版　　估价 :79.00 元

◆ 本书着眼于对中国老龄产业的发展给予系统介绍，深入解析，并对未来发展趋势进行预测和展望，力求从不同视角、不同层面全面剖析中国老龄产业发展的现状、取得的成绩、存在的问题以及重点、难点等。

金融蓝皮书
中国金融中心发展报告（2016）

王　力　黄育华 / 编著　　2017 年 11 月出版　　估价 :75.00 元

◆ 本报告将提升中国金融中心城市的金融竞争力作为研究主线，全面、系统、连续地反映和研究中国金融中心城市发展和改革的最新进展，展示金融中心理论研究的最新成果。

流通蓝皮书
中国商业发展报告（2016~2017）

王雪峰　林诗慧 / 主编　　2016 年 7 月出版　　定价 :89.00 元

◆ 本书是中国社会科学院财经院与利丰研究中心合作的成果，从关注中国宏观经济出发，突出了中国流通业的宏观背景，详细分析了批发业、零售业、物流业、餐饮产业与电子商务等产业发展状况。

皮书系列 重点推荐

国别与地区类

国别与地区类

国别与地区类皮书关注全球重点国家与地区，提供全面、独特的解读与研究

美国蓝皮书

美国研究报告（2016）

郑秉文　黄平/主编　2016年5月出版　定价:89.00元

◆ 本书是由中国社会科学院美国所主持完成的研究成果，它回顾了美国2015年的经济、政治形势与外交战略，对2016年以来美国内政外交发生的重大事件以及重要政策进行了较为全面的回顾和梳理。

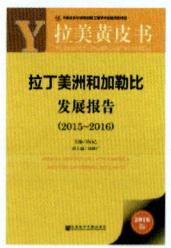

拉美黄皮书

拉丁美洲和加勒比发展报告（2015~2016）

吴白乙/主编　2016年6月出版　定价:89.00元

◆ 本书对2015年拉丁美洲和加勒比地区诸国的政治、经济、社会、外交等方面的发展情况做了系统介绍，对该地区相关国家的热点及焦点问题进行了总结和分析，并在此基础上对该地区各国2016年的发展前景做出预测。

日本经济蓝皮书

日本经济与中日经贸关系研究报告（2016）

张季风/主编　2016年5月出版　定价:89.00元

◆ 本书系统、详细地介绍了2015年日本经济以及中日经贸关系发展情况，在进行了大量数据分析的基础上，对2016年日本经济以及中日经贸关系的大致发展趋势进行了分析与预测。

国别与地区类

俄罗斯黄皮书
俄罗斯发展报告（2016）

李永全 / 编著　2016 年 7 月出版　定价 :89.00 元

◆ 本书系统介绍了 2015 年俄罗斯经济政治情况，并对 2015 年该地区发生的焦点、热点问题进行了分析与回顾；在此基础上，对该地区 2016 年的发展前景进行了预测。

国际形势黄皮书
全球政治与安全报告（2016）

李慎明　张宇燕 / 主编　2015 年 12 月出版　定价 :69.00 元

◆ 本书旨在对本年度全球政治及安全形势的总体情况、热点问题及变化趋势进行回顾与分析，并提出一定的预测及对策建议。作者通过事实梳理、数据分析、政策分析等途径,阐释了本年度国际关系及全球安全形势的基本特点，并在此基础上提出了具有启示意义的前瞻性结论。

德国蓝皮书
德国发展报告（2016）

郑春荣 / 主编　2016 年 6 月出版　定价 :79.00 元

◆ 本报告由同济大学德国研究所组织编撰，由该领域的专家学者对德国的政治、经济、社会文化、外交等方面的形势发展情况，进行全面的阐述与分析。

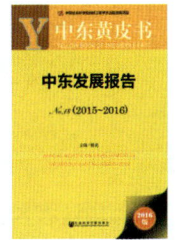

中东黄皮书
中东发展报告 NO.18（2015～2016）

杨光 / 主编　2016 年 10 月出版　估价 :89.00 元

◆ 报告回顾和分析了一年来多以来中东地区政治经济局势的新发展，为跟踪中东地区的市场变化和中东研究学科的研究前沿，提供了全面扎实的信息。

地方发展类

地方发展类皮书关注中国各省份、经济区域，提供科学、多元的预判与资政信息

北京蓝皮书

北京公共服务发展报告（2015~2016）

施昌奎 / 主编　　2016 年 2 月出版　　定价 : 79.00 元

◆ 本书是由北京市政府职能部门的领导、首都著名高校的教授、知名研究机构的专家共同完成的关于北京市公共服务发展与创新的研究成果。

河南蓝皮书

河南经济发展报告（2016）

河南省社会科学院 / 编著　　2016 年 3 月出版　　定价 : 79.00 元

◆ 本书以国内外经济发展环境和走向为背景，主要分析当前河南经济形势，预测未来发展趋势，全面反映河南经济发展的最新动态、热点和问题，为地方经济发展和领导决策提供参考。

京津冀蓝皮书

京津冀发展报告（2016）

文　魁　祝尔娟 / 等著　　2016 年 4 月出版　　定价 : 89.00 元

◆ 京津冀协同发展作为重大的国家战略，已进入顶层设计、制度创新和全面推进的新阶段。本书以问题为导向，围绕京津冀发展中的重要领域和重大问题，研究如何推进京津冀协同发展。

文化传媒类

文化传媒类皮书透视文化领域、文化产业，
探索文化大繁荣、大发展的路径

新媒体蓝皮书
中国新媒体发展报告 NO.7（2016）

唐绪军 / 主编　　2016 年 6 月出版　　定价 :79.00 元

◆ 本书是由中国社会科学院新闻与传播研究所组织编写的关于新媒体发展的最新年度报告，旨在全面分析中国新媒体的发展现状，解读新媒体的发展趋势，探析新媒体的深刻影响。

移动互联网蓝皮书
中国移动互联网发展报告（2016）

官建文 / 编著　　2016 年 6 月出版　　定价 :79.00 元

◆ 本书着眼于对中国移动互联网 2015 年度的发展情况做深入解析，对未来发展趋势进行预测，力求从不同视角、不同层面全面剖析中国移动互联网发展的现状、年度突破以及热点趋势等。

文化蓝皮书
中国文化产业发展报告（2015~2016）

张晓明 王家新 章建刚 / 主编　　2016 年 2 月出版　　定价 :79.00 元

◆ 本书由中国社会科学院文化研究中心编写。从 2012 年开始，中国社会科学院文化研究中心设立了国内首个文化产业的研究类专项资金——"文化产业重大课题研究计划"，开始在全国范围内组织多学科专家学者对我国文化产业发展重大战略问题进行联合攻关研究。本书集中反映了该计划的研究成果。

经济类

G20国家创新竞争力黄皮书
二十国集团（G20）国家创新竞争力发展报告（2016）
著(编)者：李建平 李闽榕 赵新力
2016年11月出版 / 估价：138.00元

产业蓝皮书
中国产业竞争力报告（2016）NO.6
著(编)者：张其仔 2016年12月出版 / 估价：98.00元

城市创新蓝皮书
中国城市创新报告（2016）
著(编)者：周天勇 旷建伟 2016年8月出版 / 估价：69.00元

城市竞争力蓝皮书
中国城市竞争力报告（1973~2015）
著(编)者：李小林 2016年1月出版 / 定价：128.00元

城市蓝皮书
中国城市发展报告 NO.9
著(编)者：潘家华 魏后凯 2016年9月出版 / 估价：69.00元

城市群蓝皮书
中国城市群发展指数报告（2016）
著(编)者：刘士林 刘新静 2016年10月出版 / 估价：69.00元

城乡一体化蓝皮书
中国城乡一体化发展报告（2015~2016）
著(编)者：汝信 付崇兰 2016年8月出版 / 估价：85.00元

城镇化蓝皮书
中国新型城镇化健康发展报告（2016）
著(编)者：张占斌 2016年8月出版 / 估价：79.00元

创新蓝皮书
创新型国家建设报告（2015~2016）
著(编)者：詹正茂 2016年11月出版 / 估价：69.00元

低碳发展蓝皮书
中国低碳发展报告（2015~2016）
著(编)者：齐晔 2016年3月出版 / 定价：98.00元

低碳经济蓝皮书
中国低碳经济发展报告（2016）
著(编)者：薛进军 赵忠秀 2016年8月出版 / 估价：85.00元

东北蓝皮书
中国东北地区发展报告（2016）
著(编)者：马克 黄文艺 2016年8月出版 / 估价：79.00元

发展与改革蓝皮书
中国经济发展和体制改革报告NO.7
著(编)者：邹东涛 王再文
2016年1月出版 / 定价：98.00元

工业化蓝皮书
中国工业化进程报告（2016）
著(编)者：黄群慧 吕铁 李晓华 等
2016年11月出版 / 估价：89.00元

管理蓝皮书
中国管理发展报告（2016）
著(编)者：张晓东 2016年9月出版 / 估价：98.00元

国际城市蓝皮书
国际城市发展报告（2016）
著(编)者：屠启宇 2016年2月出版 / 定价：79.00元

国家创新蓝皮书
中国创新发展报告（2016）
著(编)者：陈劲 2016年9月出版 / 估价：69.00元

金融蓝皮书
中国金融发展报告（2016）
著(编)者：李扬 王国刚 2015年12月出版 / 定价：79.00元

京津冀产业蓝皮书
京津冀产业协同发展报告（2016）
著(编)者：中智科博（北京）产业经济发展研究院
2016年8月出版 / 估价：69.00元

京津冀蓝皮书
京津冀发展报告（2016）
著(编)者：文魁 祝尔娟 2016年4月出版 / 估价：89.00元

经济蓝皮书
2016年中国经济形势分析与预测
著(编)者：李扬 2015年12月出版 / 定价：79.00元

经济蓝皮书·春季号
2016年中国经济前景分析
著(编)者：李扬 2016年6月出版 / 估价：79.00元

经济蓝皮书·夏季号
中国经济增长报告（2015~2016）
著(编)者：李扬 2016年8月出版 / 估价：99.00元

经济信息绿皮书
中国与世界经济发展报告（2016）
著(编)者：杜平 2015年12月出版 / 定价：89.00元

就业蓝皮书
2016年中国本科生就业报告
著(编)者：麦可思研究院 2016年6月出版 / 定价：98.00元

就业蓝皮书
2016年中国高职高专生就业报告
著(编)者：麦可思研究院 2016年6月出版 / 定价：98.00元

临空经济蓝皮书
中国临空经济发展报告（2016）
著(编)者：连玉明 2016年11月出版 / 估价：79.00元

民营经济蓝皮书
中国民营经济发展报告 NO.12（2015~2016）
著(编)者：王钦敏 2016年8月出版 / 估价：75.00元

农村绿皮书
中国农村经济形势分析与预测（2015~2016）
著(编)者：魏后凯 杜志雄 黄秉信
2016年4月出版 / 定价：69.00元

农业应对气候变化蓝皮书
气候变化对中国农业影响评估报告 NO.2
著(编)者：矫梅燕 2016年8月出版 / 估价：98.00元

经济类·社会政法类 — 皮书系列 2016全品种

企业公民蓝皮书
中国企业公民报告 NO.4
著（编）者：邹东涛　2016年8月出版 / 估价:79.00元

气候变化绿皮书
应对气候变化报告（2016）
著（编）者：王伟光　郑国光　2016年11月出版 / 估价:98.00元

区域蓝皮书
中国区域经济发展报告（2015~2016）
著（编）者：赵弘　2016年6月出版 / 定价:79.00元

全球环境竞争力绿皮书
全球环境竞争力报告（2016）
著（编）者：李建平　李闽榕　王金南
2016年12月出版 / 估价:198.00元

人口与劳动绿皮书
中国人口与劳动问题报告 NO.17
著（编）者：蔡昉　张车伟　2016年11月出版 / 估价:69.00元

商务中心区蓝皮书
中国商务中心区发展报告 NO.2（2015）
著（编）者：魏后凯　单菁菁　2016年1月出版 / 定价:79.00元

世界经济黄皮书
2016年世界经济形势分析与预测
著（编）者：王洛林　张宇燕　2015年12月出版 / 定价:79.00元

世界旅游城市绿皮书
世界旅游城市发展报告（2015）
著（编）者：宋宇　2016年1月出版 / 定价:128.00元

西北蓝皮书
中国西北发展报告（2016）
著（编）者：孙发平　苏海红　鲁顺元
2016年3月出版 / 定价:79.00元

西部蓝皮书
中国西部发展报告（2016）
著（编）者：姚慧琴　徐璋勇　2016年8月出版 / 估价:89.00元

县域发展蓝皮书
中国县域经济增长能力评估报告（2016）
著（编）者：王力　2016年10月出版 / 估价:69.00元

新型城镇化蓝皮书
新型城镇化发展报告（2016）
著（编）者：李伟　宋敏　沈体雁　2016年11月出版 / 估价:98.00元

新兴经济体蓝皮书
金砖国家发展报告（2016）
著（编）者：林跃勤　周文　2016年8月出版 / 估价:79.00元

长三角蓝皮书
2016年全面深化改革中的长三角
著（编）者：张伟斌　2016年10月出版 / 估价:69.00元

中部竞争力蓝皮书
中国中部经济社会竞争力报告（2016）
著（编）者：教育部人文社会科学重点研究基地
　　　　　南昌大学中国中部经济社会发展研究中心
2016年10月出版 / 估价:79.00元

中部蓝皮书
中国中部地区发展报告（2016）
著（编）者：宋亚平　2016年12月出版 / 估价:78.00元

中国省域竞争力蓝皮书
中国省域经济综合竞争力发展报告（2014~2015）
著（编）者：李建平　李闽榕　高燕京
2016年2月出版 / 定价:198.00元

中三角蓝皮书
长江中游城市群发展报告（2016）
著（编）者：秦尊文　2016年10月出版 / 估价:69.00元

中小城市绿皮书
中国中小城市发展报告（2016）
著（编）者：中国城市经济学会中小城市经济发展委员会
　　　　　中国城镇化促进会中小城市发展委员会
　　　　　《中国中小城市发展报告》编纂委员会
　　　　　中小城市发展战略研究院
2016年10月出版 / 估价:98.00元

中原蓝皮书
中原经济区发展报告（2016）
著（编）者：李英杰　2016年8月出版 / 估价:88.00元

自贸区蓝皮书
中国自贸区发展报告（2016）
著（编）者：王力　王吉培　2016年10月出版 / 估价:69.00元

社会政法类

北京蓝皮书
中国社区发展报告（2016）
著（编）者：于燕燕　2017年2月出版 / 估价:79.00元

殡葬绿皮书
中国殡葬事业发展报告（2016）
著（编）者：李伯森　2016年8月出版 / 估价:158.00元

城市管理蓝皮书
中国城市管理报告（2015~2016）
著（编）者：刘林　刘承水　2016年5月出版 / 定价:158.00元

城市生活质量蓝皮书
中国城市生活质量报告（2016）
著（编）者：张连城　张平　杨春学　郎丽华
2016年8月出版 / 估价:89.00元

城市政府能力蓝皮书
中国城市政府公共服务能力评估报告（2016）
著（编）者：何艳玲　2016年4月出版 / 定价:68.00元

创新蓝皮书
中国创业环境发展报告（2016）
著（编）者：姚凯　曹祎遐　2016年8月出版 / 估价:69.00元

皮书系列 2016全品种

社会政法类

慈善蓝皮书
中国慈善发展报告（2016）
著（编）者：杨团　2016年6月出版 / 定价:79.00元

地方法治蓝皮书
中国地方法治发展报告 NO.2（2016）
著（编）者：李林　田禾　2016年3月出版 / 定价:108.00元

党建蓝皮书
党的建设研究报告 NO.1（2016）
著（编）者：崔建民　陈东平　2016年1月出版 / 定价:89.00元

法治蓝皮书
中国法治发展报告 NO.14（2016）
著（编）者：李林　田禾　2016年3月出版 / 定价:118.00元

反腐倡廉蓝皮书
中国反腐倡廉建设报告 NO.6
著（编）者：李秋芳　张英伟　2017年1月出版 / 估价:79.00元

非传统安全蓝皮书
中国非传统安全研究报告（2015～2016）
著（编）者：余潇枫　魏志江　2016年6月出版 / 定价:89.00元

妇女发展蓝皮书
中国妇女发展报告 NO.6
著（编）者：王金玲　2016年9月出版 / 估价:148.00元

妇女教育蓝皮书
中国妇女教育发展报告 NO.3
著（编）者：张李玺　2016年10月出版 / 估价:78.00元

妇女绿皮书
中国性别平等与妇女发展报告（2016）
著（编）者：谭琳　2016年12月出版 / 估价:99.00元

公共服务蓝皮书
中国城市基本公共服务力评价（2016）
著（编）者：钟君　吴正杲　2016年12月出版 / 估价:79.00元

公共管理蓝皮书
中国公共管理发展报告（2016）
著（编）者：贡森　李国强　杨维富
2016年8月出版 / 估价:69.00元

公共外交蓝皮书
中国公共外交发展报告（2016）
著（编）者：赵启正　雷蔚真　2016年8月出版 / 估价:89.00元

公民科学素质蓝皮书
中国公民科学素质报告（2015~2016）
著（编）者：李群　陈雄　马宗文　2016年1月出版 / 定价:89.00元

公益蓝皮书
中国公益慈善发展报告（2016）
著（编）者：朱健刚　2016年4月出版 / 定价:118.00元

国际人才蓝皮书
海外华侨华人专业人士报告（2016）
著（编）者：王辉耀　苗绿　2016年8月出版 / 估价:69.00元

国际人才蓝皮书
中国国际移民报告（2016）
著（编）者：王辉耀　2016年8月出版 / 估价:79.00元

国际人才蓝皮书
中国海归发展报告（2016）NO.3
著（编）者：王辉耀　苗绿　2016年10月出版 / 估价:69.00元

国际人才蓝皮书
中国留学发展报告（2016）NO.5
著（编）者：王辉耀　苗绿　2016年10月出版 / 估价:79.00元

国家公园蓝皮书
中国国家公园体制建设报告（2016）
著（编）者：苏杨　张玉钧　石金莲　刘锋　等
2016年10月出版 / 估价:69.00元

海洋社会蓝皮书
中国海洋社会发展报告（2016）
著（编）者：崔凤　宋宁而　2016年8月出版 / 估价:89.00元

行政改革蓝皮书
中国行政体制改革报告（2016）NO.5
著（编）者：魏礼群　2016年5月出版 / 定价:98.00元

华侨华人蓝皮书
华侨华人研究报告（2016）
著（编）者：贾益民　2016年12月出版 / 估价:98.00元

环境竞争力绿皮书
中国省域环境竞争力发展报告（2016）
著（编）者：李建平　李闽榕　王金南
2016年11月出版 / 估价:198.00元

环境绿皮书
中国环境发展报告（2016）
著（编）者：刘鉴强　2016年8月出版 / 估价:79.00元

基金会蓝皮书
中国基金会发展报告（2015~2016）
著（编）者：中国基金会发展报告课题组　2016年4月出版 / 定价:75.00元

基金会绿皮书
中国基金会发展独立研究报告（2016）
著（编）者：基金会中心网　中央民族大学基金会研究中心
2016年8月出版 / 估价:88.00元

基金会透明度蓝皮书
中国基金会透明度发展研究报告（2016）
著（编）者：基金会中心网　清华大学廉政与治理研究中心
2016年9月出版 / 估价:85.00元

教师蓝皮书
中国中小学教师发展报告（2016）
著（编）者：曾晓东　鱼霞　2016年8月出版 / 估价:69.00元

教育蓝皮书
中国教育发展报告（2016）
著（编）者：杨东平　2016年4月出版 / 定价:79.00元

科普蓝皮书
中国科普基础设施发展报告（2015）
著（编）者：任福君　2016年8月出版 / 估价:69.00元

社会政法类 | **皮书系列 2016全品种**

科普蓝皮书
中国科普人才发展报告（2015）
著(编)者:郑念 任嵘嵘 2016年4月出版 / 定价:98.00元

科学教育蓝皮书
中国科学教育发展报告（2016）
著(编)者:罗晖 王康友 2016年10月出版 / 估价:79.00元

劳动保障蓝皮书
中国劳动保障发展报告（2016）
著(编)者:刘燕斌 2016年8月出版 / 估价:158.00元

老龄蓝皮书
中国老年宜居环境发展报告（2015）
著(编)者:党俊武 周燕珉 2016年1月出版 / 定价:79.00元

连片特困区蓝皮书
中国连片特困区发展报告（2016）
著(编)者:游俊 冷志明 丁建军
2016年8月出版 / 估价:98.00元

民间组织蓝皮书
中国民间组织报告（2016）
著(编)者:黄晓勇 2016年12月出版 / 估价:79.00元

民调蓝皮书
中国民生调查报告（2016）
著(编)者:谢耘耕 2016年8月出版 / 估价:128.00元

民族发展蓝皮书
中国民族发展报告（2016）
著(编)者:郝时远 王延中 王希恩
2016年8月出版 / 估价:98.00元

女性生活蓝皮书
中国女性生活状况报告 NO.10（2016）
著(编)者:韩湘景 2016年8月出版 / 估价:79.00元

汽车社会蓝皮书
中国汽车社会发展报告（2016）
著(编)者:王俊秀 2016年8月出版 / 估价:69.00元

青年蓝皮书
中国青年发展报告（2016）NO.4
著(编)者:廉思 等 2016年8月出版 / 估价:69.00元

青少年蓝皮书
中国未成年人互联网运用报告（2016）
著(编)者:李文革 沈杰 季为民
2016年11月出版 / 估价:89.00元

青少年体育蓝皮书
中国青少年体育发展报告（2016）
著(编)者:郭建军 杨桦 2016年9月出版 / 估价:69.00元

区域人才蓝皮书
中国区域人才竞争力报告 NO.2
著(编)者:桂昭明 王辉耀
2016年8月出版 / 估价:69.00元

群众体育蓝皮书
中国群众体育发展报告（2016）
著(编)者:刘国永 杨桦 2016年10月出版 / 估价:69.00元

群众体育蓝皮书
中国社会体育指导员发展报告（1994~2014）
著(编)者:刘国永 王欢 2016年4月出版 / 定价:78.00元

人才蓝皮书
中国人才发展报告（2016）
著(编)者:潘晨光 2016年9月出版 / 估价:85.00元

人权蓝皮书
中国人权事业发展报告 NO.6（2016）
著(编)者:李君如 2016年9月出版 / 估价:128.00元

社会保障绿皮书
中国社会保障发展报告（2016）NO.8
著(编)者:王延中 2016年8月出版 / 估价:99.00元

社会工作蓝皮书
中国社会工作发展报告（2016）
著(编)者:民政部社会工作研究中心
2016年8月出版 / 估价:79.00元

社会管理蓝皮书
中国社会管理创新报告 NO.4
著(编)者:连玉明 2016年11月出版 / 估价:89.00元

社会蓝皮书
2016年中国社会形势分析与预测
著(编)者:李培林 陈光金 张翼
2015年12月出版 / 定价:79.00元

社会体制蓝皮书
中国社会体制改革报告（2016）NO.4
著(编)者:龚维斌 2016年4月出版 / 定价:79.00元

社会心态蓝皮书
中国社会心态研究报告（2016）
著(编)者:王俊秀 杨宜音 2016年10月出版 / 估价:69.00元

社会责任管理蓝皮书
中国企业公众透明度报告（2015~2016）NO.2
著(编)者:黄速建 熊梦 肖红军 2016年1月出版 / 定价:98.00元

社会组织蓝皮书
中国社会组织评估发展报告（2016）
著(编)者:徐家良 廖鸿 2016年12月出版 / 估价:69.00元

生态城市绿皮书
中国生态城市建设发展报告（2016）
著(编)者:刘举科 孙伟平 胡文臻
2016年9月出版 / 估价:148.00元

生态文明绿皮书
中国省域生态文明建设评价报告（ECI 2016）
著(编)者:严耕 2016年12月出版 / 估价:85.00元

世界社会主义黄皮书
世界社会主义跟踪研究报告（2015～2016）
著(编)者:李慎明 2016年3月出版 / 定价:248.00元

水与发展蓝皮书
中国水风险评估报告（2016）
著(编)者:王浩 2016年9月出版 / 估价:69.00元

皮书系列 2016全品种
社会政法类·行业报告类

体育蓝皮书
长三角地区体育产业发展报告（2016）
著(编)者：张林　2016年8月出版 / 估价：79.00元

体育蓝皮书
中国公共体育服务发展报告（2016）
著(编)者：戴健　2016年12月出版 / 估价：79.00元

土地整治蓝皮书
中国土地整治发展研究报告 NO.3
著(编)者：国土资源部土地整治中心
2016年7月出版 / 定价：89.00元

土地政策蓝皮书
中国土地政策发展报告（2016）
著(编)者：高延利　李宪文
2015年12月出版 / 定价：89.00元

危机管理蓝皮书
中国危机管理报告（2016）
著(编)者：文学国　范正青
2016年8月出版 / 估价：89.00元

形象危机应对蓝皮书
形象危机应对研究报告（2016）
著(编)者：唐钧　2016年8月出版 / 估价：149.00元

医改蓝皮书
中国医药卫生体制改革报告（2016）
著(编)者：文学国　房志武　2016年11月出版 / 估价：98.00元

医疗卫生绿皮书
中国医疗卫生发展报告 NO.7（2016）
著(编)者：申宝忠　韩玉珍　2016年8月出版 / 估价：75.00元

政治参与蓝皮书
中国政治参与报告（2016）
著(编)者：房宁　2016年8月出版 / 估价：108.00元

政治发展蓝皮书
中国政治发展报告（2016）
著(编)者：房宁　杨海蛟　2016年8月出版 / 估价：88.00元

智慧社区蓝皮书
中国智慧社区发展报告（2016）
著(编)者：罗昌智　张辉德　2016年8月出版 / 估价：69.00元

中国农村妇女发展蓝皮书
农村流动女性城市生活发展报告（2016）
著(编)者：谢丽华　2016年12月出版 / 估价：79.00元

宗教蓝皮书
中国宗教报告（2015）
著(编)者：邱永辉　2016年4月出版 / 定价：79.00元

行业报告类

保健蓝皮书
中国保健服务产业发展报告 NO.2
著(编)者：中国保健协会　中共中央党校
2016年8月出版 / 估价：198.00元

保健蓝皮书
中国保健食品产业发展报告 NO.2
著(编)者：中国保健协会
　　　　　中国社会科学院食品药品产业发展与监管研究中心
2016年8月出版 / 估价：198.00元

保健蓝皮书
中国保健用品产业发展报告 NO.2
著(编)者：中国保健协会
　　　　　国务院国有资产监督管理委员会研究中心
2016年8月出版 / 估价：198.00元

保险蓝皮书
中国保险业创新发展报告（2016）
著(编)者：项俊波　2016年12月出版 / 估价：69.00元

保险蓝皮书
中国保险业竞争力报告（2016）
著(编)者：项俊波　2016年12月出版 / 估价：99.00元

采供血蓝皮书
中国采供血管理报告（2016）
著(编)者：朱永明　耿鸿武　2016年8月出版 / 估价：69.00元

彩票蓝皮书
中国彩票发展报告（2016）
著(编)者：益彩基金　2016年8月出版 / 估价：98.00元

餐饮产业蓝皮书
中国餐饮产业发展报告（2016）
著(编)者：邢颖　2016年6月出版 / 定价：98.00元

测绘地理信息蓝皮书
测绘地理信息转型升级研究报告（2016）
著(编)者：库热西·买合苏提　2016年12月出版 / 估价：98.00元

茶业蓝皮书
中国茶产业发展报告（2016）
著(编)者：杨江帆　李闽榕　2016年10月出版 / 估价：78.00元

产权市场蓝皮书
中国产权市场发展报告（2015～2016）
著(编)者：曹和平　2016年8月出版 / 估价：89.00元

产业安全蓝皮书
中国出版传媒产业安全报告（2015~2016）
著(编)者：北京印刷学院文化产业安全研究院
2016年3月出版 / 定价：79.00元

产业安全蓝皮书
中国文化产业安全报告（2016）
著(编)者：北京印刷学院文化产业安全研究院
2016年8月出版 / 估价：89.00元

行业报告类

皮书系列 2016全品种

产业安全蓝皮书
中国新媒体产业安全报告（2016）
著(编)者：北京印刷学院文化产业安全研究院
2016年8月出版 / 估价：69.00元

大数据蓝皮书
网络空间和大数据发展报告（2016）
著(编)者：杜平　2016年8月出版 / 估价：69.00元

电子商务蓝皮书
中国电子商务服务业发展报告 NO.3
著(编)者：荆林波　梁春晓　2016年8月出版 / 估价：69.00元

电子政务蓝皮书
中国电子政务发展报告（2016）
著(编)者：洪毅　杜平　2016年11月出版 / 估价：79.00元

杜仲产业绿皮书
中国杜仲橡胶资源与产业发展报告（2016）
著(编)者：杜红岩　胡文臻　俞锐
2016年8月出版 / 估价：85.00元

房地产蓝皮书
中国房地产发展报告 NO.13（2016）
著(编)者：李春华　王业强　2016年5月出版 / 定价：89.00元

服务外包蓝皮书
中国服务外包产业发展报告（2016）
著(编)者：王晓红　刘德军
2016年8月出版 / 估价：89.00元

服务外包蓝皮书
中国服务外包竞争力报告（2016）
著(编)者：王力　刘春生　黄育华
2016年11月出版 / 估价：85.00元

工业和信息化蓝皮书
世界网络安全发展报告（2015~2016）
著(编)者：洪京一　2016年4月出版 / 定价：79.00元

工业和信息化蓝皮书
世界信息化发展报告（2015~2016）
著(编)者：洪京一　2016年4月出版 / 定价：79.00元

工业和信息化蓝皮书
世界信息技术产业发展报告（2015~2016）
著(编)者：洪京一　2016年4月出版 / 定价：79.00元

工业和信息化蓝皮书
世界制造业发展报告（2016）
著(编)者：洪京一　2016年8月出版 / 定价：69.00元

工业和信息化蓝皮书
移动互联网产业发展报告（2015~2016）
著(编)者：洪京一　2016年4月出版 / 定价：79.00元

工业和信息化蓝皮书
战略性新兴产业发展报告（2015~2016）
著(编)者：洪京一　2016年4月出版 / 定价：79.00元

工业设计蓝皮书
中国工业设计发展报告（2016）
著(编)者：王晓红　于炜　张立群
2016年9月出版 / 估价：138.00元

黄金市场蓝皮书
中国商业银行黄金业务发展报告（2015~2016）
著(编)者：平安银行　2016年3月出版 / 定价：98.00元

互联网金融蓝皮书
中国互联网金融发展报告（2016）
著(编)者：李东荣　2016年8月出版 / 估价：79.00元

会展蓝皮书
中外会展业动态评估年度报告（2016）
著(编)者：张敏　2016年8月出版 / 估价：78.00元

节能汽车蓝皮书
中国节能汽车产业发展报告（2016）
著(编)者：中国汽车工程研究院股份有限公司
2016年12月出版 / 估价：69.00元

金融监管蓝皮书
中国金融监管报告（2016）
著(编)者：胡滨　2016年6月出版 / 定价：89.00元

金融蓝皮书
中国金融中心发展报告（2016）
著(编)者：王力　黄育华　2017年11月出版 / 估价：75.00元

金融蓝皮书
中国商业银行竞争力报告（2016）
著(编)者：王松奇　2016年8月出版 / 估价：69.00元

经济林产业绿皮书
中国经济林产业发展报告（2016）
著(编)者：李芳东　胡文臻　乌云塔娜　杜红岩
2016年12月出版 / 估价：69.00元

客车蓝皮书
中国客车产业发展报告（2016）
著(编)者：姚蔚　2016年8月出版 / 估价：85.00元

老龄蓝皮书
中国老龄产业发展报告（2016）
著(编)者：吴玉韶　党俊武　2016年9月出版 / 估价：79.00元

流通蓝皮书
中国商业发展报告（2016~2017）
著(编)者：王雪峰　林诗慧　2016年7月出版 / 定价：89.00元

旅游安全蓝皮书
中国旅游安全报告（2016）
著(编)者：郑向敏　谢朝武　2016年5月出版 / 定价：128.00元

旅游绿皮书
2015~2016年中国旅游发展分析与预测
著(编)者：宋瑞　2016年4月出版 / 定价：89.00元

煤炭蓝皮书
中国煤炭工业发展报告（2016）
著(编)者：岳福斌　2016年12月出版 / 估价：79.00元

皮书系列 2016全品种

行业报告类

民营企业社会责任蓝皮书
中国民营企业社会责任年度报告（2016）
著（编）者：中华全国工商业联合会
2016年8月出版 / 估价：69.00元

民营医院蓝皮书
中国民营医院发展报告（2016）
著（编）者：庄一强　2016年10月出版 / 估价：75.00元

能源蓝皮书
中国能源发展报告（2016）
著（编）者：崔民选 王军生 陈义和
2016年8月出版 / 估价：79.00元

农产品流通蓝皮书
中国农产品流通产业发展报告（2016）
著（编）者：贾敬敦 张东科 张玉玺 张鹏毅 周伟
2016年8月出版 / 估价：89.00元

期货蓝皮书
中国期货市场发展报告(2016)
著（编）者：李群 王在荣　2016年11月出版 / 估价：69.00元

企业公益蓝皮书
中国企业公益研究报告（2016）
著（编）者：钟宏武 汪杰 顾一 黄晓娟 等
2016年12月出版 / 估价：69.00元

企业公众透明度蓝皮书
中国企业公众透明度报告（2016）NO.2
著（编）者：黄速建 王晓光 肖红军
2016年8月出版 / 估价：98.00元

企业国际化蓝皮书
中国企业国际化报告（2016）
著（编）者：王辉耀　2016年11月出版 / 估价：98.00元

企业蓝皮书
中国企业绿色发展报告 NO.2（2016）
著（编）者：李红玉 朱光辉　2016年8月出版 / 估价：79.00元

企业社会责任蓝皮书
中国企业社会责任研究报告（2016）
著（编）者：黄群慧 钟宏武 张蒽 等
2016年11月出版 / 估价：79.00元

企业社会责任能力蓝皮书
中国上市公司社会责任能力成熟度报告（2016）
著（编）者：肖红军 王晓光 李伟阳
2016年11月出版 / 估价：69.00元

汽车安全蓝皮书
中国汽车安全发展报告（2016）
著（编）者：中国汽车技术研究中心
2016年8月出版 / 估价：89.00元

汽车电子商务蓝皮书
中国汽车电子商务发展报告（2016）
著（编）者：中华全国工商业联合会汽车经销商商会
　　　　　北京易观智库网络科技有限公司
2016年8月出版 / 估价：128.00元

汽车工业蓝皮书
中国汽车工业发展年度报告（2016）
著（编）者：中国汽车工业协会 中国汽车技术研究中心
　　　　　丰田汽车（中国）投资有限公司
2016年4月出版 / 定价：128.00元

汽车蓝皮书
中国汽车产业发展报告（2016）
著（编）者：国务院发展研究中心产业经济研究部
　　　　　中国汽车工程学会 大众汽车集团（中国）
2016年8月出版 / 估价：158.00元

清洁能源蓝皮书
国际清洁能源发展报告（2016）
著（编）者：苏树辉 袁国林 李玉崙
2016年11月出版 / 估价：99.00元

人力资源蓝皮书
中国人力资源发展报告（2016）
著（编）者：余兴安　2016年12月出版 / 估价：79.00元

融资租赁蓝皮书
中国融资租赁业发展报告（2015~2016）
著（编）者：李光荣 王力　2016年8月出版 / 估价：89.00元

软件和信息服务业蓝皮书
中国软件和信息服务业发展报告（2016）
著（编）者：洪京一　2016年12月出版 / 估价：198.00元

商会蓝皮书
中国商会发展报告NO.5（2016）
著（编）者：王钦敏　2016年8月出版 / 估价：89.00元

上市公司蓝皮书
中国上市公司社会责任信息披露报告（2016）
著（编）者：张旺 张杨　2016年11月出版 / 估价：69.00元

上市公司蓝皮书
中国上市公司质量评价报告（2015~2016）
著（编）者：张跃文 王力　2016年11月出版 / 估价：118.00元

设计产业蓝皮书
中国设计产业发展报告（2016）
著（编）者：陈冬亮 梁昊光　2016年8月出版 / 估价：89.00元

食品药品蓝皮书
食品药品安全与监管政策研究报告（2016）
著（编）者：唐民皓　2016年8月出版 / 估价：69.00元

世界能源蓝皮书
世界能源发展报告（2016）
著（编）者：黄晓勇　2016年6月出版 / 定价：99.00元

水利风景区蓝皮书
中国水利风景区发展报告（2016）
著（编）者：谢婵才 兰思仁　2016年5月出版 / 定价：89.00元

私募市场蓝皮书
中国私募股权市场发展报告（2016）
著（编）者：曹和平　2016年12月出版 / 估价：79.00元

行业报告类 皮书系列 2016全品种

碳市场蓝皮书
中国碳市场报告（2016）
著(编)者：宁金彪　2016年11月出版 / 估价:69.00元

体育蓝皮书
中国体育产业发展报告（2016）
著(编)者：阮伟 钟秉枢　2016年8月出版 / 估价:69.00元

土地市场蓝皮书
中国农村土地市场发展报告（2015~2016）
著(编)者：李光荣　2016年3月出版 / 定价:79.00元

网络空间安全蓝皮书
中国网络空间安全发展报告（2016）
著(编)者：惠志斌 唐涛　2016年8月出版 / 估价:79.00元

物联网蓝皮书
中国物联网发展报告（2016）
著(编)者：黄桂田 龚六堂 张全升
2016年8月出版 / 估价:69.00元

西部工业蓝皮书
中国西部工业发展报告（2016）
著(编)者：方行明 甘犁 刘方健 姜凌 等
2016年9月出版 / 估价:79.00元

西部金融蓝皮书
中国西部金融发展报告（2016）
著(编)者：李忠民　2016年8月出版 / 估价:75.00元

协会商会蓝皮书
中国行业协会商会发展报告（2016）
著(编)者：景朝阳 李勇　2016年8月出版 / 估价:99.00元

新能源汽车蓝皮书
中国新能源汽车产业发展报告（2016）
著(编)者：中国汽车技术研究中心
　　　　　日产（中国）投资有限公司 东风汽车有限公司
2016年8月出版 / 估价:89.00元

新三板蓝皮书
中国新三板市场发展报告（2016）
著(编)者：王力　2016年6月出版 / 定价:79.00元

信托市场蓝皮书
中国信托业市场报告（2015～2016）
著(编)者：用益信托工作室
2016年1月出版 / 定价:198.00元

信息安全蓝皮书
中国信息安全发展报告（2016）
著(编)者：张晓东　2016年8月出版 / 估价:69.00元

信息化蓝皮书
中国信息化形势分析与预测（2016）
著(编)者：周宏仁　2016年8月出版 / 估价:98.00元

信用蓝皮书
中国信用发展报告（2016）
著(编)者：章政 田侃　2016年8月出版 / 估价:99.00元

休闲绿皮书
2016年中国休闲发展报告
著(编)者：宋瑞
2016年10月出版 / 估价:79.00元

药品流通蓝皮书
中国药品流通行业发展报告（2016）
著(编)者：佘鲁林 温再兴
2016年8月出版 / 估价:158.00元

医院蓝皮书
中国医院竞争力报告（2016）
著(编)者：庄一强 曾益新　2016年3月出版 / 定价:128.00元

医药蓝皮书
中国中医药产业园战略发展报告（2016）
著(编)者：裴长洪 房书亭 吴潇心
2016年8月出版 / 估价:89.00元

邮轮绿皮书
中国邮轮产业发展报告（2016）
著(编)者：汪泓　2016年10月出版 / 估价:79.00元

智能养老蓝皮书
中国智能养老产业发展报告（2016）
著(编)者：朱勇　2016年10月出版 / 估价:89.00元

中国SUV蓝皮书
中国SUV产业发展报告（2016）
著(编)者：靳军　2016年12月出版 / 估价:69.00元

中国金融行业蓝皮书
中国债券市场发展报告（2016）
著(编)者：谢多　2016年8月出版 / 估价:69.00元

中国上市公司蓝皮书
中国上市公司发展报告（2016）
著(编)者：中国社会科学院上市公司研究中心
2016年9月出版 / 估价:98.00元

中国游戏蓝皮书
中国游戏产业发展报告（2016）
著(编)者：孙立军 刘跃军 牛兴侦
2016年8月出版 / 估价:69.00元

中国总部经济蓝皮书
中国总部经济发展报告（2015~2016）
著(编)者：赵弘　2016年9月出版 / 估价:79.00元

资本市场蓝皮书
中国场外交易市场发展报告（2014~2015）
著(编)者：高峦　2016年3月出版 / 定价:79.00元

资产管理蓝皮书
中国资产管理行业发展报告（2016）
著(编)者：智信资产管理研究院
2016年6月出版 / 定价:89.00元

皮书系列 2016全品种 文化传媒类

文化传媒类

传媒竞争力蓝皮书
中国传媒国际竞争力研究报告（2016）
著（编）者：李本乾 刘强
2016年11月出版 / 估价：148.00元

传媒蓝皮书
中国传媒产业发展报告（2016）
著（编）者：崔保国 2016年5月出版 / 定价：98.00元

传媒投资蓝皮书
中国传媒投资发展报告（2016）
著（编）者：张向东 谭云明
2016年8月出版 / 估价：128.00元

动漫蓝皮书
中国动漫产业发展报告（2016）
著（编）者：卢斌 郑玉明 牛兴侦
2016年8月出版 / 估价：79.00元

非物质文化遗产蓝皮书
中国非物质文化遗产发展报告（2016）
著（编）者：陈平 2016年8月出版 / 估价：98.00元

广电蓝皮书
中国广播电影电视发展报告（2016）
著（编）者：国家新闻出版广电总局发展研究中心
2016年8月出版 / 估价：98.00元

广告主蓝皮书
中国广告主营销传播趋势报告 NO.9
著（编）者：黄升民 杜国清 邵华冬 等
2016年10月出版 / 估价：148.00元

国际传播蓝皮书
中国国际传播发展报告（2016）
著（编）者：胡正荣 李继东 姬德强
2016年11月出版 / 估价：89.00元

纪录片蓝皮书
中国纪录片发展报告（2016）
著（编）者：何苏六 2016年10月出版 / 估价：79.00元

科学传播蓝皮书
中国科学传播报告（2016）
著（编）者：詹正茂 2016年8月出版 / 估价：69.00元

两岸创意经济蓝皮书
两岸创意经济研究报告（2016）
著（编）者：罗昌智 董泽平 2016年12月出版 / 估价：98.00元

两岸文化蓝皮书
两岸文化产业合作发展报告（2016）
著（编）者：胡惠林 李保宗 2016年8月出版 / 估价：79.00元

媒介与女性蓝皮书
中国媒介与女性发展报告（2015~2016）
著（编）者：刘利群 2016年8月出版 / 估价：118.00元

媒体融合蓝皮书
中国媒体融合发展报告（2016）
著（编）者：梅宁华 宋建武 2016年8月出版 / 估价：79.00元

全球传媒蓝皮书
全球传媒发展报告（2016）
著（编）者：胡正荣 李继东 唐晓芬
2016年12月出版 / 估价：79.00元

少数民族非遗蓝皮书
中国少数民族非物质文化遗产发展报告（2016）
著（编）者：肖远平（彝） 柴立（满）
2016年8月出版 / 估价：128.00元

视听新媒体蓝皮书
中国视听新媒体发展报告（2016）
著（编）者：国家新闻出版广电总局发展研究中心
2016年8月出版 / 估价：98.00元

文化创新蓝皮书
中国文化创新报告（2016）NO.7
著（编）者：于平 傅才武 2016年8月出版 / 估价：98.00元

文化建设蓝皮书
中国文化发展报告（2015~2016）
著（编）者：江畅 孙伟平 戴茂堂
2016年6月出版 / 定价：116.00元

文化科技蓝皮书
文化科技创新发展报告（2016）
著（编）者：于平 李凤亮 2016年10月出版 / 估价：89.00元

文化蓝皮书
中国公共文化服务发展报告（2016）
著（编）者：刘新成 张永新 张旭 2016年10月出版 / 估价：98.00元

文化蓝皮书
中国公共文化投入增长测评报告（2016）
著（编）者：王亚南 2016年4月出版 / 定价：79.00元

文化蓝皮书
中国少数民族文化发展报告（2016）
著（编）者：武翠英 张晓明 任乌晶
2016年9月出版 / 估价：69.00元

文化蓝皮书
中国文化产业发展报告（2015~2016）
著（编）者：张晓明 王家新 章建刚
2016年2月出版 / 定价：79.00元

文化蓝皮书
中国文化产业供需协调检测报告（2016）
著（编）者：王亚南 2016年8月出版 / 估价：79.00元

文化蓝皮书
中国文化消费需求景气评价报告（2016）
著（编）者：王亚南 2016年4月出版 / 定价：79.00元

文化传媒类・地方发展类

文化品牌蓝皮书
中国文化品牌发展报告（2016）
著(编)者：欧阳友权　2016年5月出版 / 估价:98.00元

文化遗产蓝皮书
中国文化遗产事业发展报告（2016）
著(编)者：刘世锦　2016年8月出版 / 估价:89.00元

文学蓝皮书
中国文情报告（2015～2016）
著(编)者：白烨　2016年5月出版 / 定价:49.00元

新媒体蓝皮书
中国新媒体发展报告NO.7（2016）
著(编)者：唐绪军　2016年7月出版 / 定价:79.00元

新媒体社会责任蓝皮书
中国新媒体社会责任研究报告（2016）
著(编)者：钟瑛　2016年10月出版 / 估价:79.00元

移动互联网蓝皮书
中国移动互联网发展报告（2016）
著(编)者：官建文　2016年6月出版 / 定价:79.00元

舆情蓝皮书
中国社会舆情与危机管理报告（2016）
著(编)者：谢耘耕　2016年8月出版 / 估价:98.00元

影视风控蓝皮书
中国影视舆情与风控报告（2016）
著(编)者：司若　2016年4月出版 / 估价:138.00元

地方发展类

安徽经济蓝皮书
芜湖创新型城市发展报告（2016）
著(编)者：张志宏　2016年8月出版 / 估价:69.00元

安徽蓝皮书
安徽社会发展报告（2016）
著(编)者：程桦　2016年4月出版 / 定价:89.00元

安徽社会建设蓝皮书
安徽社会建设分析报告（2015～2016）
著(编)者：黄家海　王开玉　蔡宪
2016年8月出版 / 估价:89.00元

澳门蓝皮书
澳门经济社会发展报告（2015～2016）
著(编)者：吴志良　郝雨凡　2016年6月出版 / 定价:98.00元

北京蓝皮书
北京公共服务发展报告（2015～2016）
著(编)者：施昌奎　2016年2月出版 / 定价:79.00元

北京蓝皮书
北京经济发展报告（2015～2016）
著(编)者：杨松　2016年6月出版 / 定价:79.00元

北京蓝皮书
北京社会发展报告（2015～2016）
著(编)者：李伟东　2016年6月出版 / 定价:79.00元

北京蓝皮书
北京社会治理发展报告（2015～2016）
著(编)者：殷星辰　2016年5月出版 / 定价:79.00元

北京蓝皮书
北京文化发展报告（2015～2016）
著(编)者：李建盛　2016年4月出版 / 定价:79.00元

北京旅游绿皮书
北京旅游发展报告（2016）
著(编)者：北京旅游学会　2016年8月出版 / 估价:88.00元

北京人才蓝皮书
北京人才发展报告（2016）
著(编)者：于淼　2016年12月出版 / 估价:128.00元

北京社会心态蓝皮书
北京社会心态分析报告（2015～2016）
著(编)者：北京社会心理研究所
2016年8月出版 / 估价:79.00元

北京社会组织管理蓝皮书
北京社会组织发展与管理（2015～2016）
著(编)者：黄江松　2016年8月出版 / 估价:78.00元

北京体育蓝皮书
北京体育产业发展报告（2016）
著(编)者：钟秉枢　陈杰　杨铁黎
2016年10月出版 / 估价:79.00元

北京养老产业蓝皮书
北京养老产业发展报告（2016）
著(编)者：周明明　冯喜良　2016年8月出版 / 估价:69.00元

滨海金融蓝皮书
滨海新区金融发展报告（2016）
著(编)者：王爱俭　张锐钢　2016年9月出版 / 估价:79.00元

城乡一体化蓝皮书
中国城乡一体化发展报告·北京卷（2015～2016）
著(编)者：张宝秀　黄序　2016年5月出版 / 定价:79.00元

创意城市蓝皮书
北京文化创意产业发展报告（2016）
著(编)者：张京成　王国华　2016年12月出版 / 估价:69.00元

创意城市蓝皮书
青岛文化创意产业发展报告（2016）
著(编)者：马达　张丹妮　2016年8月出版 / 估价:79.00元

创意城市蓝皮书
青岛文化创意产业发展报告（2016）
著(编)者：马达　张丹妮　2016年8月出版 / 估价:79.00元

皮书系列 2016全品种 — 地方发展类

创意城市蓝皮书
天津文化创意产业发展报告（2015~2016）
著(编)者：谢思全　　2016年6月出版 / 定价：79.00元

创意城市蓝皮书
台北文化创意产业发展报告（2016）
著(编)者：陈耀竹　邱琪瑄　2016年11月出版 / 估价：89.00元

创意城市蓝皮书
无锡文化创意产业发展报告（2016）
著(编)者：谭军　张鸣年　2016年10月出版 / 估价：79.00元

创意城市蓝皮书
武汉文化创意产业发展报告（2016）
著(编)者：黄永林　陈汉桥　2016年12月出版 / 估价：89.00元

创意城市蓝皮书
重庆创意产业发展报告（2016）
著(编)者：程宇宁　　2016年8月出版 / 估价：89.00元

地方法治蓝皮书
南宁法治发展报告（2016）
著(编)者：杨维超　2016年12月出版 / 估价：09.00元

福建妇女发展蓝皮书
福建省妇女发展报告（2016）
著(编)者：刘群英　2016年11月出版 / 估价：88.00元

福建自贸区蓝皮书
中国（福建）自由贸易实验区发展报告（2015~2016）
著(编)者：黄茂兴　　2016年4月出版 / 定价：108.00元

甘肃蓝皮书
甘肃经济发展分析与预测（2016）
著(编)者：朱智文　罗哲　　2016年1月出版 / 定价：79.00元

甘肃蓝皮书
甘肃社会发展分析与预测（2016）
著(编)者：安文华　包晓霞　谢增虎　2016年1月出版 / 定价：79.00元

甘肃蓝皮书
甘肃文化发展分析与预测（2016）
著(编)者：安文华　周小华　2016年1月出版 / 定价：79.00元

甘肃蓝皮书
甘肃县域和农村发展报告（2016）
著(编)者：刘进军　柳民　王建兵
2016年1月出版 / 定价：79.00元

甘肃蓝皮书
甘肃舆情分析与预测（2016）
著(编)者：陈双梅　张谦元　2016年1月出版 / 定价：79.00元

甘肃蓝皮书
甘肃商贸流通发展报告（2016）
著(编)者：杨志武　王福生　王晓芳
2016年1月出版 / 定价：79.00元

广东蓝皮书
广东全面深化改革发展报告（2016）
著(编)者：周林生　涂成林　2016年11月出版 / 估价：69.00元

广东蓝皮书
广东社会工作发展报告（2016）
著(编)者：罗观翠　　2016年8月出版 / 估价：89.00元

广东蓝皮书
广东省电子商务发展报告（2016）
著(编)者：程晓　邓顺国　2016年8月出版 / 估价：79.00元

广东社会建设蓝皮书
广东省社会建设发展报告（2016）
著(编)者：广东省社会工作委员会
2016年12月出版 / 估价：99.00元

广东外经贸蓝皮书
广东对外经济贸易发展研究报告（2015~2016）
著(编)者：陈万灵　2016年8月出版 / 估价：89.00元

广西北部湾经济区蓝皮书
广西北部湾经济区开放开发报告（2016）
著(编)者：广西北部湾经济区规划建设管理委员会办公室
　　　　　广西社会科学院 广西北部湾发展研究院
2016年10月出版 / 估价：79.00元

巩义蓝皮书
巩义经济社会发展报告（2016）
著(编)者：丁同民　朱军　2016年4月出版 / 定价：58.00元

广州蓝皮书
2016年中国广州经济形势分析与预测
著(编)者：庾建设　陈浩钿　谢博能　2016年7月出版 / 定价：85.00元

广州蓝皮书
2016年中国广州社会形势分析与预测
著(编)者：张强　陈怡霓　杨秦　2016年6月出版 / 定价：85.00元

广州蓝皮书
广州城市国际化发展报告（2016）
著(编)者：朱名宏　　2016年11月出版 / 估价：69.00元

广州蓝皮书
广州创新型城市发展报告（2016）
著(编)者：尹涛　　2016年10月出版 / 估价：69.00元

广州蓝皮书
广州经济发展报告（2016）
著(编)者：朱名宏　2016年8月出版 / 估价：69.00元

广州蓝皮书
广州农村发展报告（2016）
著(编)者：朱名宏　2016年8月出版 / 估价：69.00元

广州蓝皮书
广州汽车产业发展报告（2016）
著(编)者：杨再高　冯兴亚　2016年9月出版 / 估价：69.00元

广州蓝皮书
广州青年发展报告（2015～2016）
著(编)者：魏国华　张强　2016年8月出版 / 估价：69.00元

广州蓝皮书
广州商贸业发展报告（2016）
著(编)者：李江涛　肖振宇　荀振英
2016年8月出版 / 估价：69.00元

地方发展类

皮书系列 2016全品种

广州蓝皮书
广州社会保障发展报告（2016）
著(编)者：蔡国萱　2016年10月出版／估价：65.00元

广州蓝皮书
广州文化创意产业发展报告（2016）
著(编)者：甘新　2016年8月出版／估价：79.00元

广州蓝皮书
中国广州城市建设与管理发展报告（2016）
著(编)者：董皞　陈小钢　李江涛　2016年8月出版／估价：69.00元

广州蓝皮书
中国广州科技和信息化发展报告（2016）
著(编)者：邹采荣　马正勇　冯元　2016年8月出版／估价：79.00元

广州蓝皮书
中国广州文化发展报告（2016）
著(编)者：徐俊忠　陆志强　顾涧清　2016年8月出版／估价：69.00元

贵阳蓝皮书
贵阳城市创新发展报告·白云篇（2016）
著(编)者：连玉明　2016年10月出版／估价：89.00元

贵阳蓝皮书
贵阳城市创新发展报告·观山湖篇（2016）
著(编)者：连玉明　2016年10月出版／估价：89.00元

贵阳蓝皮书
贵阳城市创新发展报告·花溪篇（2016）
著(编)者：连玉明　2016年10月出版／估价：89.00元

贵阳蓝皮书
贵阳城市创新发展报告·开阳篇（2016）
著(编)者：连玉明　2016年10月出版／估价：89.00元

贵阳蓝皮书
贵阳城市创新发展报告·南明篇（2016）
著(编)者：连玉明　2016年10月出版／估价：89.00元

贵阳蓝皮书
贵阳城市创新发展报告·清镇篇（2016）
著(编)者：连玉明　2016年10月出版／估价：89.00元

贵阳蓝皮书
贵阳城市创新发展报告·乌当篇（2016）
著(编)者：连玉明　2016年10月出版／估价：89.00元

贵阳蓝皮书
贵阳城市创新发展报告·息烽篇（2016）
著(编)者：连玉明　2016年10月出版／估价：89.00元

贵阳蓝皮书
贵阳城市创新发展报告·修文篇（2016）
著(编)者：连玉明　2016年10月出版／估价：89.00元

贵阳蓝皮书
贵阳城市创新发展报告·云岩篇（2016）
著(编)者：连玉明　2016年10月出版／估价：89.00元

贵州房地产蓝皮书
贵州房地产发展报告NO.3（2016）
著(编)者：武廷方　2016年8月出版／估价：89.00元

贵州蓝皮书
贵州册亨经济社会发展报告（2016）
著(编)者：黄德林　2016年3月出版／定价：79.00元

贵州蓝皮书
贵安新区发展报告（2015~2016）
著(编)者：马长青　吴大华　2016年6月出版／定价：79.00元

贵州蓝皮书
贵州法治发展报告（2016）
著(编)者：吴大华　2016年5月出版／定价：79.00元

贵州蓝皮书
贵州民航业发展报告（2016）
著(编)者：申振东　吴大华　2016年10月出版／估价：69.00元

贵州蓝皮书
贵州民营经济发展报告（2015）
著(编)者：杨静　吴大华　2016年3月出版／定价：79.00元

贵州蓝皮书
贵州人才发展报告（2016）
著(编)者：于杰　吴大华　2016年9月出版／估价：69.00元

贵州蓝皮书
贵州社会发展报告（2016）
著(编)者：王兴骥　2016年6月出版／定价：79.00元

海淀蓝皮书
海淀区文化和科技融合发展报告（2016）
著(编)者：陈名杰　孟景伟　2016年8月出版／估价：75.00元

海峡西岸蓝皮书
海峡西岸经济区发展报告（2016）
著(编)者：福建省人民政府发展研究中心
　　　　　福建省人民政府发展研究中心咨询服务中心
2016年9月出版／估价：65.00元

杭州都市圈蓝皮书
杭州都市圈发展报告（2016）
著(编)者：沈翔　戚建国　2016年5月出版／定价：128.00元

杭州蓝皮书
杭州妇女发展报告（2016）
著(编)者：魏颖　2016年6月出版／定价：79.00元

河北经济蓝皮书
河北省经济发展报告（2016）
著(编)者：马树强　金浩　刘兵　张贵
2016年4月出版／定价：89.00元

河北蓝皮书
河北经济社会发展报告（2016）
著(编)者：郭金平　2016年1月出版／定价：79.00元

河北食品药品安全蓝皮书
河北食品药品安全研究报告（2016）
著(编)者：丁锦霞　2016年6月出版／定价：79.00元

河南经济蓝皮书
2016年河南经济形势分析与预测
著(编)者：胡五岳　2016年2月出版／定价：79.00元

皮书系列 2016全品种 — 地方发展类

河南蓝皮书
2016年河南社会形势分析与预测
著(编)者：刘道兴 牛苏林　2016年4月出版 / 定价79.00元

河南蓝皮书
河南城市发展报告（2016）
著(编)者：张占仓 王建国　2016年5月出版 / 定价69.00元

河南蓝皮书
河南法治发展报告（2016）
著(编)者：丁同民 张林海　2016年5月出版 / 定价79.00元

河南蓝皮书
河南工业发展报告（2016）
著(编)者：张占仓 丁同民　2016年5月出版 / 定价69.00元

河南蓝皮书
河南金融发展报告（2016）
著(编)者：河南省社会科学院　2016年8月出版 / 估价69.00元

河南蓝皮书
河南经济发展报告（2016）
著(编)者：张占仓　2016年3月出版 / 定价79.00元

河南蓝皮书
河南农业农村发展报告（2016）
著(编)者：吴海峰　2016年8月出版 / 估价69.00元

河南蓝皮书
河南文化发展报告（2016）
著(编)者：卫绍生　2016年3月出版 / 定价78.00元

河南商务蓝皮书
河南商务发展报告（2016）
著(编)者：焦锦淼 穆荣国　2016年6月出版 / 定价88.00元

黑龙江产业蓝皮书
黑龙江产业发展报告（2016）
著(编)者：于渤　2016年10月出版 / 估价79.00元

黑龙江蓝皮书
黑龙江经济发展报告（2016）
著(编)者：朱宇　2016年1月出版 / 定价79.00元

黑龙江蓝皮书
黑龙江社会发展报告（2016）
著(编)者：谢宝禄　2016年1月出版 / 定价79.00元

湖南城市蓝皮书
区域城市群整合（主题待定）
著(编)者：童中贤 韩未名　2016年12月出版 / 估价79.00元

湖南蓝皮书
2016年湖南产业发展报告
著(编)者：梁志峰　2016年5月出版 / 定价128.00元

湖南蓝皮书
2016年湖南电子政务发展报告
著(编)者：梁志峰　2016年5月出版 / 定价128.00元

湖南蓝皮书
2016年湖南经济展望
著(编)者：梁志峰　2016年5月出版 / 定价128.00元

湖南蓝皮书
2016年湖南两型社会与生态文明发展报告
著(编)者：梁志峰　2016年5月出版 / 定价128.00元

湖南蓝皮书
2016年湖南社会发展报告
著(编)者：梁志峰　2016年5月出版 / 定价128.00元

湖南蓝皮书
2016年湖南县域经济社会发展报告
著(编)者：梁志峰　2016年5月出版 / 定价98.00元

湖南蓝皮书
湖南城乡一体化发展报告（2016）
著(编)者：陈文胜 王文强 陆福兴 邝奕轩
2016年6月出版 / 定价89.00元

湖南县域绿皮书
湖南县域发展报告 NO.3
著(编)者：袁准 周小毛　2016年9月出版 / 估价69.00元

沪港蓝皮书
沪港发展报告（2015～2016）
著(编)者：尤安山　2016年8月出版 / 定价89.00元

京津冀金融蓝皮书
京津冀金融发展报告（2015）
著(编)者：王爱俭 李向前　2016年3月出版 / 定价89.00元

吉林蓝皮书
2016年吉林经济社会形势分析与预测
著(编)者：马克　2015年12月出版 / 定价79.00元

吉林省城市竞争力蓝皮书
吉林省城市竞争力报告（2015）
著(编)者：崔岳春 张磊　2016年3月出版 / 定价69.00元

济源蓝皮书
济源经济社会发展报告（2016）
著(编)者：喻新安　2016年8月出版 / 定价69.00元

健康城市蓝皮书
北京健康城市建设研究报告（2016）
著(编)者：王鸿春　2016年8月出版 / 定价79.00元

江苏法治蓝皮书
江苏法治发展报告 NO.5（2016）
著(编)者：李力 龚廷泰　2016年9月出版 / 定价98.00元

江西蓝皮书
江西经济社会发展报告（2016）
著(编)者：张勇 姜玮 梁勇　2016年10月出版 / 估价79.00元

江西文化产业蓝皮书
江西文化产业发展报告（2016）
著(编)者：张圣才 汪春翔　2016年10月出版 / 估价128.00元

地方发展类

皮书系列 2016全品种

经济特区蓝皮书
中国经济特区发展报告（2016）
著(编)者：陶一桃　2016年12月出版／估价：89.00元

辽宁蓝皮书
2016年辽宁经济社会形势分析与预测
著(编)者：曹晓峰　梁启东
2016年1月出版／定价：79.00元

拉萨蓝皮书
拉萨法治发展报告（2016）
著(编)者：车明怀　2016年8月出版／估价：79.00元

洛阳蓝皮书
洛阳文化发展报告（2016）
著(编)者：刘福兴　陈启明　2016年8月出版／估价：79.00元

南京蓝皮书
南京文化发展报告（2016）
著(编)者：徐宁　2016年12月出版／估价：79.00元

内蒙古蓝皮书
内蒙古反腐倡廉建设报告 NO.2
著(编)者：张志华　无极　2016年12月出版／估价：69.00元

浦东新区蓝皮书
上海浦东经济发展报告（2016）
著(编)者：沈开艳　周奇　2016年1月出版／定价：69.00元

青海蓝皮书
2016年青海经济社会形势分析与预测
著(编)者：陈玮　2015年12月出版／定价：79.00元

人口与健康蓝皮书
深圳人口与健康发展报告（2016）
著(编)者：陆杰华　罗乐宣　苏杨
2016年11月出版／估价：89.00元

山东蓝皮书
山东经济形势分析与预测（2016）
著(编)者：李广杰　2016年11月出版／估价：89.00元

山东蓝皮书
山东社会形势分析与预测（2016）
著(编)者：涂可国　2016年8月出版／估价：89.00元

山东蓝皮书
山东文化发展报告（2016）
著(编)者：张华　唐洲雁　2016年8月出版／估价：98.00元

山西蓝皮书
山西资源型经济转型发展报告（2016）
著(编)者：李志强　2016年8月出版／估价：89.00元

陕西蓝皮书
陕西经济发展报告（2016）
著(编)者：任宗哲　白宽犁　裴成荣
2015年12月出版／定价：69.00元

陕西蓝皮书
陕西社会发展报告（2016）
著(编)者：任宗哲　白宽犁　牛昉
2015年12月出版／定价：69.00元

陕西蓝皮书
陕西文化发展报告（2016）
著(编)者：任宗哲　白宽犁　王长寿
2015年12月出版／定价：69.00元

陕西蓝皮书
丝绸之路经济带发展报告（2015~2016）
著(编)者：任宗哲　白宽犁　谷孟宾
2015年12月出版／定价：75.00元

上海蓝皮书
上海传媒发展报告（2016）
著(编)者：强荧　焦雨虹　2016年1月出版／定价：79.00元

上海蓝皮书
上海法治发展报告（2016）
著(编)者：叶青　2016年6月出版／定价：79.00元

上海蓝皮书
上海经济发展报告（2016）
著(编)者：沈开艳　2016年1月出版／定价：79.00元

上海蓝皮书
上海社会发展报告（2016）
著(编)者：杨雄　周海旺　2016年1月出版／定价：79.00元

上海蓝皮书
上海文化发展报告（2016）
著(编)者：荣跃明　2016年1月出版／定价：79.00元

上海蓝皮书
上海文学发展报告（2016）
著(编)者：陈圣来　2016年6月出版／定价：79.00元

上海蓝皮书
上海资源环境发展报告（2016）
著(编)者：周冯琦　汤庆合　任文伟
2016年1月出版／定价：79.00元

上饶蓝皮书
上饶发展报告（2015~2016）
著(编)者：朱寅健　2016年8月出版／估价:128.00元

社会建设蓝皮书
2016年北京社会建设分析报告
著(编)者：宋贵伦　冯虹　2016年8月出版／估价:79.00元

深圳蓝皮书
深圳法治发展报告（2016）
著(编)者：张骁儒　2016年6月出版／定价：69.00元

深圳蓝皮书
深圳经济发展报告（2016）
著(编)者：张骁儒　2016年8月出版／估价：89.00元

地方发展类·国家国别类

深圳蓝皮书
深圳劳动关系发展报告（2016）
著(编)者：汤庭芬　2016年6月出版 / 定价:69.00元

深圳蓝皮书
深圳社会建设与发展报告（2016）
著(编)者：张骁儒 陈东平　2016年7月出版 / 定价:79.00元

深圳蓝皮书
深圳文化发展报告(2016)
著(编)者：张骁儒　2016年8月出版 / 估价:69.00元

四川法治蓝皮书
四川依法治省年度报告 NO.2（2016）
著(编)者：李林 杨天宗 田禾
2016年3月出版 / 定价:108.00元

四川蓝皮书
2016年四川经济形势分析与预测
著(编)者：杨钢　2016年1月出版 / 定价:98.00元

四川蓝皮书
四川城镇化发展报告（2016）
著(编)者：侯水平 陈炜　2016年4月出版 / 定价:75.00元

四川蓝皮书
四川法治发展报告（2016）
著(编)者：郑泰安　2016年8月出版 / 估价:69.00元

四川蓝皮书
四川企业社会责任研究报告（2015～2016）
著(编)者：侯水平 盛毅 翟刚　2016年4月出版 / 定价:79.00元

四川蓝皮书
四川社会发展报告（2016）
著(编)者：李羚　2016年5月出版 / 定价:79.00元

四川蓝皮书
四川生态建设报告（2016）
著(编)者：李晟之　2016年4月出版 / 定价:75.00元

四川蓝皮书
四川文化产业发展报告（2016）
著(编)者：向宝云 张立伟　2016年4月出版 / 定价:79.00元

西咸新区蓝皮书
西咸新区发展报告（2011~2015）
著(编)者：李扬 王军　2016年6月出版 / 定价:89.00元

体育蓝皮书
上海体育产业发展报告（2015～2016）
著(编)者：张林 黄海燕　2016年10月出版 / 估价:79.00元

体育蓝皮书
长三角地区体育产业发展报告（2015～2016）
著(编)者：张林　2016年8月出版 / 估价:79.00元

天津金融蓝皮书
天津金融发展报告（2016）
著(编)者：王爱俭 孔德昌　2016年9月出版 / 估价:89.00元

图们江区域合作蓝皮书
图们江区域合作发展报告（2016）
著(编)者：李铁　2016年6月出版 / 定价:98.00元

温州蓝皮书
2016年温州经济社会形势分析与预测
著(编)者：潘忠强 工春光 金浩　2016年4月出版 / 定价:69.00元

扬州蓝皮书
扬州经济社会发展报告（2016）
著(编)者：丁纯　2016年12月出版 / 估价:89.00元

长株潭城市群蓝皮书
长株潭城市群发展报告（2016）
著(编)者：张萍　2016年10月出版 / 估价:69.00元

郑州蓝皮书
2016年郑州文化发展报告
著(编)者：王哲　2016年9月出版 / 估价:65.00元

中医文化蓝皮书
北京中医药文化传播发展报告（2016）
著(编)者：毛嘉陵　2016年8月出版 / 估价:79.00元

珠三角流通蓝皮书
珠三角商圈发展研究报告（2016）
著(编)者：王先庆 林至颖　2016年8月出版 / 估价:98.00元

遵义蓝皮书
遵义发展报告（2016）
著(编)者：曾征 龚永育　2016年12月出版 / 估价:69.00元

国别与地区类

阿拉伯黄皮书
阿拉伯发展报告（2015～2016）
著(编)者：罗林　2016年11月出版 / 估价:79.00元

北部湾蓝皮书
泛北部湾合作发展报告（2016）
著(编)者：吕余生　2016年10月出版 / 估价:69.00元

大湄公河次区域蓝皮书
大湄公河次区域合作发展报告（2016）
著(编)者：刘稚　2016年9月出版 / 估价:79.00元

大洋洲蓝皮书
大洋洲发展报告（2015～2016）
著(编)者：喻常森　2016年10月出版 / 估价:89.00元

皮书系列重点推荐 — 国家国别类

德国蓝皮书
德国发展报告（2016）
著(编)者：郑春荣　2016年6月出版 / 定价：79.00元

东北亚黄皮书
东北亚地区政治与安全（2016）
著(编)者：黄凤志　刘清才　张慧智　等
2016年8月出版 / 估价：69.00元

东盟黄皮书
东盟发展报告（2016）
著(编)者：杨晓强　庄国土　2016年8月出版 / 定价：89.00元

东南亚蓝皮书
东南亚地区发展报告（2015~2016）
著(编)者：厦门大学东南亚研究中心　王勤
2016年8月出版 / 估价：79.00元

俄罗斯黄皮书
俄罗斯发展报告（2016）
著(编)者：李永全　2016年7月出版 / 定价：89.00元

非洲黄皮书
非洲发展报告 NO.18（2015~2016）
著(编)者：张宏明　2016年9月出版 / 估价：79.00元

国际安全蓝皮书
中国国际安全研究报告(2016)
著(编)者：刘慧　2016年7月出版 / 定价：98.00元

国际形势黄皮书
全球政治与安全报告（2016）
著(编)者：李慎明　张宇燕
2015年12月出版 / 定价：69.00元

韩国蓝皮书
韩国发展报告（2016）
著(编)者：牛林杰　刘宝全
2016年12月出版 / 估价：89.00元

加拿大蓝皮书
加拿大发展报告（2016）
著(编)者：仲伟合　2016年8月出版 / 估价：89.00元

拉美黄皮书
拉丁美洲和加勒比发展报告（2015~2016）
著(编)者：吴白乙　2016年6月出版 / 定价：89.00元

美国蓝皮书
美国研究报告（2016）
著(编)者：郑秉文　黄平　2016年5月出版 / 定价：89.00元

缅甸蓝皮书
缅甸国情报告（2016）
著(编)者：李晨阳　2016年8月出版 / 估价：79.00元

欧洲蓝皮书
欧洲发展报告（2015~2016）
著(编)者：黄平　周弘　江时学
2016年6月出版 / 定价：89.00元

日本经济蓝皮书
日本经济与中日经贸关系研究报告（2016）
著(编)者：张季风　2016年5月出版 / 定价：89.00元

日本蓝皮书
日本研究报告（2016）
著(编)者：杨伯江　2016年5月出版 / 定价：89.00元

上海合作组织黄皮书
上海合作组织发展报告（2016）
著(编)者：李进峰　吴宏伟　李少捷
2016年6月出版 / 定价：89.00元

世界创新竞争力黄皮书
世界创新竞争力发展报告（2016）
著(编)者：李闽榕　李建平　赵新力
2016年8月出版 / 估价：148.00元

土耳其蓝皮书
土耳其发展报告（2016）
著(编)者：郭长刚　刘义　2016年8月出版 / 估价：69.00元

亚太蓝皮书
亚太地区发展报告（2016）
著(编)者：李向阳　2016年5月出版 / 定价：79.00元

印度蓝皮书
印度国情报告（2016）
著(编)者：吕昭义　2016年8月出版 / 估价：89.00元

印度洋地区蓝皮书
印度洋地区发展报告（2016）
著(编)者：汪戎　2016年8月出版 / 估价：89.00元

英国蓝皮书
英国发展报告（2015~2016）
著(编)者：王展鹏　2016年10月出版 / 估价：89.00元

越南蓝皮书
越南国情报告（2016）
著(编)者：广西社会科学院　罗梅　李碧华
2016年8月出版 / 估价：69.00元

越南蓝皮书
越南经济发展报告（2016）
著(编)者：黄志勇　2016年10月出版 / 估价：69.00元

以色列蓝皮书
以色列发展报告（2016）
著(编)者：张倩红　2016年9月出版 / 估价：89.00元

中东黄皮书
中东发展报告 NO.18（2015~2016）
著(编)者：杨光　2016年10月出版 / 估价：89.00元

中亚黄皮书
中亚国家发展报告（2016）
著(编)者：孙力　吴宏伟　2016年7月出版 / 定价：98.00元

社会科学文献出版社　　皮书系列

✤ 皮书起源 ✤

"皮书"起源于十七、十八世纪的英国,主要指官方或社会组织正式发表的重要文件或报告,多以"白皮书"命名。在中国,"皮书"这一概念被社会广泛接受,并被成功运作、发展成为一种全新的出版形态,则源于中国社会科学院社会科学文献出版社。

✤ 皮书定义 ✤

皮书是对中国与世界发展状况和热点问题进行年度监测,以专业的角度、专家的视野和实证研究方法,针对某一领域或区域现状与发展态势展开分析和预测,具备原创性、实证性、专业性、连续性、前沿性、时效性等特点的公开出版物,由一系列权威研究报告组成。

✤ 皮书作者 ✤

皮书系列的作者以中国社会科学院、著名高校、地方社会科学院的研究人员为主,多为国内一流研究机构的权威专家学者,他们的看法和观点代表了学界对中国与世界的现实和未来最高水平的解读与分析。

✤ 皮书荣誉 ✤

皮书系列已成为社会科学文献出版社的著名图书品牌和中国社会科学院的知名学术品牌。2011年,皮书系列正式列入"十二五"国家重点出版规划项目;2012~2015年,重点皮书列入中国社会科学院承担的国家哲学社会科学创新工程项目;2016年,46种院外皮书使用"中国社会科学院创新工程学术出版项目"标识。

中国皮书网

www.pishu.cn

发布皮书研创资讯,传播皮书精彩内容
引领皮书出版潮流,打造皮书服务平台

栏目设置:

- □ 资讯:皮书动态、皮书观点、皮书数据、皮书报道、皮书发布、电子期刊
- □ 标准:皮书评价、皮书研究、皮书规范
- □ 服务:最新皮书、皮书书目、重点推荐、在线购书
- □ 链接:皮书数据库、皮书博客、皮书微博、在线书城
- □ 搜索:资讯、图书、研究动态、皮书专家、研创团队

中国皮书网依托皮书系列"权威、前沿、原创"的优质内容资源,通过文字、图片、音频、视频等多种元素,在皮书研创者、使用者之间搭建了一个成果展示、资源共享的互动平台。

自 2005 年 12 月正式上线以来,中国皮书网的 IP 访问量、PV 浏览量与日俱增,受到海内外研究者、公务人员、商务人士以及专业读者的广泛关注。

2008 年、2011 年,中国皮书网均在全国新闻出版业网站荣誉评选中获得"最具商业价值网站"称号;2012 年,获得"出版业网站百强"称号。

2014 年,中国皮书网与皮书数据库实现资源共享,端口合一,将提供更丰富的内容,更全面的服务。

权威报告　热点资讯　海量资源

当代中国与世界发展的高端智库平台

皮书数据库 www.pishu.com.cn

　　皮书数据库是专业的人文社会科学综合学术资源总库,以大型连续性图书——皮书系列为基础,整合国内外相关资讯构建而成。包含六大子库,涵盖两百多个主题,囊括了近十几年间中国与世界经济社会发展报告,覆盖经济、社会、政治、文化、教育、国际问题等多个领域。

　　皮书数据库以篇章为基本单位,方便用户对皮书内容的阅读需求。用户可进行全文检索,也可对文献题目、内容提要、作者名称、作者单位、关键字等基本信息进行检索,还可对检索到的篇章再做二次筛选,进行在线阅读或下载阅读。智能多维度导航,可使用户根据自己熟知的分类标准进行分类导航筛选,使查找和检索更高效、便捷。

　　权威的研究报告,独特的调研数据,前沿的热点资讯,皮书数据库已发展成为国内最具影响力的关于中国与世界现实问题研究的成果库和资讯库。

皮书俱乐部会员服务指南

1. 谁能成为皮书俱乐部成员?
- 皮书作者自动成为俱乐部会员
- 购买了皮书产品(纸质书/电子书)的个人用户

2. 会员可以享受的增值服务
- 免费获赠皮书数据库100元充值卡
- 加入皮书俱乐部,免费获赠该纸质图书的电子书
- 免费定期获赠皮书电子期刊
- 优先参与各类皮书学术活动
- 优先享受皮书产品的最新优惠

3. 如何享受增值服务?
(1) 免费获赠100元皮书数据库体验卡
第1步 刮开皮书附赠充值的涂层(右下);
第2步 登录皮书数据库网站(www.pishu.com.cn),注册账号;
第3步 登录并进入"会员中心"—"在线充值"—"充值卡充值",充值成功后即可使用。

(2) 加入皮书俱乐部,凭数据库体验卡获赠该书的电子书
第1步 登录社会科学文献出版社官网(www.ssap.com.cn),注册账号;
第2步 登录并进入"会员中心"—"皮书俱乐部",提交加入皮书俱乐部申请;
第3步 审核通过后,再次进入皮书俱乐部,填写页面所需图书、体验卡信息即可自动兑换相应电子书。

4. 声明
解释权归社会科学文献出版社所有

皮书俱乐部会员可享受社会科学文献出版社其他相关免费增值服务,有任何疑问,均可与我们联系。
图书销售热线:010-59367070/7028　图书服务QQ:800045692　图书服务邮箱:duzhe@ssap.cn
数据库服务热线:400-008-6695　数据库服务QQ:2475522410　数据库服务邮箱:database@ssap.cn
欢迎登录社会科学文献出版社官网(www.ssap.com.cn)和中国皮书网(www.pishu.com.cn)了解更多信息

皮书大事记
（2015）

☆ 2015年11月9日，社会科学文献出版社2015年皮书编辑出版工作会议召开，会议就皮书装帧设计、生产营销、皮书评价以及质检工作中的常见问题等进行交流和讨论，为2016年出版社的融合发展指明了方向。

☆ 2015年11月，中国社会科学院2015年度纳入创新工程后期资助名单正式公布，《社会蓝皮书：2015年中国社会形势分析与预测》等41种皮书纳入2015年度"中国社会科学院创新工程学术出版资助项目"。

☆ 2015年8月7~8日，由中国社会科学院主办，社会科学文献出版社和湖北大学共同承办的"第十六次全国皮书年会（2015）：皮书研创与中国话语体系建设"在湖北省恩施市召开。中国社会科学院副院长李培林、国家新闻出版广电总局原副总局长、中国出版协会常务副理事长邬书林，湖北省委宣传部副部长喻立平，中国社会科学院科研局局长马援，国家新闻出版广电总局出版管理司副司长许正明，中共恩施州委书记王海涛，社会科学文献出版社社长谢寿光，湖北大学党委书记刘建凡等相关领导出席开幕式。来自中国社会科学院、地方社会科学院及高校、政府研究机构的领导及近200个皮书课题组的380多人出席了会议，会议规模又创新高。会议宣布了2016年授权使用"中国社会科学院创新工程学术出版项目"标识的院外皮书名单，并颁发了第六届优秀皮书奖。

☆ 2015年4月28日，"第三届皮书学术评审委员会第二次会议暨第六届优秀皮书奖评审会"在京召开。中国社会科学院副院长李培林、蔡昉出席会议并讲话，国家新闻出版广电总局原副局长、中国出版协会常务副理事长邬书林也出席本次会议。会议分别由中国社会科学院科研局局长马援和社会科学文献出版社社长谢寿光主持。经分学科评审和大会汇评，最终匿名投票评选出第六届"优秀皮书奖"和"优秀皮书报告奖"书目。此外，该委员会还根据《中国社会科学院皮书管理办法》，审议并投票评选出2015年纳入中国社会科学院创新工程项目的皮书和2016年使用"中国社会科学院创新工程学术出版项目"标识的院外皮书。

☆ 2015年1月30~31日，由社会科学文献出版社皮书研究院组织的2014年版皮书评价复评会议在京召开。皮书学术评审委员会部分委员、相关学科专家、学术期刊编辑、资深媒体人等近50位评委参加本次会议。中国社会科学院科研局局长马援、社会科学文献出版社社长谢寿光出席开幕式并发表讲话，中国社会科学院科研成果处处长薛增朝出席闭幕式并做发言。

更多信息请登录

皮书数据库
http://www.pishu.com.cn

中国皮书网
http://www.pishu.cn

皮书微博
http://weibo.com/pishu

皮书博客
http://blog.sina.com.cn/pishu

皮书微信"皮书说"

请到各地书店皮书专架 / 专柜购买，也可办理邮购

咨询 / 邮购电话：010-59367028　59367070
邮　　箱：duzhe@ssap.cn
邮购地址：北京市西城区北三环中路甲29号院3号
　　　　　楼华龙大厦13层读者服务中心
邮　　编：100029
银行户名：社会科学文献出版社
开户银行：中国工商银行北京北太平庄支行
账　　号：0200010019200365434